누적조회수 700만 이상!

최다 합격수기

OMR 포함 무료인강

2024 개정판

챕스랜드의 소방안전관리자

찐 정리 스포일러

비밀 문제집

실전 모의고사 4회분 + Yes or NO 퀴즈

+ 계산 문제 공략법

1급

챕스랜드 소방안전관리자

서채빈 편저

- 최신 출제경향 반영된 실전모의고사
- 퀴즈 문제로 기본개념 완벽정리
- 헷갈리는 계산 문제 공략법 수록
- OMR 카드로 완벽한 마킹 연습
- 챕스랜드 네이버카페 피드백 제공
- 기본 이론 저자직강 유튜브 채널 운영

PREFACE

소방안전관리자 1급 찐 스포일러

[소방안전관리자 찐정리] 이론서 출간 이후, 카페와 유튜브를 통해 셀 수 없이 많은 합격자분들의 합격 후기와 감사 인사를 받았다.

늦은 나이에 새로운 시작을 하셨다는 합격자분, 3수 끝에 찐정리를 추천받아 드디어 합격했다는 합격자분, 당당히 합격해서 월급이 올랐다는 합격자분까지 다양한 환경에서 저마다의 사연으로 정성스레 들려주신 합격 후기를 접할 때면 그 모든 분들의 기쁨과 행복, 희열이 전해져 하루의 피로도 잊고, 때로는 과분할 정도로 감사한 마음에 눈물이 그렁해지기도 했다.

그러나 한편으로는, 갈수록 높아지는 시험 난이도에 하염없이 지문만 읽다가 시간 배분을 잘 못해서 한두 문제 차이로 불합격했다며 초조함에 스스로를 책망하는 예비합격자분들의 모습을 보며 내가 다 억울하고 마음이 아팠다.

그래서 전국 지부 **합격자 데이터**를 모아 고난도 시험에 대비하고, 실제 시험 경험을 토대로 **단원별 출제 비중**을 고려해 기출예상문제를 배치했다. 갈수록 길고 복잡해지는 지문과, 복합 지문 속 다중 답안 찾기 등 똑같은 개념이지만 문제풀이 자체가 어려워지는 문제 형식을 묶어 예행연습할 수 있도록 꾸렸고, 거기에 **OMR 카드**를 활용해 실제 시험과 같이 답안지 마킹에 소요되는 시간까지 계산할 수 있도록 보다 완벽한 모의고사 대비 문제집을 준비했다.

스포일러(Spoiler)란, 영화나 드라마 등 어떤 작품을 아직 보지 않은 사람에게 결말을 미리 알려 재미를 떨어트리는 사람 혹은 그러한 행위를 의미한다. 이처럼 시험에 너무나 완벽하게 대비해서 실제 시험이 오히려 시시하게 느껴지길 바라는 마음을 담았다.

지피지기면 백전백승이다(知彼知己百戰百勝).

불합격은 없다. 포기하지 않는 한 우리 모두는 '예비'합격자다.

저자 **서채빈**

POINT

소방안전관리자 1급 찐 스포일러

1 실제 전지부 시험 합격자 데이터를 기반으로 최신유형의 고난도 기출예상문제를 담았습니다.

2 시험 경험을 토대로 단원별 출제 비중에 맞춰 설계했습니다.

3 OMR 카드가 수록되어 있어 답안지 마킹 시간까지 체크할 수 있습니다.

4 정답과 오답에 해당하는 모든 해설이 담겨 있어 답안 확인과 동시에 복습까지 2배의 공부 효과를 볼 수 있습니다.

5 <찐정리> 이론서 및 유튜브 강의를 통해 무료로 전강의 학습이 가능합니다.

6 네이버 카페를 통해 질문과 피드백이 가능합니다.

GUIDE

소방안전관리자 1급 찐 스포일러

1 응시자격

응시자격	1급, 2급, 3급까지의 소방안전관리자는 [한국소방안전원]의 강습을 수료한 사람이라면 누구나 시험 응시가 가능합니다. 다만 관련 학력 또는 경력 인정자에 한하여 바로 시험에 응시할 수도 있는데 이에 해당하는 자격 조건은 한국소방안전원에 명시된 사항을 통해 확인하실 수 있습니다.

2 시험 절차

구분	내용	
취득절차	**1급**	한국소방안전원 강습 10일(80시간) → 응시접수 → 필기시험 → 합격 → 자격증 발급
한국소방안전원 강습	**1급**	8시간씩 10일간(총 80시간) 수강
	• 전국 각 지사에서 매월 진행 • 지역(지부)별 강습 및 시험 일정 : 한국소방안전원 홈페이지 '강습교육 신청' 참고	
응시 접수	한국소방안전원 홈페이지 및 시도지부 방문 접수	

※ 응시수수료 및 시험 일정은 한국소방안전원 홈페이지를 참고해주세요(www.kfsi.or.kr).

3 시험 안내

시험과목	문항 수	시험 방법	시험 시간	합격 기준
1과목	25	객관식 4지 선다형 1문제 4점	1시간(60분)	전 과목 평균 70점 이상
2과목	25			

4 합격자 발표

합격자 발표	가. 시험 당일 합격 통보 나. 만약 불합격하더라도 강습을 수료한 상태라면 재시험이 가능하기에 10일간의 강습을 수료하는 것이 중요합니다.

CONTENTS

소방안전관리자 1급 찐 스포일러

PART
01

소방안전관리자 1급

모의고사

| 1회차 |

소방안전관리자 1급 찐 스포일러

1회차 모의고사

01 소방관계법령에서 정하는 용어의 정의로 옳지 아니한 것을 고르시오.

① 비상구는 소방시설등에 포함된다.
② 소방안전관리자는 소방대상물의 관계인에 포함되지 않는다.
③ 소방대상물에는 건축물, 차량, 항해 중인 선박 등이 포함된다.
④ 소방대는 소방공무원, 의용소방대원, 의무소방원으로 구성되는 조직체이다.

02 무창층에 대한 설명으로 옳지 않은 것을 모두 고르시오.

> ㉠ 지하층 중에서 개구부의 면적 총합이 해당 층의 바닥면적의 30분의 1 이하인 층을 의미한다.
> ㉡ 개구부의 크기는 지름 50cm 이하의 원이 통과할 수 있어야 한다.
> ㉢ 개구부의 하단이 해당 층의 바닥으로부터 1.2m 이하여야 한다.
> ㉣ 개구부는 내·외부에서 쉽게 부술 수 있어야 한다.

① ㉠, ㉡
② ㉡, ㉢
③ ㉢, ㉣
④ ㉠, ㉢, ㉣

03 다음 제시된 건축물 일반현황을 참고하여 CS빌딩에 대한 설명으로 옳은 설명을 고르시오.

구분	건축물 일반현황
명칭	CS빌딩
규모/구조	• **연면적**: 15,000m^2 • **층수** : 지상 8층 • **높이** : 32m
	• **용도** : 업무시설 • **사용승인일** : 2001.01.20
소방시설 현황	• 옥내소화전설비 • 스프링클러설비

① CS빌딩은 2급소방안전관리대상물이다.
② 소방안전관리보조자 선임 대상이 아니다.
③ 2024년 7월에 작동점검을 실시한다.
④ 소방공무원 근무 경력이 3년 이상인 자를 소방안전관리자로 선임할 수 있다.

04 소방안전관리자를 선임하지 아니하는 특정소방대상물의 관계인이 수행해야 하는 업무가 아닌 것을 고르시오.

① 소방계획서 작성
② 피난시설, 방화구획 및 방화시설의 유지·관리
③ 화기취급 감독
④ 소방시설 및 그 밖의 소방관련시설의 유지·관리

05 소방시설관리업으로 등록한 자로 하여금 대통령령으로 지정한 소방안전관리대상물의 업무를 대행할 수 있는 특정소방대상물의 조건을 고르시오.

① 아파트를 제외하고 지하 5층, 지상 25층인 특정소방대상물
② 지하를 제외하고 48층, 높이 210m인 아파트
③ 지하를 제외하고 12층, 연면적 21,000m^2인 특정소방대상물
④ 지하를 제외하고 11층, 연면적 9,000m^2인 특정소방대상물

06 위험물 안전관리자를 선임하지 아니한 관계인으로서 위험물시설의 설치 및 변경 등에 대한 규정에 따른 허가를 받은 자에게 부과되는 벌칙을 고르시오.

① 1년 이하의 징역 또는 1천만원 이하의 벌금
② 1천500만원 이하의 벌금
③ 1천만원 이하의 벌금
④ 500만원 이하의 과태료

07 재난 유형별 대응체계 중 다음의 내용에 해당하는 단계와 그때의 대응 활동으로 옳은 것을 고르시오.

징후 활동이 비교적 활발하고 국가 위기로 발전할 수 있는 일정 수준의 경향성이 나타나는 상태

① 관심(Blue) / 징후활동 감시
② 주의(Yellow) / 대비계획 점검
③ 경계(Orange) / 즉각 대응태세 돌입
④ 심각(Red) / 대규모 인원 피난

08 다음 중 양벌규정이 부과되지 아니하는 행위를 고르시오.

① 소방시설을 화재안전기준에 따라 설치 및 관리하지 아니한 행위
② 자체점검 결과 소화펌프 고장 등 중대위반사항이 발견된 경우 관계인이 필요한 조치를 하지 아니한 행위
③ 관계인이 소방안전관리자에게 불이익한 처우를 한 행위
④ 화재예방안전진단을 받지 아니한 행위

09 다음 중 화재로 오인할 만한 우려가 있는 불을 피우거나 연막소독을 실시하고자 하는 자가 신고를 하지 아니하여 소방자동차를 출동하게 한 경우 20만 원 이하의 과태료가 부과될 수 있는 지역 또는 장소에 해당하지 아니하는 것을 고르시오.

① 석유화학제품을 생산하는 공장이 있는 지역
② 시·도조례로 정하는 지역 또는 장소
③ 위험물의 저장 및 처리시설이 있는 지역
④ 목조건물이 밀집한 지역

10 다음 중 건축에서 정하는 사항으로 보기 어려운 것을 고르시오.

① 방화구획
② 피난통로 등의 구조 및 치수 규정
③ 연기의 확산 및 제연
④ 지하층

11 건축물에 대한 정의로 옳지 아니한 것을 고르시오.

① 토지에 정착하는 공작물 중 지붕과 기둥, 지붕과 벽이 있는 것을 의미한다.
② 대문이나 담장 등 부수되는 시설물도 포함된다.
③ 지하 또는 고가의 공작물에 설치하는 차고 및 창고도 포함된다.
④ 기타 국토교통부령으로 정하는 것이 포함된다.

12 개축에 대한 설명 중 각 빈칸에 들어갈 말로 옳은 것을 고르시오.

> 기존 건축물의 전부 또는 일부(지붕틀, 내력벽, 기둥, (A) 중 (B) 이상 포함되는 경우)를 철거하고, 그 대지 안에서 이전과 동일한 규모의 범위 내에서 건축물을 다시 축조하는 것

	(A)	(B)
①	주계단	3개
②	보	3개
③	주계단	4개
④	보	4개

13 가연성 물질의 구비조건에 대한 설명으로 옳은 것을 모두 고르시오.

> ㉠ 활성화에너지가 크다.
> ㉡ 열전도도가 작다.
> ㉢ 산소와 친화력이 크다.
> ㉣ 비표면적이 작다.
> ㉤ 연소열이 크다.

① ㉠, ㉢
② ㉠, ㉣
③ ㉡, ㉢, ㉤
④ ㉡, ㉢, ㉣, ㉤

14 다음 중 불활성 기체로 가연물이 될 수 없는 불연성 물질을 고르시오.

① Ar
② H_2O
③ CO_2
④ N_2

15 다음 중 연소 시 산소공급원이 될 수 없는 것을 고르시오.

① 공기
② 제2류위험물
③ 제1류위험물
④ 제6류위험물

16 다음의 사례에서 작용한 소화방식으로 가장 적절한 것을 고르시오.

> 전기실A에서 화재가 발생하여 감지기에 의해 화재를 조기에 발견하였다. 이후 이산화탄소를 이용한 가스계소화설비가 자동으로 작동하여 국소방출방식에 의해 약제를 살포하고, 동시에 전기실A를 자동으로 폐쇄하여 외부의 공기 유입을 막고 산소의 농도를 제어함으로써 화재발생 초기에 효과적으로 화재를 진압할 수 있었다.

① 냉각소화
② 질식소화
③ 제거소화
④ 억제소화

17 다음 중 표면연소에 대한 설명으로 옳은 것을 고르시오.

① 열분해를 통해 가연성 증기를 발생시키는 고체의 연소형태이다.
② 연소 시 화염은 백색 또는 청색을 띤다.
③ 분말소화약제를 이용한 억제소화가 효과적이다.
④ 라디칼이 발생하지 않는다.

18 농연을 분출하고 파이어볼 형성을 동반하는 실내화재의 현상과 가장 관련이 적은 것을 고르시오.

① 연기폭발(Smoke explosion)이라고도 한다.
② 화재실 개방 전 천장 부근을 개방해 폭발력을 억제할 수 있다.
③ 천장 부근에 축적된 가연성 가스에 의해 실내 전체가 폭발적으로 화염에 휩싸인다.
④ 건물 벽체 붕괴 현상이 나타난다.

19 위험물에 대한 정의로 빈칸 (A), (B)에 들어갈 말이 가장 타당한 것을 고르시오.

> 위험물이란, ___(A)___ 또는 ___(B)___ 등의 성질을 갖는 것으로 대통령령으로 정하는 물품을 이른다.

① 인화성, 연소성
② 가연성, 발화성
③ 인화성, 발화성
④ 가연성, 연소성

20 같은 장소에서 다음과 같이 2품명 이상의 위험물을 저장하고 있는 경우 위험물의 저장 및 취급에 대한 설명으로 옳지 아니한 것을 고르시오.

- 유황 : 60Kg
- 질산 : 240Kg

① 유황은 지정수량의 0.6배를 저장하고 있다.
② 질산은 지정수량의 0.8배를 저장하고 있다.
③ 위험물 제조소등에서 저장 및 취급해야 한다.
④ 위험물안전관리법에 의해 시·도 조례에 따라 관리한다.

21 다음 제시된 표를 참고하여 표의 (A), (B)에 해당하는 가스 및 가스누설경보기 설치 위치에 대한 설명이 옳지 아니한 것을 고르시오.

구분	(A)	(B)
주성분	CH_4	C_4H_{10}, C_3H_8
용도	도시가스	가정용, 공업용, 자동차연료용
비중	0.6	1.5~2

① (A) : LNG - 가스연소기로부터 수평거리 8m 이내의 위치에 설치한다.
② (A) : LNG - 탐지기의 하단이 천장으로부터 하방 30cm 이내의 위치하도록 설치한다.
③ (B) : LPG - 가스연소기 또는 관통부로부터 수평거리 4m 이내의 위치에 설치한다.
④ (B) : LPG - 탐지기의 상단이 천장으로부터 상방 30cm 이내의 위치하도록 설치한다.

22 제4류위험물의 성질로 옳은 것을 고르시오.

① 물과 혼합되면 연소 및 폭발을 일으킨다.
② 자체는 불연이나 충격 및 마찰로 산소를 발생시킨다.
③ 자연발화를 일으키므로 용기파손에 주의가 필요하다.
④ 증기는 공기보다 무겁다.

23 통합 감시시스템에 대한 설명으로 옳지 않은 것을 고르시오.

① 장소적 통합 개념으로 구성된다.
② 비용, 장소, 인력 문제를 해결할 수 있다.
③ 시스템적 통합을 통해 감시가 용이하다.
④ 언제, 어디서든 정보 수집이 용이하다.

24 다음 중 화기 취급 작업 시 관리·감독 절차에 대한 설명으로 옳지 아니한 설명을 고르시오.

① 화재 안전 감독자는 예상되는 화기 작업의 위치를 확정하고 예방책을 확인한다.
② 작업 현장의 준비상태가 확인되고 화재 감시자는 화기 작업 허가서에 서명 후 허가서를 발급한다.
③ 화재 감시자는 작업 중은 물론, 휴식 시간 및 식사 시간에도 감시활동을 계속 진행해야 한다.
④ 작업완료 시 화재감시자는 해당 구역에 30분 이상 더 상주하면서 착화 여부 감시 및 직상, 직하층에 대한 점검을 병행한다.

25 종합방재실의 역할과 기능으로 보기 어려운 것을 고르시오.

① 방재상 관리운영 분리 및 입체적 감시
② 설비의 제어 및 작동상황 집중 감시
③ 재난 및 피해의 최소화
④ 정확한 정보 제공

26 응급처치의 기본사항에 대한 설명으로 바르지 아니한 것을 고르시오.

① 환자의 구강 내에 이물질이 있는 경우 눈에 보이더라도 손으로 제거하려 해서는 안 되고 하임리히법을 실시하거나 기침을 유도한다.
② 심한 상처로 출혈이 발생한 부위에는 청결하게 소독된 거즈로 응급처치하고 붕대로 드레싱하는 것이 바람직하다.
③ 혈액량의 5분의 1 출혈 시 생명을 잃게 되므로 출혈 환자의 경우 신속하게 지혈처리를 해야 한다.
④ 환자가 구토를 하는 경우 머리를 옆으로 돌려 질식을 예방한다.

27 출혈 시 일반적인 증상으로 보기 어려운 것을 고르시오.

① 호흡과 맥박이 빠르고 불규칙하다.
② 혈압이 상승하고 체온이 저하된다.
③ 갈증을 호소하고 구토가 발생한다.
④ 피부가 창백하고 축축해진다.

28 심폐소생술에 대한 설명으로 옳은 것을 고르시오.

① 심폐소생술은 B→A→C의 순서로 시행한다.
② 호흡이 6분 이상 중단되면 뇌 기능이 손상되므로 반드시 인공호흡을 시행한다.
③ 환자의 가슴뼈 아래쪽 절반 위치를 5cm 깊이로 강하게 압박한다.
④ 인공호흡 시 코를 막고 가슴이 올라올 정도로 5초에 걸쳐 인공호흡한다.

29 옥내소화전설비의 구성부 중 다음의 설명에 해당하는 것을 고르시오.

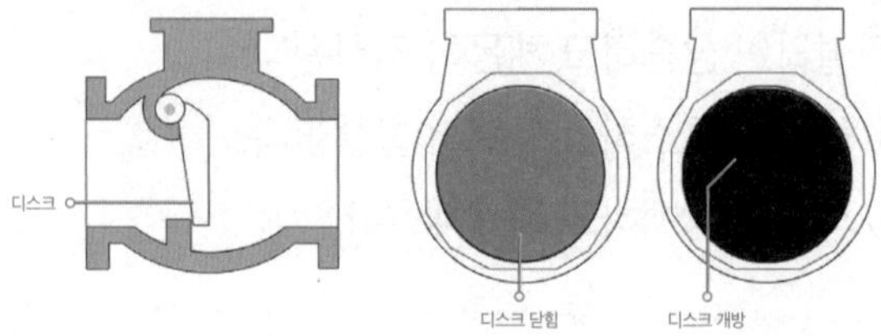

> • 배관 내 유체의 흐름을 한쪽 방향으로만 흐르도록 하는 기능을 수행하는 밸브로, 주 급수배관이 아닌 물 올림 장치의 펌프 연결 배관, 유수검지장치의 주변 배관과 같이 유량이 적은 배관상에 사용된다.

① 스윙체크밸브
② 스모렌스키 체크밸브
③ OS&Y밸브
④ 풋밸브

30 소화기의 사용순서에 대한 설명으로 옳지 않은 것을 고르시오.

① 화점으로부터 2~3m 거리를 띄우고 소화기를 근접한다.
② 소화기를 바닥에 놓고 손잡이를 잡고 안전핀을 제거한다.
③ 한 손은 노즐, 다른 손은 손잡이를 잡고 화점에 조준한다.
④ 방사 시 손잡이를 누르자마자 놓지 않도록 주의하여 방사한다.

31 다음은 펌프성능시험 중 최대운전에 대한 설명이다. 그림을 참고하여 최대운전 시 조작하는 밸브(A)로 알맞은 것을 그림의 (가)~(다)에서 고르고, 이때 빈칸(B)에 들어갈 값으로 알맞은 것을 고르시오.

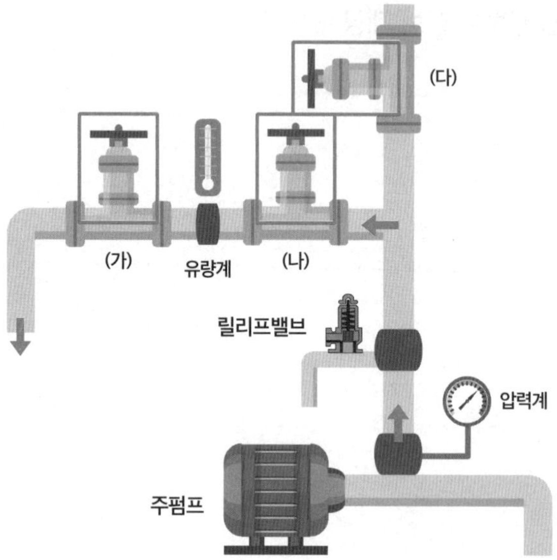

> • 최대운전
> 1. 유량조절밸브(A)를 중간 정도만 개방 후 주펌프 수동 기동
> 2. 유량계를 보며 유량조절밸브(A)를 조작하여 정격토출량의 __(B)__ %일 때의 압력을 측정한다.
> 3. 이때 정격토출압력의 65% 이상 되는지를 확인한다.
> 4. 주펌프 정지

① (A) : (가), (B) : 140
② (A) : (나), (B) : 150
③ (A) : (가), (B) : 150
④ (A) : (다), (B) : 140

32 **옥내소화전의 방수압력 측정에 대한 설명으로 옳은 것을 고르시오.**

① 피토게이지는 봉상주수 상태에서 직각으로 측정한다.

② 피토게이지를 노즐 직근에 밀착하여 측정한다.

③ 옥내소화전이 3개 설치된 경우 3개를 동시에 개방시킨 상태로 측정한다.

④ 측정 시 관창은 반드시 방사형 관창을 사용한다.

33 **비화재보 발생 시 대처 요령에 대한 순서로 빈칸에 들어갈 말을 차례대로 고르시오.**

1) 수신기에서 화재표시등, 지구표시등을 확인
2) 해당 구역으로 이동해 상황을 확인
3) 비화재보 상황일 시 [A]
4) 비화재보 원인 제거
5) 수신기에서 복구 버튼 누름
6) 음향 복구 및 [B] 소등 확인

	[A]	[B]
①	음향장치 작동	화재표시등
②	음향장치 정지	스위치주의등
③	음향장치 작동	예비전원감시등
④	음향장치 정지	지구표시등

34 **각 설치 장소별 피난구조설비의 적응성에 대한 설명으로 옳은 것을 고르시오.**

① 노유자시설의 5층에서 완강기는 적응성이 있다.

② 근린생활시설, 의료시설 중 입원실이 있는 의원 및 조산원 등의 3층에서 피난트랩은 적응성이 있다.

③ 다중이용업소로 영업장의 위치가 4층 이하인 다중이용업소의 2층에서 미끄럼대는 적응성이 없다.

④ 4층 이상의 층에 설치된 노유자 시설 중 장애인 관련 시설로 주된 사용자 중 스스로 피난이 불가한 자가 있는 경우 완강기가 적응성이 있다.

35 **공연장, 집회장, 장례시설, 의료시설 등의 장소에서 능력단위 1 이상의 소화기 설치 시 기준 면적으로 옳은 것을 고르시오.**

① 해당 용도의 바닥면적 30m^2

② 해당 용도의 바닥면적 50m^2

③ 해당 용도의 바닥면적 100m^2

④ 해당 용도의 바닥면적 200m^2

36 감시제어반의 스위치 위치가 다음의 그림과 같을 때 동력제어반이 감시제어반과 동일한 상태가 되려면 동력제어반에서 점등되어야 하는 스위치(버튼)를 모두 고르시오.

감시제어반

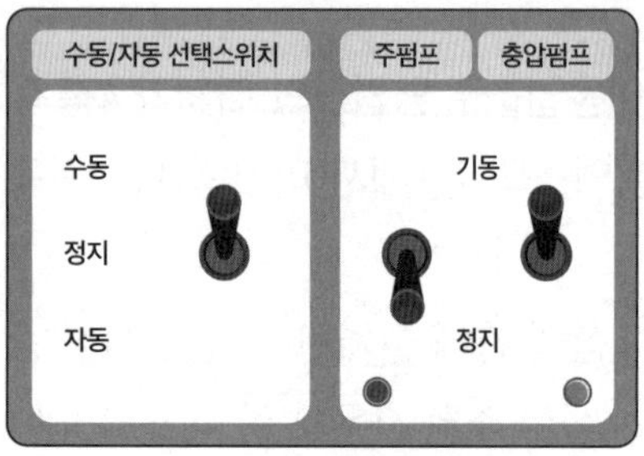

동력제어반

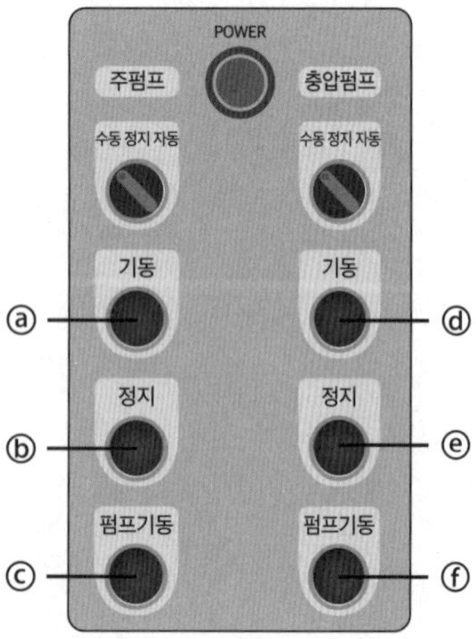

① ⓐ, ⓓ
② ⓐ, ⓒ
③ ⓑ, ⓓ, ⓕ
④ ⓐ, ⓒ, ⓓ, ⓕ

37 옥외소화전이 39개 설치될 때 소화전함의 설치방법과 개수로 옳은 것을 고르시오.

① 옥외소화전마다 5m 이내에 1개씩 소화전함을 총 39개를 설치한다.
② 11개의 소화전함을 분산 설치한다.
③ 옥외소화전 5개마다 1개씩 소화전함을 총 8개를 설치한다.
④ 옥외소화전 3개마다 1개씩 소화전함을 총 13개를 설치한다.

38 가스계 소화설비의 점검 중 솔레노이드밸브 격발시험 방법에 대한 설명으로 옳지 않은 것을 고르시오.

① 연동전환 후 수동조작함의 기동스위치를 눌렀을 때 격발되는지 확인한다.
② 밸브 자체에 부착된 수동조작버튼을 눌러 4초 후 격발되는지 확인한다.
③ 방호구역 내 감지기 A, B를 동작시켜 격발되는지 확인한다.
④ 제어반에서 솔레노이드밸브 선택스위치를 수동 기동 상태로 전환해 격발되는지 확인한다.

39 1층 사무실A에서 감지기가 작동했을 때 수신기에서 점등 및 작동되는 것을 모두 고르시오. (이때 화재실 외 조건은 무시한다.)

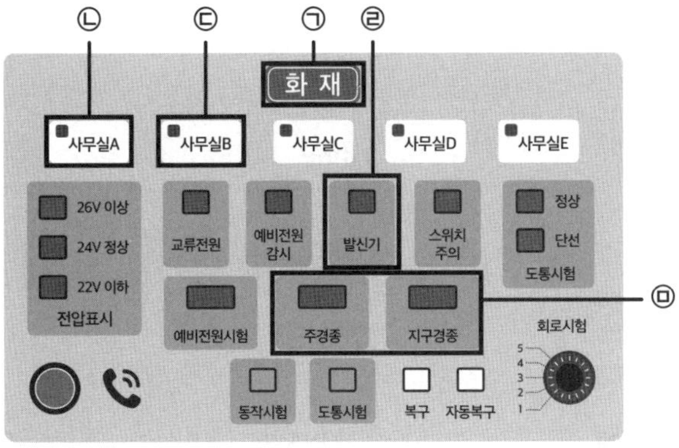

① ㉠, ㉡, ㉤

② ㉡, ㉣, ㉤

③ ㉠, ㉡, ㉣, ㉤

④ ㉠, ㉡, ㉢, ㉣, ㉤

40 다음의 장치에 대한 설명으로 옳은 것을 모두 고르시오.

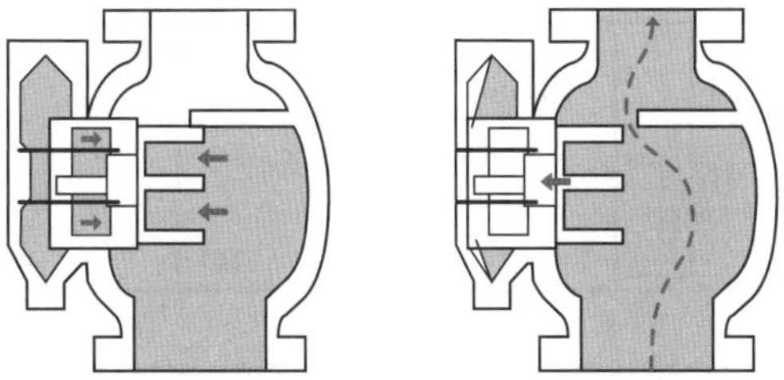

동작 전 동작 후

㉠ 준비작동식 스프링클러설비의 유수검지장치인 프리액션밸브이다.

㉡ 배관 내 압력이 상승하면 과압을 방출하는 역할을 한다.

㉢ 배관 내 유체흐름을 제어하고 역류 방지 기능을 수행한다.

㉣ 후드밸브의 고장으로 펌프가 공회전하는 것을 방지하기 위해 보충수를 공급한다.

① ㉠

② ㉠, ㉡

③ ㉠, ㉢

④ ㉡, ㉣

41 수신기의 점검에 대한 설명으로 옳지 않은 것을 고르시오.

① 동작시험 후 복구가 완료되면 스위치주의등이 소등된 것을 확인한다.

② 도통시험 시 정상 전압은 4~8V이다.

③ 예비전원 정상 여부는 예비전원시험 스위치와 자동복구 스위치를 눌러 확인한다.

④ 오동작방지기가 있는 수신기의 경우 점검 전 축적 스위치를 비축적 위치에 둔다.

42 다음 그림과 같이 침대가 없는 숙박시설의 수용인원을 산정하시오.

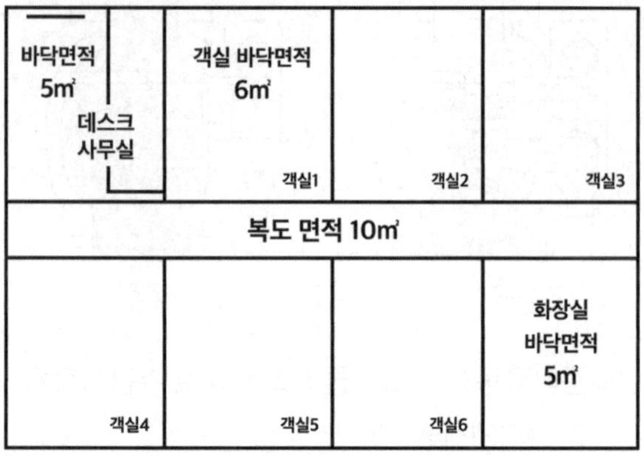

- 종사자 수:2명
- 객실 바닥면적:6m^2
- 사무실 바닥면적:5m^2
- 화장실 바닥면적:5m^2
- 복도 바닥면적:10m^2

① 15명

② 16명

③ 17명

④ 18명

43 소요수량이 80m^{3}일 때 설치하여야 하는 채수구의 개수를 고르시오.

① 1개

② 2개

③ 3개

④ 4개

44 다음 그림과 같은 건물의 최소 경계구역 개수를 구하시오.(단, 한 변의 길이는 모두 50m 이하로 간주한다.)

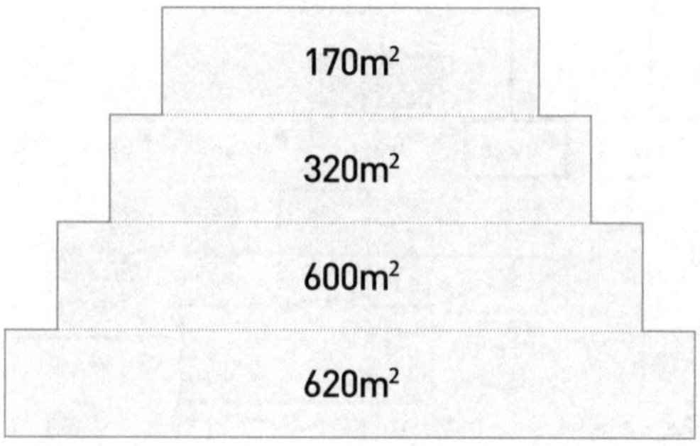

① 6개 ② 5개

③ 4개 ④ 3개

45 **B터널에 대한 설명을 참고하여 〈보기〉에서 B터널의 점검 시 필요한 장비를 모두 고르시오.**

- 특정소방대상물의 명칭:B터널
- 소방시설 현황:옥내소화전설비, 소화기, 물분무등소화설비, 연기감지기, 자동화재탐지설비, 비상조명등, 제연설비
- 사용승인일:2019. 01. 19
- 작동점검:2024. 07. 24
- 종합점검:2024. 01. 29

보기

㉮ 방수압력측정계
㉯ 저울
㉰ 전류전압측정계
㉱ 음량계
㉲ 차압계
㉳ 조도계

① ㉮, ㉯, ㉰, ㉱
② ㉮, ㉯, ㉱, ㉲
③ ㉮, ㉰, ㉱, ㉳
④ ㉮, ㉯, ㉰, ㉱, ㉲, ㉳

46 **비상조명등 및 휴대용 비상조명등에 대한 설명으로 옳지 않은 것을 고르시오.**

① 비상조명등은 지하를 제외하고 6층 이상의 층인 곳에서는 60분 이상 작동해야 한다.
② 비상조명등은 조도계로 점검 시 1lx 이상의 밝기가 측정되어야 한다.
③ 휴대용 비상조명등의 설치 높이는 바닥으로부터 0.8m 이상 1.5m 이하가 되도록 한다.
④ 휴대용 비상조명등은 자동으로 점등 가능한 구조여야 한다.

47 **소화용수설비에 대한 설명으로 옳지 않은 것을 고르시오.**

① 채수구의 소화수조 또는 저수조가 지표면으로부터 4.5m 이상 깊은 지하에 있는 경우에는 가압송수장치를 설치한다.
② 상수도 소화용수설비는 특정소방대상물의 수평투영면의 각 부분으로부터 100m 이하가 되도록 설치한다.
③ 상수도 소화용수설비는 소방차의 진입이 쉬운 도로변 또는 공지에 설치한다.
④ 채수구는 소방차가 2m 이내의 지점까지 접근할 수 있는 위치에 설치한다.

[48~49] 다음 제시된 소방계획서 일반현황 및 점검표 일부 내용을 참고하여 각 물음에 답하시오.

구분	건축물 일반현황	
규모/구조	☑건축면적 : 1,500m²	☑연면적 : 16,000m²
	☑층수 : 지상 10층	☑높이 : 42m
	☑구조 : 철근콘크리트조	☑지붕 : 슬라브
	☑용도 : 업무시설, 근린 생활시설 ☑사용승인 : 2022. 06. 20	

번호	점검항목	점검결과
1-A. 소화기구(소화기, 자동확산소화기, 간이소화용구)		
1-A-007	지시압력계(녹색범위)의 적정 여부	(가)
3-H. 스프링클러설비 헤드		
3-H-002	헤드 설치 위치·장소·상태(고정) 적정 여부	○
15-D-. 감지기		
15-D-001	부착 높이 및 장소별 감지기 종류 적정 여부	(나)
16-B-. 자동화재탐지설비 배선 등		
16-B-002	조작스위치 높이는 적정하며 정상 위치에 있는지 여부	○

48 해당 소방안전관리대상물에 대한 설명으로 바르지 아니한 것을 모두 고르시오.

ⓐ 대지면적이 2,000m²일 때 용적률은 800%, 건폐율은 75%이다.
ⓑ 소방공무원 근무 경력이 3년 이상인 사람을 소방안전관리자로 선임할 수 있다.
ⓒ 2024년 6월에 작동점검을 실시하고 2024년 12월에 종합점검을 실시한다.
ⓓ 소방안전관리보조자는 최소 1명 이상을 선임한다.

① ⓒ
② ⓑ, ⓒ
③ ⓐ, ⓑ, ⓒ
④ ⓑ, ⓒ, ⓓ

49 해당 대상물의 점검표에 대한 설명으로 옳지 아니한 설명을 고르시오.

① 소화기 점검 결과 압력이 0.89MPa이라면 (가)에는 ○표시를 한다.
② 스프링클러설비 헤드의 설치 위치 및 장소, 고정 여부와 같은 상태 측면에서는 아무런 이상이 없다.
③ 일반 사무실에 차동식 열감지기가 설치되어 있다면 (나)에는 ○표시를 한다.
④ 수신기의 조작스위치는 바닥으로부터 1.5m 이상의 높이에 위치해 있을 것이다.

50 재해약자의 장애유형별 피난보조에 대한 설명으로 가장 바람직한 것을 고르시오.

① 지체장애인의 경우 차분하고 느린 어조로 상황을 설명한다.

② 전동휠체어 사용자의 경우 2인이 보조하여 휠체어를 잡고 이동한다.

③ 시각장애인의 피난보조 시 여기, 저기와 같은 친숙한 표현을 사용하여 신속히 대피한다.

④ 청각장애인의 피난보조 시 조명 및 메모를 적극 활용하여 소통하는 것이 효과적이다.

1회차 정답 및 해설

정답

01	③	02	①	03	③	04	①	05	④
06	②	07	②	08	①	09	③	10	③
11	④	12	②	13	③	14	①	15	②
16	②	17	④	18	③	19	③	20	④
21	④	22	④	23	①	24	②	25	①
26	③	27	②	28	③	29	①	30	②
31	③	32	①	33	②	34	②	35	②
36	③	37	④	38	②	39	①	40	①
41	③	42	②	43	②	44	③	45	④
46	①	47	②	48	②	49	④	50	④

01

소방관계법령에서 정하는 용어의 정의로 옳지 아니한 것을 고르시오.

① 비상구는 소방시설등에 포함된다.

② 소방안전관리자는 소방대상물의 관계인에 포함되지 않는다.

③ 소방대상물에는 건축물, 차량, 항해 중인 선박 등이 포함된다.

④ 소방대는 소방공무원, 의용소방대원, 의무소방원으로 구성되는 조직체이다.

답 ③

해 ③ 소방대상물에 항해 중인 선박은 포함되지 않고, 항구에 매어둔 선박만 소방대상물에 해당하므로 옳지 않다.

참고 : 소방대상물의 소유자나 점유자(또는 관리자)로 있으면서 해당 소방대상물의 소방안전관리자를 겸하고 있으면 그 사람이 관계인이 될 수 있겠지만, 관계인의 정의에 '소방안전관리자'라는 말 자체는 포함되어 있지 않기 때문에 ②의 설명이 옳다고 할 수 있다. 관계인으로 정의하는 것은 소유자, 관리자, 점유자이므로 함정에 빠지지 않도록 주의!

④ 소방대는 화재 진압 및 위급상황 발생 시 구조 및 구급활동을 위해 구성되는 조직체로 소방공무원, 의무소방원, 의용소방대원으로 구성된다.

참고로, 소방대에 '자위소방대원'은 포함되지 않는다는 점을 체크! ^ ^

02

무창층에 대한 설명으로 옳지 않은 것을 모두 고르시오.

㉠ 지하층 중에서 개구부의 면적 총합이 해당 층의 바닥면적의 30분의 1 이하인 층을 의미한다.
㉡ 개구부의 크기는 지름 50cm 이하의 원이 통과 할 수 있어야 한다.
㉢ 개구부의 하단이 해당 층의 바닥으로부터 1.2m 이하여야 한다.
㉣ 개구부는 내·외부에서 쉽게 부술 수 있어야 한다.

① ㉠, ㉡
② ㉡, ㉢
③ ㉢, ㉣
④ ㉠, ㉢, ㉣

답 ①

해 ㉠ 무창층은 지하층이 아닌 '지상층' 중에서 개구부 면적의 총합이 해당 층 바닥면적의 30분의 1 이하인 층을 의미하므로 옳지 않은 설명이다.
㉡ 개구부의 크기는 지름 50cm '이상'의 원이 통과 할 수 있어야 하므로 옳지 않은 설명이다.
그 외 ㉢, ㉣은 옳은 설명이며 문제에서는 옳지 않은 것을 모두 고르라고 했으므로 옳지 않은 것은 ① ㉠과 ㉡이다.

03

다음 제시된 건축물 일반현황을 참고하여 CS빌딩에 대한 설명으로 옳은 설명을 고르시오.

구분	건축물 일반현황
명칭	CS빌딩
규모/구조	• **연면적** : 15,000m² • **층수** : 지상 8층 • **높이** : 32m • **용도** : 업무시설 • **사용승인일** : 2001.01.20
소방시설 현황	• 옥내소화전설비 • 스프링클러설비

① CS빌딩은 2급소방안전관리대상물이다.
② 소방안전관리보조자 선임 대상이 아니다.
③ 2024년 7월에 작동점검을 실시한다.
④ 소방공무원 근무 경력이 3년 이상인 자를 소방안전관리자로 선임할 수 있다.

답 ③

해 **[옳지 않은 이유]**
① CS빌딩은 (아파트가 아닌) 연면적 15,000m² 이상의 특정소방대상물이므로 1급 소방 안전 관리대상물이다. 따라서 2급이라고 서술한 ①의 설명은 옳지 않다. (참고로 층수가 11층 이상에 해당하지 않더라도 이미 연면적 조건에서 1급 대상물의 조건이 충족되므로 1급 대상물에 해당!)
② 연면적 15,000m² 이상의 특정소방대상물은 소방 안전관리 보조자 선임 대상으로, 연면적이 15,000m²인 CS빌딩에서는 보조자를 1명 이상 선임해야 한다. 따라서 ②번의 설명도 옳지 않다.
④ 1급 대상물에 선임 가능한 요건은 소방공무원으로 근무한 경력이 7년 이상인 사람(1급 이상 소방안전관리자 자격증을 갖춘 사람)이어야 하므로 옳지 않은 설명이다.
따라서 옳은 설명은 ③번으로, CS빌딩은 종합점검까지 시행하는 대상이므로 매년 1월에 종합점검을, 그리고 그로부터 6개월 뒤인 매년 7월에 작동점검을 실시한다.

04

소방안전관리자를 선임하지 아니하는 특정소방대상물의 관계인이 수행해야 하는 업무가 아닌 것을 고르시오.

① 소방계획서 작성
② 피난시설, 방화구획 및 방화시설의 유지·관리
③ 화기취급 감독
④ 소방시설 및 그 밖의 소방관련시설의 유지·관리

답 ①

해 소방계획서를 작성하는 것은 '소방안전관리자'가 해야 하는 업무이므로 소방안전관리대상물을 제외하고 특정소방대상물의 '관계인'이 해야 하는 업무에 소방계획서를 작성하는 업무는 포함되지 않는다.
참고로, 소방안전관리자를 선임해야 하는 대상물을 소방안전관리대상물이라고 하므로 소방안전관리자를 선임하지 않는 특정소방대상물을 다른 말로 소방안전관리대상물을 제외한 특정소방대상물이라고 할 수 있다.

05

소방시설관리업으로 등록한 자로 하여금 대통령령으로 지정한 소방안전관리대상물의 업무를 대행할 수 있는 특정소방대상물의 조건을 고르시오.

① 아파트를 제외하고 지하 5층, 지상 25층인 특정소방대상물
② 지하를 제외하고 48층, 높이 210m인 아파트
③ 지하를 제외하고 12층, 연면적 21,000m²인 특정소방대상물
④ 지하를 제외하고 11층, 연면적 9,000m²인 특정소방대상물

답 ④

해 문제의 핵심은 업무대행을 맡길 수 있는 특정소방대상물의 조건을 고르는 것이다. 업무의 대행은 2, 3급 특정소방대상물과 1급대상물의 경우 예외적으로 11층 이상이면서 연면적이 15,000m² 미만인 특정소방대상물이 포함된다. 그 외 특급 소방대상물이나 예외 조건을 벗어나는 1급대상물은 업무대행이 불가하다.
①과 ②는 특급 소방안전관리대상물이고, ③은 예외 조건을 벗어나는 1급 소방안전관리대상물이므로 1급의 예외 조건에 해당하는 ④번만 업무대행이 가능하다.

06

위험물 안전관리자를 선임하지 아니한 관계인으로서 위험물시설의 설치 및 변경 등에 대한 규정에 따른 허가를 받은 자에게 부과되는 벌칙을 고르시오.

① 1년 이하의 징역 또는 1천만원 이하의 벌금
② 1천500만원 이하의 벌금
③ 1천만원 이하의 벌금
④ 500만원 이하의 과태료

답 ②

해 위험물 안전관리자를 선임하지 않은 관계인의 경우 1,500만원 이하의 벌금 항목이 적용되며 그 밖에도 제조소등 설치 허가의 취소와 사용정지 등의 처분이 내려질 수 있다.

07

재난 유형별 대응체계 중 다음의 내용에 해당하는 단계와 그때의 대응 활동으로 옳은 것을 고르시오.

징후 활동이 비교적 활발하고 국가 위기로 발전할 수 있는 일정 수준의 경향성이 나타나는 상태

① 관심(Blue) / 징후활동 감시
② 주의(Yellow) / 대비계획 점검
③ 경계(Orange) / 즉각 대응태세 돌입
④ 심각(Red) / 대규모 인원 피난

답 ②

해 재난의 유형 중 징후 활동이 비교적 활발하고, 일정 수준의 경향성이 나타나는 상태는 [주의] 단계로 이때는 대비계획을 점검하는 대응이 이루어진다. 따라서 정답은 ②.

참고 : 재난유형별 대응체계

관심 (Blue)	활동성 및 국가 위기로 발전 가능성 낮음 / 징후활동 감시
주의 (Yellow)	활동 비교적 활발, 일정 수준 이상의 발전 경향성 / 대비계획 점검
경계 (Orange)	활동 매우 활발, 국가 위기 발전 가능성 농후 / 즉각 대응태세
심각 (Red)	활동 매우 활발, 심각한 수준으로 국가 위기 발전 경향 확실시 / 대규모 인원 피난

08

다음 중 양벌규정이 부과되지 아니하는 행위를 고르시오.

① 소방시설을 화재안전기준에 따라 설치 및 관리하지 아니한 행위
② 자체점검 결과 소화펌프 고장 등 중대위반사항이 발견된 경우 관계인이 필요한 조치를 하지 아니한 행위
③ 관계인이 소방안전관리자에게 불이익한 처우를 한 행위
④ 화재예방안전진단을 받지 아니한 행위

답 ①

해 양벌규정은 '벌금'형에 한하여 부과되는 것으로, 과태료가 부과되는 행위에는 양벌규정이 해당사항이 없다.
①번의 행위는 300만 원 이하의 '과태료'에 해당하므로 양벌규정이 부과되지 않는 행위는 ①.

CHECK!
②번과 ③번은 – 300만 원 이하의 벌금,
④번은 – 1년 이하의 징역 또는 1천만 원 이하의 벌금으로 ②번부터 ④번의 행위는 모두 벌금형에 해당하는 행위로 양벌규정이 부과될 수 있다.

09

다음 중 화재로 오인할 만한 우려가 있는 불을 피우거나 연막소독을 실시하고자 하는 자가 신고를 하지 아니하여 소방자동차를 출동하게 한 경우 20만 원 이하의 과태료가 부과될 수 있는 지역 또는 장소에 해당하지 아니하는 것을 고르시오.

① 석유화학제품을 생산하는 공장이 있는 지역
② 시·도조례로 정하는 지역 또는 장소
③ 위험물의 저장 및 처리시설이 있는 지역
④ 목조건물이 밀집한 지역

답 ③

해 문제에서 묻고 있는 화재 등의 통지에 따라 20만 원 이하의 과태료가 부과될 수 있는 장소는, 위험물의 저장 및 처리시설이 [밀집한] 지역일 때 해당 장소 또는 지역 기준에 포함된다. ③번에서는 '밀집한' 장소라고 서술하지 않았으므로 해당사항이 없는 것은 ③.

CHECK! 20만 원 이하의 과태료 장소

- 시장지역
- [밀집한 지역] 공장·창고/목조건물/위험물 저장·처리 시설
- 석유화학제품 생산공장이 있는 지역
- 그 밖에 시·도조례로 정하는 지역·장소

10

다음 중 건축에서 정하는 사항으로 보기 어려운 것을 고르시오.

① 방화구획
② 피난통로 등의 구조 및 치수 규정
③ 연기의 확산 및 제연
④ 지하층

답 ③

해 방화구획 중에서도 '연기의 확산 및 제연'은 '소방관계법'에 위임하므로 건축에서 정하는 사항에 해당한다고 보기 어렵다.

11

건축물에 대한 정의로 옳지 아니한 것을 고르시오.

① 토지에 정착하는 공작물 중 지붕과 기둥, 지붕과 벽이 있는 것을 의미한다.
② 대문이나 담장 등 부수되는 시설물도 포함된다.
③ 지하 또는 고가의 공작물에 설치하는 차고 및 창고도 포함된다.
④ 기타 국토교통부령으로 정하는 것이 포함된다.

답 ④

해 건축물이란 토지에 정착하는 공작물(인공적으로 제작한 것) 중에서 지붕과 기둥(지붕+기둥) 또는 지붕과 벽(지붕+기둥+벽)이 있는 것과 그에 부수되는 담장 및 대문과 같은 시설물이 포함된다. 또, 지하 또는 고가의 공작물에 설치하는 사무소, 공연장, 점포, 차고, 창고도 건축물에 해당하며 기타 '대통령령'으로 정하는 것을 의미하므로 ④의 국토교통부령이라고 서술한 부분이 잘못되었다.

12

개축에 대한 설명 중 각 빈칸에 들어갈 말로 옳은 것을 고르시오.

기존 건축물의 전부 또는 일부(지붕틀, 내력벽, 기둥, (A) 중 (B) 이상 포함되는 경우)를 철거하고, 그 대지 안에서 이전과 동일한 규모의 범위 내에서 건축물을 다시 축조하는 것

	(A)	(B)
①	주계단	3개
②	보	3개
③	주계단	4개
④	보	4개

답 ②

해 개축은 기존 건축물의 전부 또는 일부(지붕틀, 내력벽, 기둥, '보' 중 '3'개 이상 포함되는 경우)를 철거하고, 그 대지 안에서 이전과 동일한 규모의 범위 내에서 건축물을 다시 축조하는 것을 의미하므로 (A)는 '보', (B)는 '3'개가 들어가는 것이 옳다.

13

가연성 물질의 구비조건에 대한 설명으로 옳은 것을 모두 고르시오.

㉠ 활성화에너지가 크다.
㉡ 열전도도가 작다.
㉢ 산소와 친화력이 크다.
㉣ 비표면적이 작다.
㉤ 연소열이 크다.

① ㉠, ㉢
② ㉠, ㉣
③ ㉡, ㉢, ㉤
④ ㉡, ㉢, ㉣, ㉤

답 ③

해 활성화에너지가 작은 만큼 연소가 더 쉽게 일어나기 때문에 활성화에너지는 작아야 하므로 ㉠은 옳지 않다. 또, 통나무보다 대팻밥 형태일 때 불이 더 잘 붙는 것처럼 비표면적이 커야 하므로 ㉣의 설명도 옳지 않다. (비표면적은 덩어리를 잘게 조각내서 흩뿌려 놓은 면적이라고 생각해 보면 이해가 쉽다.)

따라서 ㉠과 ㉣을 제외한 나머지만이 옳다.

14

다음 중 불활성 기체로 가연물이 될 수 없는 불연성 물질을 고르시오.

① Ar

② H_2O

③ CO_2

④ N_2

답 ①

해 ①~④까지 모두 불연성 물질인 것은 맞지만, 그 중 '불활성 기체'인 것은 ① 아르곤(Ar)뿐이다.
②의 물(H_2O)과 ③의 이산화탄소(CO_2)는 완전산화물로써 산소와 화학반응을 하지 않는 불연성 물질이고, ④의 질소(N_2)는 흡열반응을 일으키는 물질이므로 불활성 기체에는 해당하지 않는다.
①의 아르곤 외에도 불활성 기체인 불연물질은 헬륨, 네온, 크세논, 크립톤, 라돈 등이 있다.

15

다음 중 연소 시 산소공급원이 될 수 없는 것을 고르시오.

① 공기

② 제2류위험물

③ 제1류위험물

④ 제6류위험물

답 ②

해 공기 중에는 약 21vol%의 산소가 포함되어 있어 일반적인 화재 발생 시 공기가 산소공급원이 될 수 있다. 제1류위험물과 제6류위험물은 산화성 물질로 산소를 발생시켜 다른 물질의 연소를 조장하거나 연소가 쉽게 일어나도록 도와 산소공급원이 될 수 있다. 하지만 제2류위험물은 산소를 내포하고 있지 않아 산소공급원의 역할을 할 수 없다.

16

다음의 사례에서 작용한 소화방식으로 가장 적절한 것을 고르시오.

전기실A에서 화재가 발생하여 감지기에 의해 화재를 조기에 발견하였다. 이후 이산화탄소를 이용한 가스계소화설비가 자동으로 작동하여 국소방출방식에 의해 약제를 살포하고, 동시에 전기실A를 자동으로 폐쇄하여 외부의 공기 유입을 막고 산소의 농도를 제어함으로써 화재발생 초기에 효과적으로 화재를 진압할 수 있었다.

① 냉각소화

② 질식소화

③ 제거소화

④ 억제소화

답 ②

해 문제에서는 불활성 가스인 이산화탄소를 이용한 소화 사례를 설명하고 있다. 이러한 이산화탄소 약제는 질식소화 및 냉각소화 작용도 가능하지만, 문제에서는 구체적으로 화재실 구획 밀폐 및 산소 농도 제어를 설명하고 있으므로 해당 사례에서 이용한 가장 적절한 소화방식은 산소 공급을 차단하는 '질식소화' 작용이라고 할 수 있다.

17

다음 중 표면연소에 대한 설명으로 옳은 것을 고르시오.

① 열분해를 통해 가연성 증기를 발생시키는 고체의 연소형태이다.
② 연소 시 화염은 백색 또는 청색을 띤다.
③ 분말소화약제를 이용한 억제소화가 효과적이다.
④ 라디칼이 발생하지 않는다.

답 ④

해 ① 표면연소는 열분해를 통해 가연성 증기를 발생하지 않는 고체의 연소형태를 말하므로 옳지 않다.
② 표면연소는 무염연소라고도 하며, 화염을 내지 않고 연소하는 것이 특징이므로 옳지 않다. 이러한 표면연소(무염, 작열연소)에서는 라디칼이 발생하지 않으므로 라디칼을 제거하는 방식의 억제소화는 효과가 없다.
따라서 ③의 설명은 옳지 않고, 옳은 것은 ④.

18

농연을 분출하고 파이어볼 형성을 동반하는 실내화재의 현상과 가장 관련이 적은 것을 고르시오.

① 연기폭발(Smoke explosion)이라고도 한다.
② 화재실 개방 전 천장 부근을 개방해 폭발력을 억제할 수 있다.
③ 천장 부근에 축적된 가연성 가스에 의해 실내 전체가 폭발적으로 화염에 휩싸인다.
④ 건물 벽체 붕괴 현상이 나타난다.

답 ③

해 농연 분출, 파이어볼 형성을 동반하는 실내화재의 현상은 '백 드래프트'로 ①, ②, ④번은 모두 백 드래프트 현상에 대한 설명이다. ③은 또 다른 실내화재 현상 중 하나인 '플래시 오버'에 대한 설명이므로 가장 관련이 적은 것은 ③.

19

위험물에 대한 정의로 빈칸 (A), (B)에 들어갈 말이 가장 타당한 것을 고르시오.

위험물이란, (A) 또는 (B) 등의 성질을 갖는 것으로 대통령령으로 정하는 물품을 이른다.

① 인화성, 연소성
② 가연성, 발화성
③ 인화성, 발화성
④ 가연성, 연소성

답 ③

해 소방안전관리자 1급 과정에서 위험물에 대한 정의는 대통령령으로 지정한 인화성 또는 발화성을 갖는 물품이므로 빈칸에 들어갈 말로 가장 타당한 것은 ③ 인화성, 발화성.

20

같은 장소에서 다음과 같이 2품명 이상의 위험물을 저장하고 있는 경우 위험물의 저장 및 취급에 대한 설명으로 옳지 아니한 것을 고르시오.

- 유황 : 60Kg
- 질산 : 240Kg

① 유황은 지정수량의 0.6배를 저장하고 있다.
② 질산은 지정수량의 0.8배를 저장하고 있다.
③ 위험물 제조소등에서 저장 및 취급해야 한다.
④ 위험물안전관리법에 의해 시·도 조례에 따라 관리한다.

답 ④

해 같은 장소에서 2품명 이상의 위험물을 저장/취급하고 있는 경우 지정수량의 환산은 다음과 같다.

> 저장(취급)하고 있는 양 ÷ 해당 위험물의 지정수량 기준

이에 따라 계산하면 문제의 위험물별 지정수량은 다음과 같다. (이때 유황의 지정수량 기준은 100Kg, 질산의 지정수량 기준은 300Kg이다.)
(1) 60 ÷ 100 = 0.6
(2) 240 ÷ 300 = 0.8
이렇게 환산된 값을 합산했을 때 1 이상이 되면 이를 지정수량 이상의 위험물을 취급(저장)하는 경우로 정하고 있으므로, 0.6과 0.8을 합산하여 도합 1.4가 되는 해당 저장소는 지정수량 이상의 위험물을 저장하는 것으로 간주한다. 따라서 위험물 제조소등에서 취급(저장)해야 하는데, ④번과 같이 시·도 조례에 따라 관리하는 것은 지정수량 '미만'으로 취급(저장)하는 경우에 해당하므로 옳지 않은 설명은 ④.

21

다음 제시된 표를 참고하여 표의 (A), (B)에 해당하는 가스 및 가스누설경보기 설치 위치에 대한 설명이 옳지 아니한 것을 고르시오.

구분	(A)	(B)
주성분	CH_4	C_4H_{10}, C_3H_8
용도	도시가스	가정용, 공업용, 자동차연료용
비중	0.6	1.5~2

① (A) : LNG - 가스연소기로부터 수평거리 8m 이내의 위치에 설치한다.
② (A) : LNG - 탐지기의 하단이 천장으로부터 하방 30cm 이내의 위치하도록 설치한다.
③ (B) : LPG - 가스연소기 또는 관통부로부터 수평거리 4m 이내의 위치에 설치한다.
④ (B) : LPG - 탐지기의 상단이 천장으로부터 상방 30cm 이내의 위치하도록 설치한다.

답 ④

해 표의 (A)는 LNG, (B)는 LPG 가스에 해당한다. 이때 LPG 가스는 누출되면 바닥 쪽(낮은 곳)에 체류하므로 탐지기의 상단이 바닥면으로부터 상방 30cm 이내에 위치하도록 설치해야 한다. 따라서 옳지 않은 설명은 ④.

CHECK! 가스누설경보기 설치 위치

LNG	(1) 탐지기의 하단은 천장면의 하방 30cm 이내에 위치하도록 설치 (2) 가스연소기로부터 수평거리 8m 이내에 위치하도록 설치
LPG	(1) 탐지기의 상단은 바닥면의 상방 30cm 이내에 위치하도록 설치 (2) 가스연소기 또는 관통부로부터 수평거리 4m 이내에 위치하도록 설치

22

제4류위험물의 성질로 옳은 것을 고르시오.

① 물과 혼합되면 연소 및 폭발을 일으킨다.
② 자체는 불연이나 충격 및 마찰로 산소를 발생시킨다.
③ 자연발화를 일으키므로 용기파손에 주의가 필요하다.
④ 증기는 공기보다 무겁다.

답 ④

해 제4류위험물인 인화성 액체는 물보다 가볍고 증기는 공기보다 무거우므로 옳은 것은 ④.
① 인화성 액체는 물에 녹지 않는다, 공기와 혼합되었을 때 연소 및 폭발을 일으키므로 옳지 않은 설명이다. ②의 설명은 제6류위험물에 대한 설명이므로 옳지 않다. ③의 설명은 제3류위험물에 대한 설명이므로 옳지 않다.

23

통합 감시시스템에 대한 설명으로 옳지 않은 것을 고르시오.

① 장소적 통합 개념으로 구성된다.
② 비용, 장소, 인력 문제를 해결할 수 있다.
③ 시스템적 통합을 통해 감시가 용이하다.
④ 언제, 어디서든 정보 수집이 용이하다.

답 ①

해 장소적 통합 개념으로 구성되는 것은 기존의 감시시스템에 해당하는 설명이다. 통합 감시시스템은 그러한 기존의 감시시스템을 벗어나 '시스템적' 통합 방식으로 구성되고 언제, 어디서든 정보의 수집 및 감시가 용이하며 비용, 장소, 인력 문제를 해결할 수 있다는 것이 장점이다. 따라서 옳지 않은 것은 ①.

24

다음 중 화기 취급 작업 시 관리·감독 절차에 대한 설명으로 옳지 아니한 설명을 고르시오.

① 화재 안전 감독자는 예상되는 화기 작업의 위치를 확정하고 예방책을 확인한다.
② 작업 현장의 준비상태가 확인되고 화재 감시자는 화기 작업 허가서에 서명 후 허가서를 발급한다.
③ 화재 감시자는 작업 중은 물론, 휴식 시간 및 식사 시간에도 감시활동을 계속 진행해야 한다.
④ 작업완료 시 화재감시자는 해당 구역에 30분 이상 더 상주하면서 착화 여부 감시 및 직상, 직하층에 대한 점검을 병행한다.

답 ②

해 화기 작업 허가서를 발급하는 것은 화재 안전 감독자(감독관)이므로, 화재 감시자가 허가서를 발급한다고 서술한 ②의 설명이 옳지 않다.

[참고]
화재 감시자는 작업 중에는 물론이고, 휴식 시간 및 식사 시간에도 감시를 계속해야 하고, 작업이 완료되어도 이후 30분 이상 더 머무르면서 발화 및 착화 여부에 대한 감시와 직상, 직하층에 대한 점검도 병행해야 한다.

25

종합방재실의 역할과 기능으로 보기 어려운 것을 고르시오.

① 방재상 관리운영 분리 및 입체적 감시
② 설비의 제어 및 작동상황 집중 감시
③ 재난 및 피해의 최소화
④ 정확한 정보 제공

답 ①

해 종합방재실의 역할과 기능으로 옳은 것은 방재상 관리운영의 일원화, 즉 통합이다. 발생부터 수습까지 하나로 이어지는 활동으로 수행함으로써 효율을 높일 수 있다. 따라서 ① 방재상 관리운영을 분리한다는 설명이 잘못되었다.

26

응급처치의 기본사항에 대한 설명으로 바르지 아니한 것을 고르시오.

① 환자의 구강 내에 이물질이 있는 경우 눈에 보이더라도 손으로 제거하려 해서는 안 되고 하임리히법을 실시하거나 기침을 유도한다.
② 심한 상처로 출혈이 발생한 부위에는 청결하게 소독된 거즈로 응급처치하고 붕대로 드레싱하는 것이 바람직하다.
③ 혈액량의 5분의 1 출혈 시 생명을 잃게 되므로 출혈 환자의 경우 신속하게 지혈처리를 해야 한다.
④ 환자가 구토를 하는 경우 머리를 옆으로 돌려 질식을 예방한다.

답 ③

해 출혈이 발생한 환자의 경우 혈액량의 15~20% 출혈 시 생명이 위험해지고, 30% 출혈 시 생명을 잃게 되므로 청결에 유의하여 신속한 지혈처리가 이루어져야 하는 것은 맞다. 하지만 이때 ③번의 '5분의 1'이라는 수치는 20%와 같기 때문에 20% 출혈 시 생명을 잃게 된다는 설명이 바르지 않으므로 옳지 않은 설명은 ③.

27

출혈 시 일반적인 증상으로 보기 어려운 것을 고르시오.

① 호흡과 맥박이 빠르고 불규칙하다.
② 혈압이 상승하고 체온이 저하된다.
③ 갈증을 호소하고 구토가 발생한다.
④ 피부가 창백하고 축축해진다.

답 ②

해 출혈이 발생하면 혈압과 체온이 저하되므로 혈압이 상승한다고 서술한 부분이 잘못되었다.

28

심폐소생술에 대한 설명으로 옳은 것을 고르시오.

① 심폐소생술은 B→A→C의 순서로 시행한다.
② 호흡이 6분 이상 중단되면 뇌 기능이 손상되므로 반드시 인공호흡을 시행한다.
③ 환자의 가슴뼈 아래쪽 절반 위치를 5cm 깊이로 강하게 압박한다.
④ 인공호흡 시 코를 막고 가슴이 올라올 정도로 5초에 걸쳐 인공호흡한다.

답 ③

해 ① 심폐소생술 순서는 C→A→B의 순서로 시행하므로 옳지 않다.
② 인공호흡의 경우 자신이 없으면 시행하지 않아도 되므로 반드시 인공호흡을 해야 한다는 설명은 적절하지 않다.
④ 인공호흡 시 가슴이 올라올 정도로 1초에 걸쳐 인공호흡하므로 5초라는 설명이 옳지 않다. 따라서 옳은 설명은 ③.

29

옥내소화전설비의 구성부 중 다음의 설명에 해당하는 것을 고르시오.

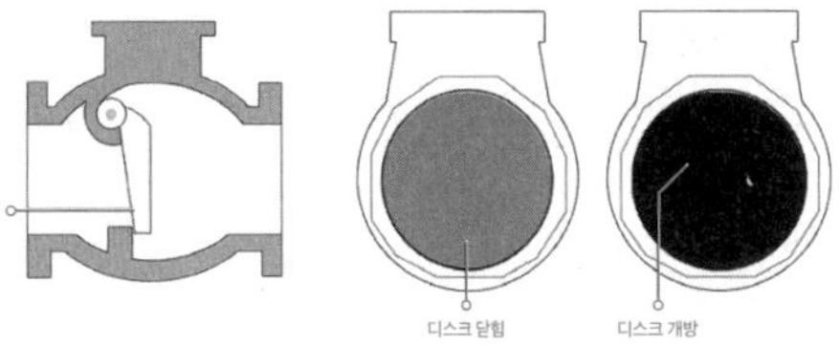

- 배관 내 유체의 흐름을 한쪽 방향으로만 흐르도록 하는 기능을 수행하는 밸브로, 주 급수배관이 아닌 물 올림 장치의 펌프 연결 배관, 유수검지장치의 주변 배관과 같이 유량이 적은 배관상에 사용된다.

① 스윙체크밸브
② 스모렌스키 체크밸브
③ OS&Y밸브
④ 풋밸브

답 ①

해 배관 내 유체의 흐름을 한쪽 방향으로만 흐르도록 하는 기능을 수행하는 밸브는 '체크밸브'로 주로 스모렌스키 체크밸브와 스윙체크밸브를 많이 사용하고 있는데, 그림과 같은 형태로 유량이 적은 배관상에 사용되는 것은 스윙체크밸브에 해당한다.
스모렌스키체크밸브는 스프링이 내장되어 있으며 수격이 발생할 수 있는 펌프 토출측과 연결송수구 연결 배관 등에 주로 설치되는 것이 특징이므로 문제에서 제시된 특징과는 구분된다.
그 외, OS&Y밸브는 외부에서도 밸브 개방 상태를 쉽게 알 수 있는 개폐표시형 개폐밸브에 해당하며, 풋밸브(Foot Valve)는 수원이 펌프보다 아래쪽에 설치된 경우 흡입측 배관 말단에 설치하여 여과기능 등을 수행하는 역할을 하는 밸브이다.
따라서 문제의 설명에 부합하는 것은 ① 스윙체크밸브.

30

소화기의 사용순서에 대한 설명으로 옳지 않은 것을 고르시오.

① 화점으로부터 2~3m 거리를 띄우고 소화기를 근접한다.
② 소화기를 바닥에 놓고 손잡이를 잡고 안전핀을 제거한다.
③ 한 손은 노즐, 다른 손은 손잡이를 잡고 화점에 조준한다.
④ 방사 시 손잡이를 누르자마자 놓지 않도록 주의하여 방사한다.

답 ②

해 소화기를 화점까지 이동한 후 안전핀을 제거할 때는 몸체를 잡고 안전핀을 제거해야 한다. 손잡이를 잡으면 안전핀이 제거되지 않으므로 ②번이 잘못된 설명이다.

31

다음은 펌프성능시험 중 최대운전에 대한 설명이다. 그림을 참고하여 최대운전 시 조작하는 밸브(A)로 알맞은 것을 그림의 (가)~(다)에서 고르고, 이때 빈칸(B)에 들어갈 값으로 알맞은 것을 고르시오.

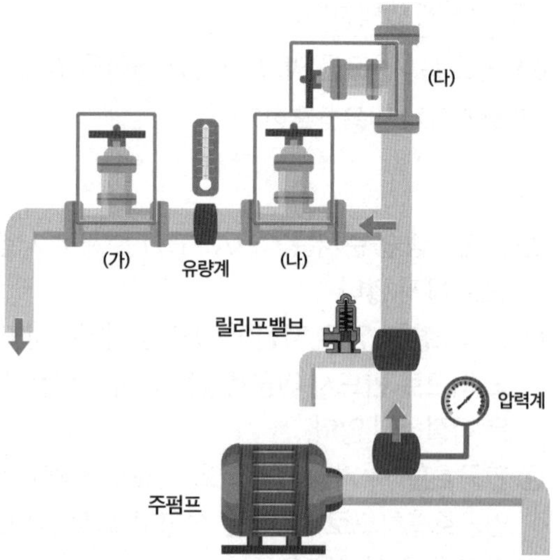

• 최대운전
1. 유량조절밸브(A)를 중간 정도만 개방 후 주펌프 수동 기동
2. 유량계를 보며 유량조절밸브(A)를 조작하여 정격토출량의 __(B)__ %일 때의 압력을 측정한다.
3. 이때 정격토출압력의 65% 이상 되는지를 확인한다.
4. 주펌프 정지

① (A) : (가), (B) : 140
② (A) : (나), (B) : 150
③ (A) : (가), (B) : 150
④ (A) : (다), (B) : 140

답 ③

해 최대운전은 유량조절밸브 - 그림에서 (가) 밸브를 조절하여 정격토출량이 150%일 때 압력을 측정하여 정격토출압력의 65% 이상이면 정상으로 판정하는 시험이다. 따라서 조작해야 하는 밸브(유량조절밸브) A는 (가), 빈칸 (B)에 들어갈 값은 150으로 정답은 ③.

참고로 (나)는 개폐밸브, (다)는 개폐표시형 개폐밸브(펌프토출측 개폐밸브)이다.

32

옥내소화전의 방수압력 측정에 대한 설명으로 옳은 것을 고르시오.

① 피토게이지는 봉상주수 상태에서 직각으로 측정한다.
② 피토게이지를 노즐 직근에 밀착하여 측정한다.
③ 옥내소화전이 3개 설치된 경우 3개를 동시에 개방시킨 상태로 측정한다.
④ 측정 시 관창은 반드시 방사형 관창을 사용한다.

답 ①

해 ② 피토게이지는 노즐의 1/2만큼 거리를 띄우고 근접하여야 하므로 직근에 밀착한다는 서술이 잘못되었다.
③ 옥내소화전이 2개 이상 설치된 경우에는 '2개'를 동시에 개방시켜놓고 측정하므로 잘못된 설명이다.
④ 측정 시 관창은 직사형 관창을 사용해야 하므로 잘못된 설명이다.
따라서 옳은 것은 ①.

33

비화재보 발생 시 대처 요령에 대한 순서로 빈칸에 들어갈 말을 차례대로 고르시오.

1) 수신기에서 화재표시등, 지구표시등을 확인
2) 해당 구역으로 이동해 상황을 확인
3) 비화재보 상황일 시 [A]
4) 비화재보 원인 제거
5) 수신기에서 복구 버튼 누름
6) 음향 복구 및 [B] 소등 확인

	[A]	[B]
①	음향장치 작동	화재표시등
②	음향장치 정지	스위치주의등
③	음향장치 작동	예비전원감시등
④	음향장치 정지	지구표시등

답 ②

해 비화재보 상황으로 확인되면 혼선을 방지하기 위해 우선 음향장치를 정지한다. 이후 비화재보의 원인을 제거하고 수신기 복구, 음향장치 복구 등을 통해 스위치주의등이 소등된 것을 확인해야 한다. 음향장치를 정지시킨 경우 비상시 원활한 작동을 위해 스위치주의등이 점등되어 수신기의 모든 버튼을 정상 상태로 되돌리도록 일종의 경고를 주는 것인데, 비화재보 상황을 해결한 후에는 수신기의 모든 버튼이 눌린 상태(비활성화한 상태)가 되지 않도록 스위치주의등이 소등되어야 한다. 따라서 옳은 것은 ②.

34

각 설치 장소별 피난구조설비의 적응성에 대한 설명으로 옳은 것을 고르시오.

① 노유자시설의 5층에서 완강기는 적응성이 있다.

② 근린생활시설, 의료시설 중 입원실이 있는 의원 및 조산원 등의 3층에서 피난트랩은 적응성이 있다.

③ 다중이용업소로 영업장의 위치가 4층 이하인 다중이용업소의 2층에서 미끄럼대는 적응성이 없다.

④ 4층 이상의 층에 설치된 노유자 시설 중 장애인 관련 시설로 주된 사용자 중 스스로 피난이 불가한 자가 있는 경우 완강기가 적응성이 있다.

답 ②

해 **옳지 않은 이유**:
① 노유자시설에서는 완강기가 적응성이 없으므로 옳지 않은 설명이다, ③ 다중이용업소의 2층(이상 4층 이하)에서 미끄럼대는 적응성이 있으므로 옳지 않은 설명이다, ④ (4~10층) 노유자 시설 중 장애인 관련 시설로, 주된 사용자 중 스스로 피난이 불가한 사람이 있는 경우에는 '구조대'가 적응성이 있으므로 완강기라고 서술한 ④의 설명은 옳지 않다. 따라서 옳은 설명은 ②.

CHECK! 피난구조설비 설치장소 및 기구별 적응성

각 시설 및 설치장소별로 적응성이 있는 피난기구를 나타낸 도표

1) 시설(설치장소)
  가. 노유자시설 = 노유
  나. (근린생활시설, 의료시설 중) 입원실이 있는 의원 등 = 의료
  다. 4층 이하의 다중이용업소 = 다중이
  라. 그 밖의 것 = 그 외
2) 가장 기본이 되는 피난기구 5종 세트 : 구조대, 미끄럼대, 피난교, 다수인(피난장비), 승강식(피난기)
3) 1층, 2층, 3층, 4~10층 총 4단계의 높이

<table>
<tr><th colspan="5">구조대/미끄럼대/피난교/다수인/승강식</th></tr>
<tr><th>구분</th><th>노유</th><th>의료</th><th>다중이
(2~4층)</th><th>그 외</th></tr>
<tr><td>4층
~
10층</td><td>구교다승</td><td>피난트랩
구교다승</td><td rowspan="3">구미다승
사다리
+완강</td><td>구교다승
사다리
+완강
+간이완강
+공기안전매트</td></tr>
<tr><td>3층</td><td rowspan="3">구미교다승
(전부)</td><td>피난트랩
구미교다승
(전부)</td><td>구미교다승
(전부)
사다리
+완강
+간이완강
+공기안전매트
피난트랩</td></tr>
<tr><td>2층</td><td rowspan="2">x</td><td rowspan="2">x</td></tr>
<tr><td>1층</td><td>x</td></tr>
</table>

1) 노유자 시설 4~10층에서 '**구조대**' : 구조대의 적응성은 장애인 관련 시설로서 주된 사용자 중 스스로 피난이 불가한 자가 있는 경우 추가로 설치하는 경우에 한함
2) 기타(그 밖의 것) 3~10층에서 **간이완강기** : 숙박시설의 3층 이상에 있는 객실에 한함
3) 기타(그 밖의 것) 3~10층에서 **공기안전매트** : 공동주택에 추가로 설치하는 경우에 한함

35

공연장, 집회장, 장례시설, 의료시설 등의 장소에서 능력단위 1 이상의 소화기 설치 시 기준 면적으로 옳은 것을 고르시오.

① 해당 용도의 바닥면적 $30m^2$
② 해당 용도의 바닥면적 $50m^2$
③ 해당 용도의 바닥면적 $100m^2$
④ 해당 용도의 바닥면적 $200m^2$

답 ②

해 공연장, 집회장, 장례시설, 의료시설 등의 장소에는 해당 용도의 바닥면적 $50m^2$마다 능력단위 1 이상의 소화기를 설치해야 하므로 기준 면적으로 옳은 것은 ②.

[참고] 소화기 설치 기준면적

위락시설	바닥면적 $30m^2$ 마다 능력단위 1 이상
공연장, 집회장, 의료시설, 장례시설, 문화재	바닥면적 $50m^2$ 마다 능력단위 1 이상
근린, 판매, 숙박, 업무, 노유자시설	바닥면적 $100m^2$ 마다 능력단위 1 이상
그 밖의 것	바닥면적 $200m^2$ 마다 능력단위 1 이상

36

감시제어반의 스위치 위치가 다음의 그림과 같을 때 동력제어반이 감시제어반과 동일한 상태가 되려면 동력제어반에서 점등되어야 하는 스위치(버튼)를 모두 고르시오.

감시제어반

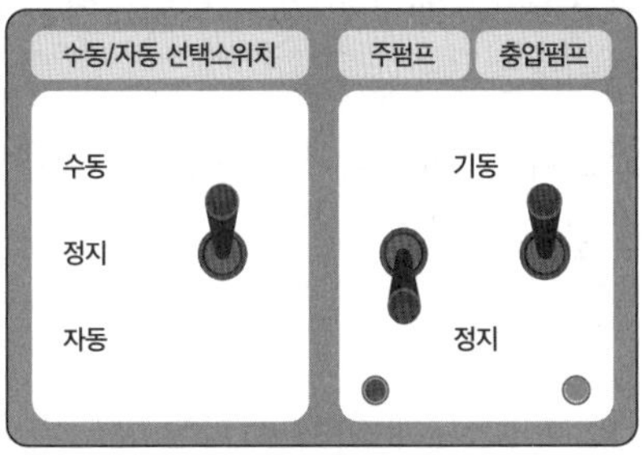

동력제어반

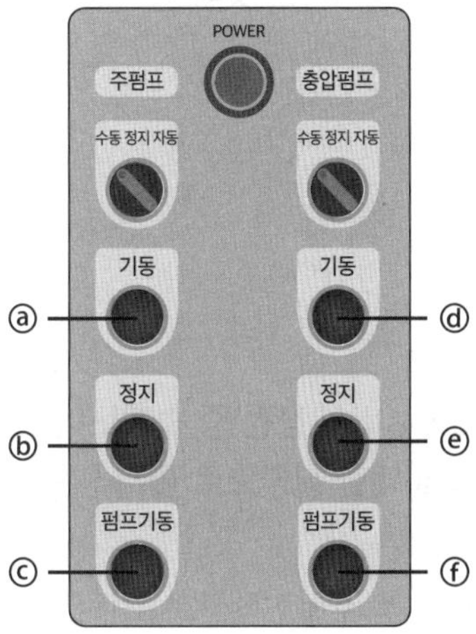

① ⓐ, ⓓ
② ⓐ, ⓒ
③ ⓑ, ⓓ, ⓕ
④ ⓐ, ⓒ, ⓓ, ⓕ

답 ③

해 감시제어반(위쪽 그림)의 상태는 주펌프 : 수동 - 정지 상태, 충압펌프 : 수동 - 기동 상태이다. 따라서 동력제어반(아래쪽 그림)이 감시제어반과 동일한 상태가 되려면 주펌프에서는 '정지'에 점등되어야 하므로 ⓑ가 점등되고, 충압펌프는 기동 상태이므로 기동버튼(ⓓ)과 펌프기동 표시등(ⓕ)이 점등되어야 한다.
따라서 동력제어반의 점등 상태는 ⓑ, ⓓ, ⓕ로 ③.

37

옥외소화전이 39개 설치될 때 소화전함의 설치방법과 개수로 옳은 것을 고르시오.

① 옥외소화전마다 5m 이내에 1개씩 소화전함을 총 39개를 설치한다.

② 11개의 소화전함을 분산 설치한다.

③ 옥외소화전 5개마다 1개씩 소화전함을 총 8개를 설치한다.

④ 옥외소화전 3개마다 1개씩 소화전함을 총 13개를 설치한다.

답 ④

해 옥외소화전이 31개 이상 설치될 때는 소화전 3개마다 소화전함을 1개 이상 설치하므로 총 13개의 소화전함을 설치하는 것이 옳다. 따라서 옳은 설명은 ④.

38

가스계 소화설비의 점검 중 솔레노이드밸브 격발시험 방법에 대한 설명으로 옳지 않은 것을 고르시오.

① 연동전환 후 수동조작함의 기동스위치를 눌렀을 때 격발되는지 확인한다.

② 밸브 자체에 부착된 수동조작버튼을 눌러 4초 후 격발되는지 확인한다.

③ 방호구역 내 감지기 A, B를 동작시켜 격발되는지 확인한다.

④ 제어반에서 솔레노이드밸브 선택스위치를 수동 기동 상태로 전환해 격발되는지 확인한다.

답 ②

해 솔레노이드밸브 밸브 자체에 부착된 수동조작버튼을 눌렀을 때는 지연 시간 없이 즉시 격발되어야 하므로 옳지 않은 설명이다.

39

1층 사무실A에서 감지기가 작동했을 때 수신기에서 점등 및 작동되는 것을 모두 고르시오. (이때 화재실 외 조건은 무시한다.)

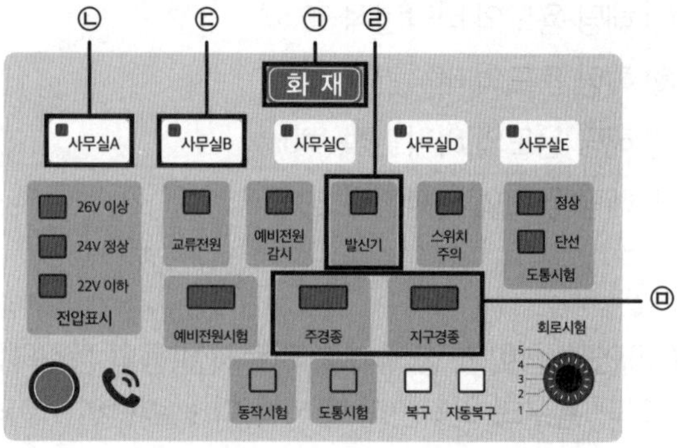

① ㉠, ㉡, ㉤

② ㉡, ㉣, ㉤

③ ㉠, ㉡, ㉣, ㉤

④ ㉠, ㉡, ㉢, ㉣, ㉤

답 ①

해 사무실A의 감지기 작동으로 수신기의 화재표시등 ㉠이 점등되고, 사무실A에 해당하는 지구표시등 ㉡이 점등된다. 또한 경종에 해당하는 주경종과 지구경종 ㉤도 울릴 것이므로 ㉠, ㉡, ㉤가 점등 및 작동한다.

화재실 외 조건은 무시하기 때문에 사무실A에서 '감지기'의 작동으로 수신기에 화재신호가 수신되었다면 ㉣ 발신기등은 점등되지 않는다. 또, 사무실A에서만 화재신호가 수신되었을 것이므로 사무실B에 해당하는 지구표시등 ㉢도 점등되지 않는다.

40

다음의 장치에 대한 설명으로 옳은 것을 모두 고르시오.

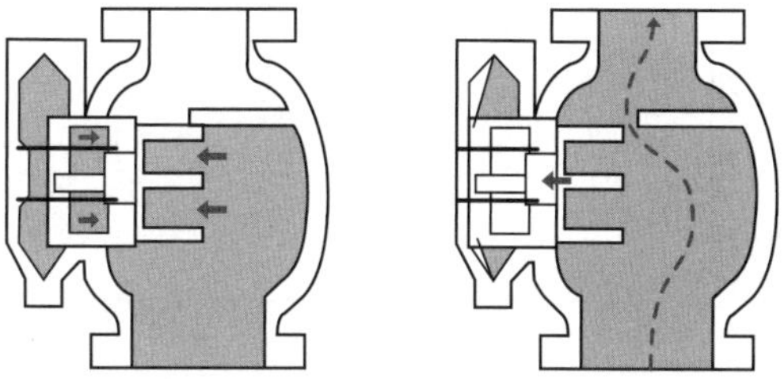

㉠ 준비작동식 스프링클러설비의 유수검지장치인 프리액션밸브이다.
㉡ 배관 내 압력이 상승하면 과압을 방출하는 역할을 한다.
㉢ 배관 내 유체흐름을 제어하고 역류 방지 기능을 수행한다.
㉣ 후드밸브의 고장으로 펌프가 공회전하는 것을 방지하기 위해 보충수를 공급한다.

① ㉠
② ㉠, ㉡
③ ㉠, ㉢
④ ㉡, ㉣

답 ①

해 그림은 준비작동식 스프링클러설비의 유수검지장치인 '프리액션밸브'로 유수(물의 흐름)를 검지해 화재신호 및 경보 등을 발령하는 기능을 한다. 그 외에 보기에서 설명하는 ㉡은 릴리프밸브, ㉢은 체크밸브, ㉣은 물올림장치에 대한 내용이므로 프리액션밸브와는 무관하다. 따라서 옳은 것은 ㉠만 해당하므로 ①.

41

수신기의 점검에 대한 설명으로 옳지 않은 것을 고르시오.

① 동작시험 후 복구가 완료되면 스위치주의등이 소등된 것을 확인한다.
② 도통시험 시 정상 전압은 4~8V이다.
③ 예비전원 정상 여부는 예비전원시험 스위치와 자동복구 스위치를 눌러 확인한다.
④ 오동작방지기가 있는 수신기의 경우 점검 전 축적 스위치를 비축적 위치에 둔다.

답 ③

해 예비전원시험은 예비전원시험 스위치를 누르고 있는 상태로 확인해야 하므로 옳지 않은 상태이다. 이렇게 예비전원시험 스위치를 누르고 있는 상태에서 전압계 측정값이 19~29V가 나오거나, 램프에 녹색불이 점등되면 예비전원 정상 상태로 확인할 수 있다.

42

다음 그림과 같이 침대가 없는 숙박시설의 수용인원을 산정하시오.

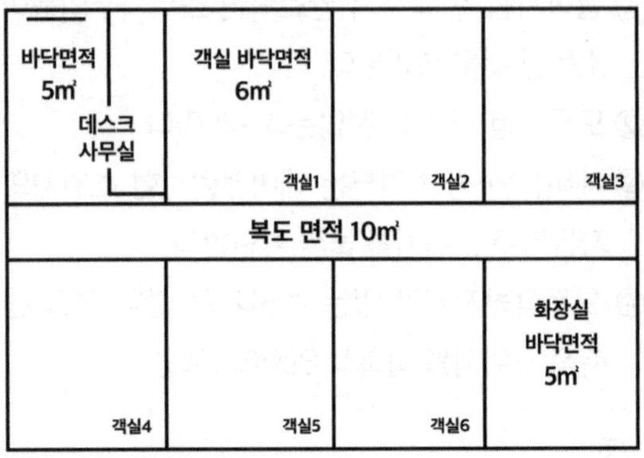

- 종사자 수:2명
- 객실 바닥면적:6m^2
- 사무실 바닥면적:5m^2
- 화장실 바닥면적:5m^2
- 복도 바닥면적:10m^2

① 15명
② 16명
③ 17명
④ 18명

답 ②

해 침대가 없는 숙박시설의 수용인원 산정 시 복도, 계단, 화장실은 산정 면적에서 제외하고 그 외는 산정하므로 객실과 사무실의 바닥면적을 계산에 포함한다.

침대가 없는 숙박시설의 수용인원 산정 공식은 [종사자 수+(숙박시설의 바닥면적÷3m^2)]이므로, ① 종사자 수 : 2명, ② 객실 바닥면적 : 6m^{2}x6개=36m^2+사무실 바닥면적 5m^{2}로 총 41m^{2}를 기준으로 [2+(41÷3m^2)]로 계산한다.

이때 괄호 안의 숫자를 먼저 계산해야 하므로, 41 나누기 3은 13.666⋯이고 여기에 종사자 수 2를 더하면 총 15.666⋯의 값이 나온다. 이때 나눠서 떨어지지 않는 1 미만의 소수점은 반올림 처리하므로 0.666에 해당하는 값을 올려 계산하므로 수용인원은 16명이다.

43

소요수량이 80m^{3}일 때 설치하여야 하는 채수구의 개수를 고르시오.

① 1개
② 2개
③ 3개
④ 4개

답 ②

해 소요수량이 40m^3 이상 100m^3 미만일 때 채수구 설치 개수는 2개이므로 소요수량이 80m^{3}라면 채수구를 2개 설치한다.

'소방안전관리자 1급 찐정리' 교재 253p 소화용수설비 내용 참고

44

다음 그림과 같은 건물의 최소 경계구역 개수를 구하시오.(단, 한 변의 길이는 모두 50m 이하로 간주한다.)

① 6개　② 5개
③ 4개　④ 3개

답 ③

해 하나의 경계구역은 한 변의 길이를 50m 이하, 면적 $600m^2$ 이하로 설정하며 예외적으로 2개 층 면적의 합이 $500m^2$ 이하이면 하나의 경계구역으로 설정할 수 있다. 가장 아래 1층의 경우 하나의 층이 $600m^2$를 초과하므로 1층은 2개의 경계구역으로 나눈다. 2층의 경우 하나의 층이 $600m^2$ 이하이므로 1개의 경계구역으로 설정할 수 있다. 3층과 4층의 면적을 합하면 총 $490m^2$로 $500m^2$ 이하이므로 3, 4층을 1개의 경계구역으로 설정할 수 있다. 따라서 1층 2개, 2층 1개, 3+4층 1개로 최소 4개의 경계구역으로 설정할 수 있다.

45

B터널에 대한 설명을 참고하여 〈보기〉에서 B터널의 점검 시 필요한 장비를 모두 고르시오.

- 특정소방대상물의 명칭:B터널
- 소방시설 현황:옥내소화전설비, 소화기, 물분무등소화설비, 연기감지기, 자동화재탐지설비, 비상조명등, 제연설비
- 사용승인일:2019. 01. 19
- 작동점검:2024. 07. 24
- 종합점검:2024. 01. 29

보기

㉮ 방수압력측정계
㉯ 저울
㉰ 전류전압측정계
㉱ 음량계
㉲ 차압계
㉳ 조도계

① ㉮, ㉯, ㉰, ㉱
② ㉮, ㉯, ㉱, ㉲
③ ㉮, ㉰, ㉱, ㉳
④ ㉮, ㉯, ㉰, ㉱, ㉲, ㉳

답 ④

해 ㉮ 방수압력측정계, ㉰ 전류전압측정계 - 공통시설의 점검장비, ㉯ 저울 - 소화기구(소화기)의 점검장비, ㉱ 음량계 - 자동화재탐지설비의 점검장비, ㉲ 차압계 - 제연설비의 점검장비, ㉳ 조도계 - 비상조명등의 점검장비인데 해당 시설이 모두 설치되어 있으므로 B터널에서 필요한 점검장비는 ㉮~㉳까지 모두 해당한다. 따라서 정답은 ④.

46

비상조명등 및 휴대용 비상조명등에 대한 설명으로 옳지 않은 것을 고르시오.

① 비상조명등은 지하를 제외하고 6층 이상의 층인 곳에서는 60분 이상 작동해야 한다.
② 비상조명등은 조도계로 점검 시 1lx 이상의 밝기가 측정되어야 한다.
③ 휴대용 비상조명등의 설치 높이는 바닥으로부터 0.8m 이상 1.5m 이하가 되도록 한다.
④ 휴대용 비상조명등은 자동으로 점등 가능한 구조여야 한다.

답 ①

해 비상조명등이 60분 이상 작동해야 하는 조건은 지하를 제외하고 11층 이상의 층이므로 6층 이상이라고 서술한 부분이 잘못되었다.
그 외에도 지하층 또는 무창층인 도소매시장, 터미널, 지하역사 및 지하상가 등이 60분 이상 작동해야 하는 장소에 해당한다.

47

소화용수설비에 대한 설명으로 옳지 않은 것을 고르시오.

① 채수구의 소화수조 또는 저수조가 지표면으로부터 4.5m 이상 깊은 지하에 있는 경우에는 가압송수장치를 설치한다.
② 상수도 소화용수설비는 특정소방대상물의 수평투영면의 각 부분으로부터 100m 이하가 되도록 설치한다.
③ 상수도 소화용수설비는 소방차의 진입이 쉬운 도로변 또는 공지에 설치한다.
④ 채수구는 소방차가 2m 이내의 지점까지 접근할 수 있는 위치에 설치한다.

답 ②

해 상수도 소화용수설비는 특정소방대상물의 수평투영면의 각 부분으로부터 140m 이하가 되도록 설치한다. 따라서 100m 이하라고 설명한 부분이 잘못되었다.
참고로 상수도 소화용수설비는 호칭지름 75mm 이상의 수도배관에 100mm 이상의 소화전을 접속한다는 기준이 있는데, 이렇게 언급되는 숫자들(75mm 이상, 100mm 이상, 140m 이하)이 헷갈리지 않도록 주의하는 것이 좋다.

[48~49] 다음 제시된 소방계획서 일반현황 및 점검표 일부 내용을 참고하여 각 물음에 답하시오.

구분	건축물 일반현황	
규모/구조	☑**건축면적**: 1,500m²	☑**연면적**: 16,000m²
	☑**층수**: 지상 10층	☑**높이**: 42m
	☑**구조**: 철근콘크리트조	☑**지붕**: 슬라브
	☑**용도**: 업무시설, 근린 생활시설 ☑**사용승인**: 2022. 06. 20	

번호	점검항목	점검결과
1-A. 소화기구(소화기, 자동확산소화기, 간이소화용구)		
1-A-007	지시압력계(녹색범위)의 적정 여부	(가)
3-H. 스프링클러설비 헤드		
3-H-002	헤드 설치 위치·장소·상태(고정) 적정 여부	○
15-D-. 감지기		
15-D-001	부착 높이 및 장소별 감지기 종류 적정 여부	(나)
16-B-. 자동화재탐지설비 배선 등		
16-B-002	조작스위치 높이는 적정하며 정상 위치에 있는지 여부	○

48

해당 소방안전관리대상물에 대한 설명으로 바르지 아니한 것을 모두 고르시오.

ⓐ 대지면적이 2,000m²일 때 용적률은 800%, 건폐율은 75%이다.
ⓑ 소방공무원 근무 경력이 3년 이상인 사람을 소방안전관리자로 선임할 수 있다.
ⓒ 2024년 6월에 작동점검을 실시하고 2024년 12월에 종합점검을 실시한다.
ⓓ 소방안전관리보조자는 최소 1명 이상을 선임한다.

① ⓒ
② ⓑ, ⓒ
③ ⓐ, ⓑ, ⓒ
④ ⓑ, ⓒ, ⓓ

답 ②

해 **옳지 않은 이유**:

ⓑ 해당 대상물은 연면적이 만 오천 이상인 특정소방대상물이므로 1급 소방안전관리대상물에 해당하는데, 이 경우 소방공무원 근무 경력이 '7년' 이상인 사람으로 특급 또는 1급소방안전관리자 자격증을 갖춘 사람을 소방안전관리자로 선임할 수 있다. 따라서 소방공무원 근무 경력 3년 이상인 사람을 소방안전관리자로 선임할 수 있다고 서술한 ⓑ의 설명은 옳지 않다. (참고로 소방공무원 경력 3년은 2급 대상물의 소방안전관리자로 선임될 수 있으며, 이때도 자격증을 발급받아서 갖추어야 한다.)

ⓒ 해당 대상물은 스프링클러설비가 설치되어 있으며 작동점검과 종합점검까지 실시해야 하는 대상물에 해당한다. 이때 사용승인일이 포함된 달에 종합점검을 먼저 실시하므로 해당 대상물은 매년 6월에 종합점검을 실시한 뒤 6개월 후가 되는 달인 매년 12월에 작동점검을 실시한다. 따라서 반대로 서술한 ⓒ의 설명도 옳지 않다.

그래서 옳지 않은 것만을 모두 고른 것은 ② ⓑ, ⓒ.

CHECK! 옳은 이유도 체크!

• **용적률&건폐율**

(1) 용적률(%)은 : (연면적 ÷ 대지면적)x100이므로 (16,000 ÷ 2,000)X100 = 800%.

(2) 건폐율(%)은 : (건축면적 ÷ 대지면적)x100이므로 (1,500 ÷ 2,000)X100 = 75%.

• **소방안전관리보조자 선임**

연면적 만 오천 제곱미터 이상의 특정소방대상물이므로 [연면적 ÷ 만 오천 제곱미터]로 계산하여 소수점 이하는 절하하고 정수만 취하는 것으로 계산한다.

따라서 16,000 ÷ 15,000 = 1.06으로 최소 1명 이상을 선임하는 것이 옳다.

49

해당 대상물의 점검표에 대한 설명으로 옳지 아니한 설명을 고르시오.

① 소화기 점검 결과 압력이 0.89MPa이라면 (가)에는 ○표시를 한다.

② 스프링클러설비 헤드의 설치 위치 및 장소, 고정 여부와 같은 상태 측면에서는 아무런 이상이 없다.

③ 일반 사무실에 차동식 열감지기가 설치되어 있다면 (나)에는 ○표시를 한다.

④ 수신기의 조작스위치는 바닥으로부터 1.5m 이상의 높이에 위치해 있을 것이다.

답 ④

해 **옳지 않은 이유**:

수신기의 조작 스위치 높이는 바닥으로부터 0.8m 이상 1.5m 이하의 높이에 위치해야 하는데 수신기의 조작스위치 높이 적정여부에 대한 점검항목인 '16-B-002'의 점검결과가 정상(○)인 상태이므로 위와 같은 범위 내에 있을 것으로 추측할 수 있다. 따라서 바닥으로부터 1.5m 이상에 위치해 있을 것이라고 서술한 ④의 설명이 옳지 않다.

CHECK!

① 소화기의 적정 압력범위는 0.7 ~ 0.98MPa이므로 0.89MPa은 정상범위 내에 있다.

② '3-H-002' 항목 점검 결과는 정상(○)이므로 옳은 해석이다.

③ 사무실, 거실 등에서 차동식 열감지기는 적응성이 있으므로 해당 장소에 적응성이 있는 감지기가 제대로 설치되었다면 '15-D-001' 항목에 대한 점검결과 (나)는 정상(○) 표시를 할 것이다.

50

재해약자의 장애유형별 피난보조에 대한 설명으로 가장 바람직한 것을 고르시오.

① 지체장애인의 경우 차분하고 느린 어조로 상황을 설명한다.

② 전동휠체어 사용자의 경우 2인이 보조하여 휠체어를 잡고 이동한다.

③ 시각장애인의 피난보조 시 여기, 저기와 같은 친숙한 표현을 사용하여 신속히 대피한다.

④ 청각장애인의 피난보조 시 조명 및 메모를 적극 활용하여 소통하는 것이 효과적이다.

답 ④

해 ① 차분하고 느린 어조로 상황을 설명하도록 권장하는 피난보조 방식은 지적장애인의 피난보조 시 권장하는 사항이므로 지체장애인이라고 서술한 부분이 바람직하지 않다.

② 전동휠체어 사용자의 경우 일반 휠체어보다 무거운 전동휠체어의 무게와 공간을 고려하여 전원을 끄고 해당 재해약자를 업거나 안아서 이동하는 것이 바람직하므로 옳지 않은 설명이다.

③ 시각장애인의 피난보조 시 애매한 표현이 아닌, '좌측 1m' 또는 '오른쪽 2m' 등과 같이 명확한 표현을 사용하도록 권장하므로 여기, 저기와 같은 애매한 표현을 사용하는 것은 바람직하다고 보기 어렵다.

따라서 가장 바람직한 피난보조 방식은 ④.

PART 02

소방안전관리자 1급 모의고사

| 2회차 |

2회차 모의고사

01 **다음 중 화재 등의 통지에 따라 화재로 오인할 만한 우려가 있는 불을 피우거나 연막소독을 하려는 자가 관할 소방본부장 또는 소방서장에게 신고하지 아니하여 소방자동차가 출동하게 한 경우 20만 원 이하의 과태료가 부과되는 지역 또는 장소에 해당하지 아니하는 것을 모두 고르시오.**

㉠ 석유화학제품을 생산하는 공장이 있는 지역
㉡ 노후·불량건축물이 밀집한 지역
㉢ 공장·창고가 있는 지역
㉣ 목조건물이 밀집한 지역
㉤ 「산업입지 및 개발에 관한 법률」에 따른 산업단지

① ㉡, ㉤
② ㉠, ㉢, ㉣
③ ㉡, ㉢, ㉤
④ ㉠, ㉡, ㉣, ㉤

02 **다음 중 소방안전관리보조자를 선임하는 대상물에 해당하지 않는 것을 고르시오.**

① 연면적 20,000m²의 공동주택(기숙사)
② 350세대의 아파트
③ 아파트를 제외하고 연면적 15,000m²의 특정소방대상물
④ 관계인이 24시간 상주하는 바닥면적 1,000m²의 숙박시설

03 **한국소방안전원의 업무에 해당하지 아니하는 것을 고르시오.**

① 소방기술과 안전관리에 관한 간행물 발간
② 소방안전에 관한 국제협력
③ 화재 예방 고취를 위한 대국민 홍보
④ 위험물 취급에 대한 허가 및 승인

04 **다음 중 소방활동구역에 출입이 가능한 자에 해당하는 조건을 모두 고르시오.**

ⓐ 수사업무 종사자
ⓑ 보도업무 종사자
ⓒ 소방활동구역 외부에 인접한 소방대상물의 관계인
ⓓ 교통·통신업무 종사자
ⓔ 시·도지사의 출입 허가를 받은 자

① ⓐ, ⓑ
② ⓐ, ⓒ, ⓓ
③ ⓐ, ⓑ, ⓓ
④ ⓐ, ⓑ, ⓓ, ⓔ

05 **작동점검 완료일 및 그에 대한 자체점검 실시 결과 보고 날짜가 다음과 같을 때 보고 의무가 있는 자에게 부과되는 과태료에 해당하는 것을 고르시오.**

- 작동점검 완료일:2024년 4월 4일
- 결과보고 제출일:2024년 4월 30일

2024년 4월						
일	월	화	수	목	금	토
1	2	3	4 점검 완료일	5	6	7
8	9	10	11	12	13	14
15	16	17	18	19	20	21
22	23	24	25	26	27	28
29	30 제출					

① 50만 원
② 100만 원
③ 200만 원
④ 300만 원

06 **다음 중 200만 원 이하의 과태료에 해당하는 행위에 포함되지 아니하는 것을 고르시오.**

① 정당한 사유 없이 소방대의 생활안전활동을 방해하는 행위
② 소방차의 출동에 지장을 주는 행위
③ 소방안전관리자의 선임 신고를 하지 아니한 행위
④ 소방활동구역에 출입하는 행위

[07~08] 주어진 〈보기〉를 참고하여 각 물음에 답하시오.

보기

- 대상물 명칭:L영화상영관
- 연면적:5,200m^2
- 소방시설 현황:옥내소화전설비, 스프링클러설비, 비상조명등, 자동화재탐지설비, 제연설비, 소화기구
- 완공일:2018년 2월 27일
- 사용승인일:2018년 3월 12일

07 **L영화상영관의 자체점검에 대한 설명으로 옳은 것을 고르시오.**

① 작동점검 제외 대상에 해당한다.
② 특급점검자 및 관계인을 주된 인력으로 2024년 8월에 작동점검을 실시한다.
③ 소방안전관리자로 선임된 소방기술사를 주된 인력으로 2024년 2월에 종합점검을 실시한다.
④ 관리업에 등록된 기술인력 중 소방시설관리사를 주된 인력으로 2024년 3월에 종합점검을 실시한다.

08 L영화상영관의 점검 시 필요한 점검 장비에 해당하는 것을 모두 고르시오.

㉠ 조도계 ㉡ 누전계 ㉢ 음량계 ㉣ 방수압력측정계 ㉤ 차압계

① ㉠, ㉡, ㉣
② ㉠, ㉢, ㉣
③ ㉠, ㉢, ㉣, ㉤
④ ㉠, ㉡, ㉢, ㉣, ㉤

09 다음의 조건에 해당하는 김□□의 실무교육 실시일로 가장 적절한 날짜를 고르시오.

• 강습교육 면제 대상으로 교육 수료 이력 없음 • 소방안전관리자 시험 합격일:2022년 3월 16일 • 소방안전관리자 선임 날짜:2023년 6월 15일

① 2022년 6월 8일
② 2023년 3월 10일
③ 2023년 11월 17일
④ 2025년 6월 11일

10 초고층 및 지하연계 복합건축물 재난관리에 관한 특별법에 따른 초고층 건축물 등에서의 교육 및 훈련에 관한 사항으로 옳지 아니한 것을 고르시오.

① 관리주체는 교육 및 훈련 실시 결과를 작성하여 3년간 보관한다.
② 관리주체는 교육 및 훈련을 한 날부터 10일 내에 시·군·구 본부장에게 실시 결과를 제출한다.
③ 관리주체는 다음 연도의 교육·훈련 계획을 수립하여 매년 12월 15일까지 시·군·구 본부장에게 제출한다.
④ 소방청장이나 시·도 본부장은 초고층 건축물등의 관리주체가 교육·훈련을 실시하는 데에 필요한 지원을 할 수 있다.

11 건축에서 정하는 용어의 정의로 옳지 아니한 것을 고르시오.

① 기존 건축물이 있는 대지 내에서 건축물의 건축면적, 연면적, 층수, 높이를 증가시키는 것은 증축에 해당한다.
② 건축물이 천재지변이나 재해에 의해 멸실된 경우 일정 요건에 따라 다시 축조하는 것은 재축에 해당한다.
③ 건축물의 기둥, 보, 내력벽, 주계단 등의 구조를 수선·변경, 증설하는 것은 개축에 해당한다.
④ 건축물의 노후화를 억제하기 위해 대수선하거나 건축물의 일부를 증축 또는 개축하는 것은 리모델링에 해당한다.

12 다음 중 대수선의 범위에 포함되지 않는 것을 고르시오.

① 보를 증설 또는 해체하거나 3개 이상 수선 또는 변경하는 행위
② 내력벽을 증설 또는 해체하거나 3개 이상 수선 또는 변경하는 행위
③ 건축물의 외벽에 사용하는 마감재료를 증설 또는 해체하는 행위
④ 주계단, 피난계단 또는 특별피난계단을 증설 또는 해체하는 행위

13 다음 그림과 제시된 조건을 참고하여 해당 건축물의 총 높이를 산정하시오.

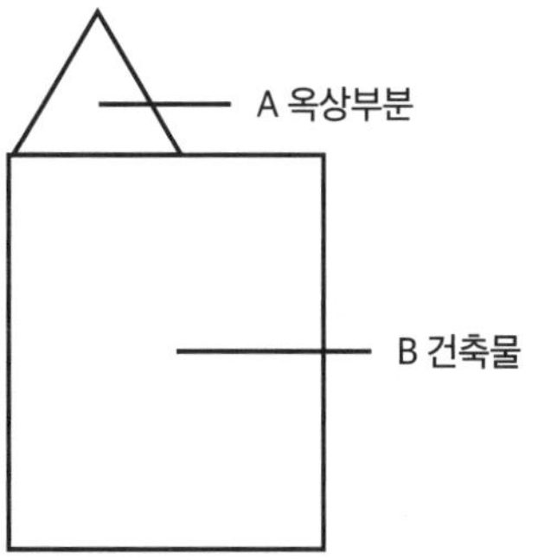

- A 수평투영면적:250m^2
- A 높이:17m
- B 연면적:3,200m^2
- B 건축면적:1,600m^2
- B 높이:40m

① 40m
② 45m
③ 52m
④ 57m

14 다음 중 가연물질의 구비조건으로 옳지 않은 것을 고르시오.

① 활성화에너지 값이 작아야 한다.
② 산소와 결합 시 발열량이 커야 한다.
③ 조연성 가스와 친화력이 강해야 한다.
④ 열의 축적이 용이하도록 열전도도가 커야 한다.

15 가연물이 될 수 없는 조건에 대한 설명으로 옳은 것을 고르시오.

① 헬륨, 네온, 아르곤은 산소와 결합하면 흡열반응을 일으킨다.
② 이산화탄소와 물은 완전산화물에 해당한다.
③ 질소 및 질소산화물은 산소와 결합하지 못한다.
④ 일산화탄소는 산소와 화학반응을 일으킬 수 없는 물질이다.

16 물리적 소화방식에 해당하지 않는 것을 고르시오.

① 연쇄반응 차단
② 연소에너지의 한계
③ 농도의 한계
④ 화염의 불안정화

17 **다음 중 아크(Arc) 용접에 대한 설명에 해당하는 것을 모두 고르시오.**

㉠ 백심은 휘백색을 띤다. ㉡ 일반적으로 3,500~5,000˚C 정도이며, 가장 높은 부분의 최고온도는 약 6,000˚C에 이른다. ㉢ 가연성 가스와 산소의 반응으로 생성되는 가스 연소열을 이용하는 용접 방식이다. ㉣ 청백색의 강한 빛과 열을 낸다.

① ㉠, ㉡
② ㉡, ㉢
③ ㉡, ㉣
④ ㉡, ㉢, ㉣

18 **다음의 설명에 해당하는 실내화재의 현상을 고르시오.**

• 소화활동에 돌입하기 위해 화재실의 문을 개방할 때 신선한 공기가 화재실로 유입되면서 실내에 축적된 가연성 가스가 단시간에 폭발적으로 연소함으로써 폭풍을 동반한 화염이 실외로 분출되는 현상을 의미한다. • 연기폭발(Smoke explosion)이라고도 하며 농연의 분출, 파이어볼(Fire ball) 형성, 건물 벽체의 도괴 현상 등을 동반한다. • 화재실의 출입문을 개방하기 전, 천장부를 개방하여 환기시킴으로써 폭발력을 억제할 수 있다.

① 롤오버(Roll over)
② 플래시오버(Flash over)
③ 백드래프트(Back draft)
④ 플레임오버(Flame over)

19 **건축물의 종류에 따른 화재 양상에 대한 설명으로 옳은 것을 고르시오.**

① 목조건축물의 최성기 온도는 약 1,100~1,350℃에 달한다.
② 목조건축물의 화재지속시간은 약 2~3시간이 소요된다.
③ 내화구조건축물은 화재 시 공기의 유통조건에 영향을 크게 받는다.
④ 내화구조건축물의 발연량은 목조건축물에 비해 적은 편이다.

20 **위험물의 종류별 특성에 대한 설명으로 빈칸에 들어갈 위험물의 종류를 차례대로 고르시오.**

(A)	(B)
저온 착화하기 쉬운 가연성 물질로 연소 시 유독가스를 발생한다.	가연성으로 산소를 함유하여 자기연소하는 물질로, 가열 및 충격, 마찰 등에 의해 착화, 폭발을 일으킬 수 있고 연소 속도가 빨라 소화가 곤란하다.

	(A)	(B)
①	산화성 고체	가연성 고체
②	산화성 고체	인화성 액체
③	가연성 고체	자기반응성 물질
④	인화성 액체	자기반응성 물질

21 제4류위험물의 공통적인 성질로 옳은 것을 고르시오.

① 물보다 무거워 물과 섞이지 않는다.
② 증기는 공기와 혼합되어 연소 및 폭발을 일으킬 수 있다.
③ 착화온도가 높은 것은 위험하다.
④ 대부분 증기는 공기보다 가볍다.

22 다음 중 전기화재의 원인으로 보기 어려운 것은?

① 절연에 의한 정전기 불꽃 발생
② 규격미달의 전선 사용으로 인한 과전류 발생
③ 전선의 합선 및 단락
④ 누전

23 가스누설경보기의 설치 위치로 옳은 설명을 고르시오.

① 증기비중이 1보다 작은 가스의 경우 연소기로부터 수평거리 4m 이내에 위치하도록 설치한다.
② 증기비중이 1보다 작은 가스의 경우 탐지기의 상단은 천장면의 하방 30cm 이내에 설치한다.
③ 증기비중이 1보다 큰 가스의 경우 연소기 또는 관통부로부터 수평거리 4m 이내에 위치하도록 설치한다.
④ 증기비중이 1보다 큰 가스의 경우 탐지기의 하단은 바닥면의 상방 30cm 이내에 설치한다.

24 다음 그림과 같은 형태의 자위소방대 조직 구성 시 그에 대한 설명으로 옳지 아니한 것을 고르시오.

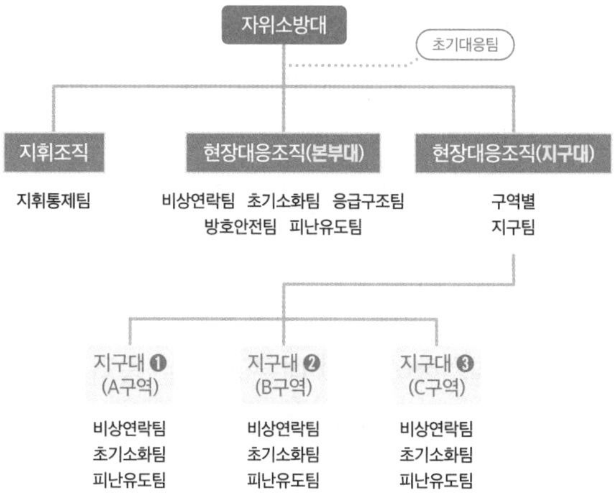

① TYPE－Ⅰ에 해당하는 조직구성이다.
② 특급 또는 공동주택을 제외하고 연면적 30,000m^2 미만의 1급대상물에 적용된다.
③ 둘 이상의 현장대응조직으로 운영이 가능하며 본부대와 지구대로 구분할 수 있다.
④ 본부대는 비상연락팀, 초기소화팀, 피난유도팀, 방호안전팀, 응급구조팀을 기본으로 편성한다.

25 **종합방재실의 설치기준 및 운영 등에 대한 설명으로 옳지 아니한 것을 고르시오.**

① 초고층 건축물에 특별피난계단이 설치되어 있고, 특별피난계단 출입구로부터 5m 이내에 종합방재실을 설치하는 경우에는 2층 또는 지하 1층에 설치할 수 있다.

② 화재 및 침수 등으로 인한 피해 우려가 적은 곳에 설치해야 한다.

③ 면적은 $20m^2$ 이상으로 하고 다른 부분과 방화구획으로 설치해야 하며 다른 제어실 등의 감시를 위해 두께 7mm 이상의 망입유리로 된 $4m^2$ 미만의 붙박이창을 설치할 수 있다.

④ 초고층 건축물등의 관리주체는 종합방재실에 재난 및 안전관리에 필요한 인력을 2명 이상 상주하도록 해야 한다.

26 **출혈의 증상으로 보기 어려운 것을 고르시오.**

① 체온 및 혈압이 저하된다.

② 동공이 확대되고 구토가 발생할 수 있다.

③ 피부가 축축해지고 갈증을 호소한다.

④ 맥박이 느리고 약하고 불규칙해진다.

27 **자동심장충격기(AED)의 올바른 사용방법에 해당하지 아니하는 설명을 고르시오.**

① AED는 반응 및 정상적인 호흡이 없는 심정지 환자에게만 사용해야 한다.

② 가장 먼저 전원 버튼을 누른다.

③ 패드1은 오른쪽 흉골 아래쪽에, 패드2는 왼쪽 젖꼭지 아래의 중간겨드랑선에 부착한다.

④ "분석 중..."이라는 음성 지시가 나오면 하고 있던 심폐소생술을 멈추고 환자에게서 손을 떼야 한다.

28 **화상에 대한 설명으로 옳지 아니한 것을 고르시오.**

① 전층화상은 근육층까지 손상되며 통증이 없다.

② 물집이 터진 부분층화상에 고압의 물을 사용하여 열감을 식히는 행위는 하면 안 된다.

③ 화상환자의 옷가지가 피부에 달라붙은 경우 젖은 수건 등을 이용해 닦아낸다.

④ 표피화상은 약간의 부종과 홍반이 나타나며 흉터 없이 치료 가능하다.

29 다음 그림은 T상사(업무시설)의 도면이다. T상사에 능력단위 2단위의 소화기를 설치한다고 했을 때 필요한 최소 개수를 구하시오.(단, 주요구조부가 내화구조이고 실내면은 불연재로 되어있다.)

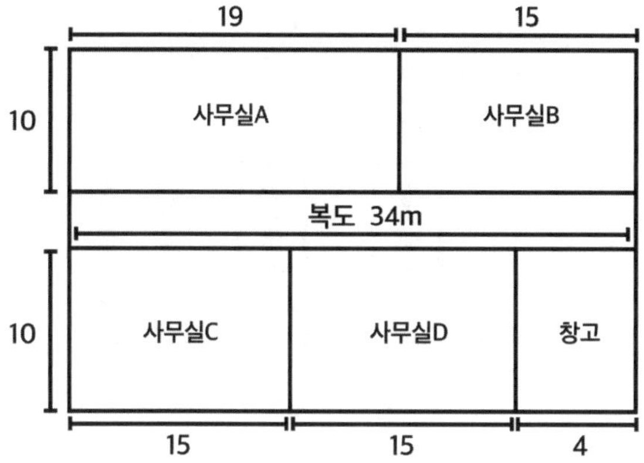

① 5개
② 6개
③ 7개
④ 8개

30 어떤 건물의 2층에서 발신기의 누름버튼을 눌렀을 때 1층의 수신기에서 점등되는 표시등이 아닌 것을 고르시오.

① 화재표시등
② 교류전원표시등
③ 발신기표시등
④ 1층 지구표시등

31 펌프성능시험 중 체절운전 시, 다음의 그림에서 밸브(㉮)의 개폐상태 및 펌프성능시험 실측 결과표에 명시된 토출압 (㉯)의 적정 여부 판정 결과로 옳은 것을 고르시오. (단, 펌프 명판상 토출량은 500L/min, 양정은 70m이다.)

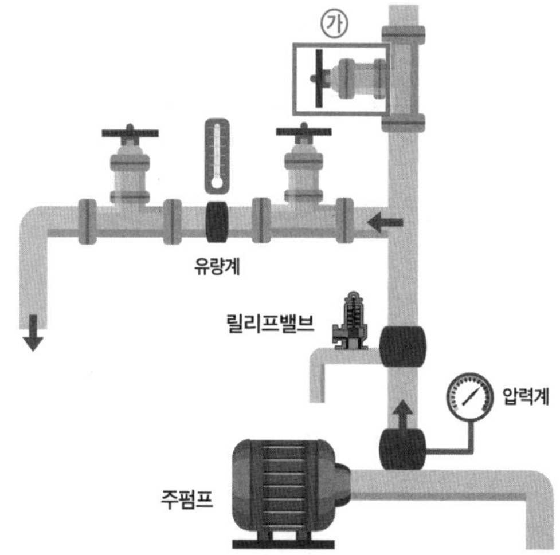

펌프성능시험 결과표(실측치)			
구분	체절운전	정격운전	최대운전
토출량 (L/min)	0	500LPM	750LPM
㉯ 토출압 (MPa)	0.95Mpa	0.7Mpa	0.5Mpa

	㉮	㉯
①	개방	적합
②	폐쇄	적합
③	개방	부적합
④	폐쇄	부적합

32 **감지기에 대한 설명으로 옳지 아니한 것을 고르시오.**

① 정온식 스포트형 감지기는 주위온도가 일정상승률 이상이 될 때 작동한다.

② 차동식 스포트형 감지기는 온도 상승으로 공기가 팽창하면 다이아프램이 압박되어 작동한다.

③ 광전식 스포트형 연기감지기는 계단이나 복도 등에 설치한다.

④ 차동식 스포트형 감지기는 거실이나 사무실 등에 설치한다.

33 **다음 그림을 참고하여 옥내소화전의 주펌프를 수동으로 기동하기 위해서 조작할 수 있는 방법으로 옳은 것을 고르시오.**

감시제어반

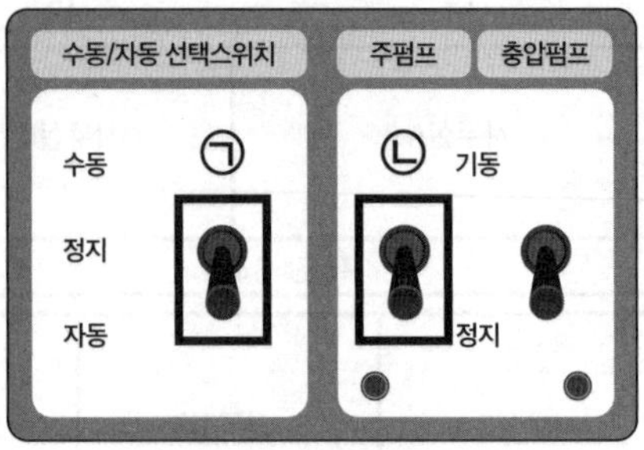

동력제어반

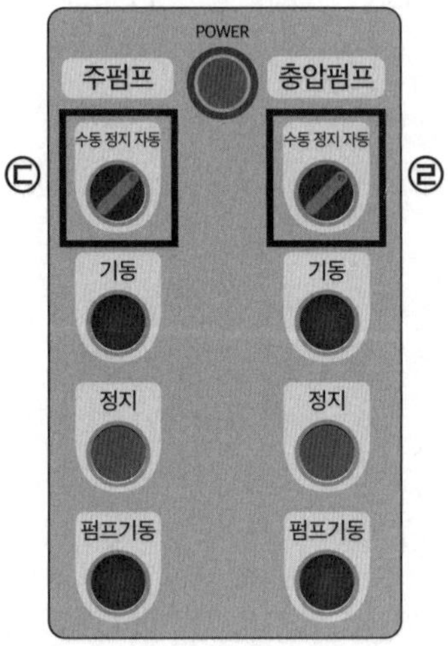

① ㉠만 수동 위치로 옮긴다.

② ㉠을 자동 위치에 두고 ㉡을 기동 위치로 옮긴다.

③ ㉢을 수동 위치로 옮기고 기동버튼을 누른다.

④ ㉣을 수동 위치로 옮기고 기동버튼을 누른다.

34 층수가 7층인 A아파트에는 옥내소화전 3개와 스프링클러설비가 설치되어 있다. 이때 A아파트의 최소한의 수원의 저수량을 구하시오.(단, 스프링클러설비는 폐쇄형헤드를 사용하고, 최소한의 저수량이란 각 소화설비의 수원의 저수량을 모두 더한 값을 말한다.)

① $20.2m^3$
② $21.2m^3$
③ $22.2m^3$
④ $23.2m^3$

35 가스계소화설비 점검 중 솔레노이드밸브 격발 시험 방법으로 옳지 않은 것을 고르시오.

① 수동조작함에서 기동스위치를 눌러 작동 확인
② 솔레노이드밸브 자체 수동조작버튼을 눌러 즉시 격발 확인
③ 제어반에서 솔레노이드밸브 선택스위치 수동 기동 전환으로 작동 확인
④ 방호구역 내 감지기 A 또는 B 동작으로 격발 확인

36 소화기에 대한 설명으로 옳은 설명을 모두 고르시오.

ⓐ 가압식 분말소화기 본체 용기 내에는 규정량의 소화약제와 질소가스가 충전되어 있으며 지시압력계 정상 범위는 0.7~0.98MPa이다.
ⓑ 탄산수소나트륨을 주성분으로 하는 BC급 소화기의 약제는 담홍색을 띤다.
ⓒ 소화기의 내용연수 경과 후 10년 미만인 경우 성능검사에 합격한 소화기는 내용연수 등이 경과한 날의 다음 달부터 3년간 사용이 가능하다.
ⓓ 할론1301 소화기는 지시압력계가 부착되어 있지 않지만 할론소화약제 중 소화능력이 가장 뛰어나고 독성이 적고 냄새가 없는 것이 장점이다.
ⓔ 이산화탄소 소화기는 질식 및 냉각소화 작용을 한다.

① ⓐ, ⓑ, ⓒ
② ⓐ, ⓒ, ⓓ
③ ⓑ, ⓓ, ⓔ
④ ⓒ, ⓓ, ⓔ

37 지상층의 층수가 12층이고 지하층의 층수가 4층인 소방안전관리대상물의 지하 1층에서 화재 시 적용되는 경보방식에 해당하는 것을 고르시오.(단, 해당 대상물은 공동주택이 아니다.)

① 모든 층에 일제히 경종이 울린다.
② 지하 1층과 지상 1층부터 지상 4층에 우선적으로 경종이 울린다.
③ 지하 1층부터 지하 4층에 우선적으로 경종이 울린다.
④ 지상 1층과 지하 1층부터 지하 4층에 우선적으로 경종이 울린다.

38 층수가 3층인 영화관의 피난구조설비에 대한 설명으로 옳지 아니한 것을 고르시오.

① 2층과 3층에는 완강기가 적응성이 있다.
② 피난사다리는 2층에서는 적응성이 있지만 1층에서는 적응성이 없다.
③ 1층에서 다수인피난장비가 적응성이 있다.
④ 2층과 3층에서 미끄럼대가 적응성이 있다.

39 유도등의 점검에 대한 설명으로 옳지 않은 것을 고르시오.

① 3선식 유도등 절환스위치가 수동 상태일 때 감지기의 작동으로 점등된다.
② 유도등의 예비전원은 점검스위치를 당겨 점등상태가 확인되면 정상이다.
③ 3선식 유도등은 수신기에서 수동으로 점등스위치를 ON하여 점검한다.
④ 2선식 유도등은 평상시 점등 상태인지 확인한다.

40 R형 수신기의 기록데이터를 참고하여 옳은 설명을 고르시오.

일시	수신기	회선설명	동작구분	메세지
2024/02/01 19:00:12	1	주펌프	MCC	자동기동
2024/02/01 19:00:07	1	2층 감지기B	화재	화재발생
2024/02/01 19:00:05	1	1층 수신기	수신기	음향장치 작동
2024/02/01 19:00:05	1	2층 감지기A	화재	화재발생

① 화재는 1층에서 발생하였다.
② 감지기A만 동작하였다.
③ 음향장치는 정상 작동했다.
④ 점검상황으로 소화설비는 작동하지 않았다.

41 연결송수관설비에 대한 설명으로 옳지 않은 것을 고르시오.

① 구성요소는 송수구, 배관, 살수헤드이다.
② 넓은 면적의 고층 또는 지하 건축물에 설치한다.
③ 지면으로부터 높이 31m 이상 또는 지상 11층 이상인 건물에 습식을 설치한다.
④ 지면으로부터 높이 31m 미만 또는 지상 11층 미만인 건물에 건식을 설치한다.

42 부속실제연설비에 대한 설명으로 옳지 않은 것을 고르시오.

① 급기가압방식을 통해 차압을 형성한다.
② 화재가 발생하면 급기댐퍼가 완전히 열린 후 송풍기가 작동한다.
③ 부속실의 설정 압력범위를 초과하면 플랩댐퍼가 작동하여 압력을 배출하고 설정 압력범위를 유지한다.
④ 점검을 위해 계단실·부속실의 방연풍속 측정 시 출입문을 폐쇄한 후 풍속계로 방연풍속을 측정한다.

43 다음 중 스프링클러설비에 대한 설명으로 옳은 것을 고르시오.

① 일제살수식 스프링클러설비의 2차측 배관 내부는 가압수로 충수되어 있다.
② 감열체가 없는 구조는 폐쇄형 스프링클러에 해당한다.
③ 교차배관은 가지배관과 수평하거나 위쪽에 위치하도록 설치해야 한다.
④ 교차배관에서 분기되는 지점을 기준으로 한쪽 가지배관에 설치되는 헤드의 개수는 8개 이하여야 한다.

44 의료시설에 설치하는 유도등의 종류로 옳은 것을 고르시오.

① 소형피난구유도등, 통로유도등
② 중형피난구유도등, 통로유도등
③ 대형피난구유도등, 통로유도등
④ 대형피난구유도등, 통로유도등, 객석유도등

45 습식스프링클러설비의 압력스위치 작동 시 작동하는 장치 및 점등되는 표시등과 무관한 것을 고르시오.

① 방출표시등
② 화재표시등
③ 밸브개방표시등
④ 사이렌 경보

46 M영화관의 객석통로 직선길이가 47m일 때 최소한의 객석유도등 설치 개수로 옳은 값을 구하시오.

① 10개
② 11개
③ 12개
④ 13개

47 다음 작동기능점검표의 점검결과를 참고하여 옳지 않은 설명을 고르시오.

구분	점검번호	점검항목	점검결과
소화기	1-A-006	소화기의 변형·손상 또는 부식 등 외관의 이상 여부	X
	1-A-007	지시압력계 (녹색범위)의 적정 여부	(가)
	1-A-008	수동식 분말소화기 내용연수(10년) 적정 여부	X

① 1-A-006 점검항목의 결과가 X이므로 외관 상의 불량이 있을 것이다.
② 1-A-006 항목의 점검에서 본체용기가 변형, 손상된 것이 발견되었다면 교체해야 한다.
③ 1-A-007 항목 점검 시 압력범위가 0.6MPa이 나왔다면 (가)는 O표시한다.
④ 해당 소화기의 사용 기한은 3년 연장이 불가능하다.

48 특정소방대상물에 설치해야 하는 소방시설 적용기준에 따라 제연설비를 설치해야 하는 지하가(터널 제외)의 설치대상 연면적 기준을 고르시오.

① 200m² 이상
② 400m² 이상
③ 900m² 이상
④ 1,000m² 이상

49 소방계획의 수립 절차 중 2단계에 해당하는 내용으로 빈칸에 들어갈 말을 순서대로 고르시오.

1단계 (사전기획)	2단계 (위험환경 분석)	3단계 (설계/개발)	4단계 (시행/유지관리)
작성준비 ↓ 요구사항 검토 ↓ 작성계획 수립	(가) ↓ (나) ↓ (다)	목표/전략수립 ↓ 실행계획 설계 및 개발	수립/시행 ↓ 운영/유지관리

① (가) 위험환경 식별
(나) 위험환경분석/평가
(다) 위험경감대책 수립
② (가) 위험환경 식별
(나) 위험경감대책 수립
(다) 위험환경분석/평가
③ (가) 위험환경분석/평가
(나) 위험환경 식별
(다) 위험경감대책 수립
④ (가) 위험환경분석/평가
(나) 위험경감대책 수립
(다) 위험환경 식별

50 화재대응에 대한 설명으로 옳지 아니한 것을 고르시오.

① 화재신고 시 소방기관의 확인이 있기 전까지 전화를 끊지 않는다.

② 비상방송 담당 대원은 확성기 등을 사용해 화재 사실을 전파한다.

③ 소방안전관리자는 비상연락체계를 통해 관계기관 등에 화재사실을 통보해야 한다.

④ 초기소화가 어렵다고 판단되는 경우 출입문을 개방한 상태로 즉시 피난한다.

2회차 정답 및 해설

정답

01	③	02	④	03	④	04	①	05	①
06	①	07	④	08	③	09	③	10	①
11	③	12	②	13	④	14	④	15	②
16	①	17	③	18	③	19	①	20	③
21	②	22	①	23	③	24	②	25	④
26	④	27	③	28	③	29	②	30	④
31	②	32	①	33	③	34	②	35	④
36	④	37	④	38	③	39	①	40	③
41	①	42	④	43	④	44	③	45	①
46	④	47	③	48	④	49	①	50	④

01

다음 중 화재 등의 통지에 따라 화재로 오인할 만한 우려가 있는 불을 피우거나 연막소독을 하려는 자가 관할 소방본부장 또는 소방서장에게 신고하지 아니하여 소방자동차가 출동하게 한 경우 20만 원 이하의 과태료가 부과되는 지역 또는 장소에 해당하지 아니하는 것을 모두 고르시오.

㉠ 석유화학제품을 생산하는 공장이 있는 지역
㉡ 노후·불량건축물이 밀집한 지역
㉢ 공장·창고가 있는 지역
㉣ 목조건물이 밀집한 지역
㉤ 「산업입지 및 개발에 관한 법률」에 따른 산업단지

① ㉡, ㉤
② ㉠, ㉢, ㉣
③ ㉡, ㉢, ㉤
④ ㉠, ㉡, ㉣, ㉤

답 ③

해 **옳지 않은 이유**:
㉡, ㉤은 20만 원 이하의 과태료가 부과될 수 있는 장소가 아닌, '화재예방강화지구'에 해당하는 장소이므로 해당사항이 없으며, ㉢의 경우에는 공장·창고가 '밀집한' 지역일 때 20만 원 이하의 과태료가 부과되는 장소에 해당하므로 옳지 않다.
이번 문제에서는 이렇게 해당사항이 없는 장소들을 묻고 있으므로 정답은 ③ ㉡, ㉢, ㉤.

CHECK! 20만 원 통지 장소 vs 화재예방강화지구

미리 통지 장소 (20만 원 과태료)	화재예방강화지구
• 시장지역 • ★[밀집한 지역]: 공장·창고 / 목조건물 / 위험물 저장·처리시설 • 석유화학제품 생산 공장이 있는 지역 • 그 밖에 시·도조례로 정하는 지역	• 시장지역 • ★[밀집한 지역]: 공장·창고 / 목조건물 / 위험물 저장·처리시설 / 노후·불량건축물 • 석유화학제품 생산 공장이 있는 지역 • 산업단지, 물류단지 • 소방시설·소방용수 시설·소방 출동로 없는 지역 • 그 밖에 소방관서장이 지정할 필요를 인정한 지역

02

다음 중 소방안전관리보조자를 선임하는 대상물에 해당하지 않는 것을 고르시오.

① 연면적 20,000m^2의 공동주택(기숙사)
② 350세대의 아파트
③ 아파트를 제외하고 연면적 15,000m^2의 특정소방대상물
④ 관계인이 24시간 상주하는 바닥면적 1,000m^2의 숙박시설

답 ④

해 관계인이 24시간 상주하는 바닥면적 1,500m^2 미만의 숙박시설은 소방안전관리보조자를 선임하는 대상에서 제외된다.
참고로 공동주택(기숙사), 의료시설, 노유자시설, 수련시설, 300세대 이상의 아파트, (아파트를 제외하고) 연면적 15,000m^2 이상의 특정소방대상물과 [관계인이 24시간 상주하는 바닥면적 1,500m^2 미만의 숙박시설]이라는 조건에 해당하지 않는 숙박시설은 소방안전관리보조자를 선임한다.

03

한국소방안전원의 업무에 해당하지 아니하는 것을 고르시오.

① 소방기술과 안전관리에 관한 간행물 발간
② 소방안전에 관한 국제협력
③ 화재 예방 고취를 위한 대국민 홍보
④ 위험물 취급에 대한 허가 및 승인

답 ④

해 한국소방안전원의 업무에 위험물 취급에 대한 허가 및 승인은 포함되지 않는다. 참고로 안전원의 업무는 교육 및 연구·조사, 간행물 발간 및 대국민 홍보, 회원에 대한 기술 지원, 행정기관의 위탁업무 및 국제협력 등이 있는데 위험물에 대한 사항이나 건축(시설의 설립) 등의 내용은 포함하지 않는다는 점을 구분해서 알아두면 좋다.

04

다음 중 소방활동구역에 출입이 가능한 자에 해당하는 조건을 모두 고르시오.

ⓐ 수사업무 종사자
ⓑ 보도업무 종사자
ⓒ 소방활동구역 외부에 인접한 소방대상물의 관계인
ⓓ 교통·통신업무 종사자
ⓔ 시·도지사의 출입 허가를 받은 자

① ⓐ, ⓑ
② ⓐ, ⓒ, ⓓ
③ ⓐ, ⓑ, ⓓ
④ ⓐ, ⓑ, ⓓ, ⓔ

답 ①

해 **옳지 않은 이유**:

ⓒ 소방활동구역 '내(안에 있는)' 소방대상물의 관계인이 소방활동구역에 출입할 수 있다. 따라서 소방활동구역 외부에 인접한 소방대상물의 관계인은 출입가능자에 해당하지 않는다.

ⓓ 교통·통신업무 종사자로서 '소방활동에 필요한 자'가 소방활동구역에 출입할 수 있는데, 이러한 조건 없이 교통·통신업무 종사자(또는 전기/가스/수도 종사자) 조건만으로는 출입이 가능한 사람의 조건에 해당하지 않는다.

ⓔ 소방활동구역에 출입이 가능한 조건은 '소방대장'의 출입허가를 받은 사람이어야 하므로 시·도지사는 해당사항이 없다.

따라서 이를 제외한 ⓐ와 ⓑ만 출입이 가능하다.

CHECK! 소방활동구역 출입가능자

- 소방활동구역 내 소방대상물의 관계인
- 의사, 간호사, 구조·구급업무 종사자
- 수사업무 종사자
- 전기/가스/수도/교통·통신 종사자 → 소방활동에 필요한 자
- 보도업무 종사자 및 취재인력
- 소방대장의 출입 허가를 받은 자

05

작동점검 완료일 및 그에 대한 자체점검 실시결과 보고 날짜가 다음과 같을 때 보고 의무가 있는 자에게 부과되는 과태료에 해당하는 것을 고르시오.

- 작동점검 완료일:2024년 4월 4일
- 결과보고 제출일:2024년 4월 30일

2024년 4월

일	월	화	수	목	금	토
1	2	3	4 점검 완료일	5	6	7
8	9	10	11	12	13	14
15	16	17	18	19	20	21
22	23	24	25	26	27	28
29	30 제출					

① 50만 원
② 100만 원
③ 200만 원
④ 300만 원

답 ①

해 (1) 관계인은 점검이 끝난 날부터 15일 내에 소방본부장 또는 소방서장에게 [소방시설 등 자체점검 실시결과 보고서]를 서면 또는 전산망을 통해 보고해야 한다. (+이행계획서 및 배치확인서 첨부)

(2) 그럼, 4월 4일 점검일을 기준으로 제출 기한일은 4월 25일이었으나, 결과 보고 제출을 4월 30일에 했으므로 지연 보고에 해당하며 지연된 기간은 10일 미만이다. (참고로, 제출 기간 기산 시 점검 당일, 주말 및 공휴일은 산입하지 않는다.)

2024년 4월						
일	월	화	수	목	금	토
1	2	3	4 점검 완료일	5	6	7
8	9	10	11	12	13	14
15	16	17	18	19	20	21
22	23	24	25 제출 기한	26	27	28
29	30 제출					

(3) '점검 결과를 보고하지 않거나 거짓으로 보고한 자'는 300만 원 이하의 과태료 항목에 해당하는데 그중에서도 지연된 기간에 따라 다음과 같이 과태료가 차등 부과된다.

- **지연보고 기간이 10일 미만** : 50만원
- **지연보고 기간이 10일 이상 1개월 미만** : 100만원
- **지연보고 기간이 1개월 이상 또는 미보고** : 200만원
- **점검결과를 축소·삭제하는 등 거짓보고** : 300만원

따라서 지연보고 기간이 10일 미만이므로 50만원 과태료에 해당한다.

06

다음 중 200만 원 이하의 과태료에 해당하는 행위에 포함되지 아니하는 것을 고르시오.

① 정당한 사유 없이 소방대의 생활안전활동을 방해하는 행위
② 소방차의 출동에 지장을 주는 행위
③ 소방안전관리자의 선임 신고를 하지 아니한 행위
④ 소방활동구역에 출입하는 행위

답 ①

해 ① 정당한 사유 없이 소방대의 생활안전활동을 방해하는 행위는 100만 원 이하의 [벌금]형에 해당하므로 문제의 조건에 해당하지 않는다.

[07~08] 주어진 〈보기〉를 참고하여 각 물음에 답하시오.

보기

- 대상물 명칭:L영화상영관
- 연면적:5,200m²
- 소방시설 현황:옥내소화전설비, 스프링클러설비, 비상조명등, 자동화재탐지설비, 제연설비, 소화기구
- 완공일:2018년 2월 27일
- 사용승인일:2018년 3월 12일

07

L영화상영관의 자체점검에 대한 설명으로 옳은 것을 고르시오.

① 작동점검 제외 대상에 해당한다.
② 특급점검자 및 관계인을 주된 인력으로 2024년 8월에 작동점검을 실시한다.
③ 소방안전관리자로 선임된 소방기술사를 주된 인력으로 2024년 2월에 종합점검을 실시한다.
④ 관리업에 등록된 기술인력 중 소방시설관리사를 주된 인력으로 2024년 3월에 종합점검을 실시한다.

답 ④

해 L영화상영관은 연면적이 2,000m^2 이상인 다중이용업소이며 스프링클러설비도 설치되어 있으므로 작동점검 및 종합점검 실시 대상이다.
이때 소방안전관리자를 선임하지 않는 대상이거나, 위험물제조소등, 또는 특급 소방안전관리대상물은 작동점검 제외 대상이 되는데 L영화상영관은 세 가지 조건에 모두 해당사항이 없으므로 작동점검 제외 대상이라고 서술한 ①은 옳지 않은 설명이다.
또한 종합점검까지 실시하는 대상물의 경우, [사용승인일]이 포함된 달에 (그 달의 말일까지) 종합점검을 먼저 실시하며 이러한 종합점검의 주된 인력은 (1) 관리업에 등록된 기술인력 중 소방시설관리사 (2) 소방안전관리자로 선임된 소방시설관리사 및 소방기술사이므로 이러한 주된 인력을 통해 L영화상영관은 매년 3월에 종합점검을 실시할 것이고, 종합점검 이후 6개월 뒤에 작동점검을 실시하므로 매년 9월에 작동점검을 실시할 것임을 알 수 있다.
따라서 이에 대한 옳은 설명은 ④번.

참고로, ②번처럼 특급점검자 및 관계인이 주된 인력이 되어 작동점검을 실시할 수 있는 경우는 3급소방안전관리대상물에만 해당하는 조건이므로, L영화상영관에는 해당사항이 없는 설명이다.

08

L영화상영관의 점검 시 필요한 점검 장비에 해당하는 것을 모두 고르시오.

㉠ 조도계
㉡ 누전계
㉢ 음량계
㉣ 방수압력측정계
㉤ 차압계

① ㉠, ㉡, ㉣
② ㉠, ㉢, ㉣
③ ㉠, ㉢, ㉣, ㉤
④ ㉠, ㉡, ㉢, ㉣, ㉤

답 ③

해 L영화상영관의 소방시설 현황에 따라 필요한 점검 장비는 다음과 같다.

㉠ 조도계 - 비상조명등, ㉢ 음량계 - 자동화재탐지설비(음향장치), ㉣ 방수압력측정계 - 공통장비(옥내소화전설비 등), ㉤ 차압계 - 제연설비

㉡ '누전계'는 누전경보기 점검 시 필요한 장비이나, L영화상영관의 소방시설 현황에서 누전경보기는 포함되어 있지 않으므로 누전계를 제외한 나머지 장비들만 해당사항이 있는 것으로 골라낼 수 있다. 따라서 정답은 ③.

09

다음의 조건에 해당하는 김□□의 실무교육 실시일로 가장 적절한 날짜를 고르시오.

- 강습교육 면제 대상으로 교육 수료 이력 없음
- 소방안전관리자 시험 합격일:2022년 3월 16일
- 소방안전관리자 선임 날짜:2023년 6월 15일

① 2022년 6월 8일
② 2023년 3월 10일
③ 2023년 11월 17일
④ 2025년 6월 11일

답 ③

해 김□□은 강습교육 수료 이력이 없으므로, 선임 후 6개월 내에 최초의 실무교육을 이수해야 하는 대상이 된다. (강습교육을 수료한지 1년 이내에 선임되었다면 이러한 6개월 내 최초 실무교육이 면제되지만, 김□□은 이 경우에 해당하지 않으므로 원칙대로 선임 후 6개월 내에 실무교육을 실시해야 한다.)
따라서 소방안전관리자로 선임된 시점부터 실무교육을 실시해야 하는 의무가 발생하고, [선임된 날짜]를 기준으로 '6개월 내'에 최초의 실무교육을 실시해야 하므로 가장 적절한 날짜는 ③.

Tip
시험 합격일은 무관하므로 함정에 빠지지 않도록 주의^ ^!

10

초고층 및 지하연계 복합건축물 재난관리에 관한 특별법에 따른 초고층 건축물 등에서의 교육 및 훈련에 관한 사항으로 옳지 아니한 것을 고르시오.

① 관리주체는 교육 및 훈련 실시 결과를 작성하여 3년간 보관한다.
② 관리주체는 교육 및 훈련을 한 날부터 10일 내에 시·군·구 본부장에게 실시 결과를 제출한다.
③ 관리주체는 다음 연도의 교육·훈련 계획을 수립하여 매년 12월 15일까지 시·군·구 본부장에게 제출한다.
④ 소방청장이나 시·도 본부장은 초고층 건축물 등의 관리주체가 교육·훈련을 실시하는 데에 필요한 지원을 할 수 있다.

답 ①

해 초고층 건축물 등에서의 교육 및 훈련 시, 관리주체는 교육 및 훈련을 한 날부터 10일 내에 시·군·구 본부장에게 실시 결과를 제출하고 이를 '1년간' 보관한다.
따라서 3년간 보관한다고 서술한 ①의 설명이 옳지 않다.

초고층 건축물 교육·훈련	
관리주체	• 매년 12월 15일까지 다음 계획 수립 → 시·군·구 본부장에게 제출 • 실시 결과 제출(10일 내) & 1년 보관
시·군·구 본부장	• 관리주체에게 받은 결과를 소방서장에게 통보(10일 내)
시·도 본부장 / 소방청장	• 초고층 건축물 등의 교육·훈련에 필요한 지원

11

건축에서 정하는 용어의 정의로 옳지 아니한 것을 고르시오.

① 기존 건축물이 있는 대지 내에서 건축물의 건축면적, 연면적, 층수, 높이를 증가시키는 것은 증축에 해당한다.
② 건축물이 천재지변이나 재해에 의해 멸실된 경우 일정 요건에 따라 다시 축조하는 것은 재축에 해당한다.
③ 건축물의 기둥, 보, 내력벽, 주계단 등의 구조를 수선·변경, 증설하는 것은 개축에 해당한다.
④ 건축물의 노후화를 억제하기 위해 대수선하거나 건축물의 일부를 증축 또는 개축하는 것은 리모델링에 해당한다.

답 ③

해 건축물의 기둥, 보, 내력벽, 주계단 등의 구조를 수선·변경, 증설하는 것은 개축이 아닌, 대수선에 해당하는 설명이므로 옳지 않은 정의이다.
참고로 개축은 기존 건축물의 전부 또는 일부(내력벽, 기둥, 보, 지붕틀 중에서 3개 이상이 포함된 경우)를 철거하고 동일한 대지 안에 이전의 것과 동일한 규모의 범위 안에서 다시 축조하는 것을 의미한다.

12

다음 중 대수선의 범위에 포함되지 않는 것을 고르시오.

① 보를 증설 또는 해체하거나 3개 이상 수선 또는 변경하는 행위
② 내력벽을 증설 또는 해체하거나 3개 이상 수선 또는 변경하는 행위
③ 건축물의 외벽에 사용하는 마감재료를 증설 또는 해체하는 행위
④ 주계단, 피난계단 또는 특별피난계단을 증설 또는 해체하는 행위

답 ②

해 내력벽의 대수선 범위는 개수가 아닌 면적에 대한 기준이 적용된다. 내력벽을 증설 또는 해체하거나 그 벽면적을 $30m^2$ 이상 수선 또는 변경하는 행위가 대수선에 해당하므로 3개 이상이라는 개수 기준을 적용한 설명이 옳지 않다.

13

다음 그림과 제시된 조건을 참고하여 해당 건축물의 총 높이를 산정하시오.

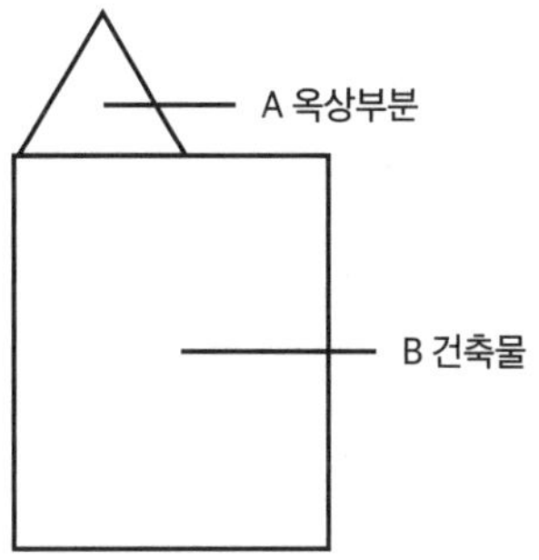

- A 수평투영면적:250m²
- A 높이:17m
- B 연면적:3,200m²
- B 건축면적:1,600m²
- B 높이:40m

① 40m
② 45m
③ 52m
④ 57m

답 ④

해 높이의 산정에서 옥상부분의 수평투영면적이 건축물의 '건축면적'의 8분의 1을 넘으면 옥상부분의 높이를 모두 건축물의 높이에 산입하여 더한다. (반대로, 8분의 1 이하일 경우에는 옥상부분 중에서 12m가 넘는 부분만 총 높이에 산입하나, 해당 문제에서는 8분의 1을 초과하므로 이 조건에는 성립하지 않고 옥상부분의 높이를 모두 산입하면 된다.) 따라서 건축물의 높이인 40m에 옥상부분의 높이 17m를 모두 산입하여 총 높이는 57m이다.

14

다음 중 가연물질의 구비조건으로 옳지 않은 것을 고르시오.

① 활성화에너지 값이 작아야 한다.
② 산소와 결합 시 발열량이 커야 한다.
③ 조연성가스와 친화력이 강해야 한다.
④ 열의 축적이 용이하도록 열전도도가 커야 한다.

답 ④

해 가연물질이 되기 위해서는 열의 축적이 용이하도록 열전도도가 작아야 하므로 옳지 않은 설명이다. 열전도란 고온부에서 저온부로 열이 이동하는 성질인데 그러한 열전도도가 크면 클수록 열의 이동이 많이 일어나기 때문에 열을 축적하는 것이 어렵다. 따라서 열의 축적이 용이하기 위해서는 열전도도가 작아야 하고, 열전도도가 작을수록 가연물질이 되기에 유리하다.

참고로, ③의 조연성가스는 다른 물질(가스)의 연소를 돕거나 촉진시키는 가스로 산소도 이러한 조연성가스에 포함된다. 따라서 조연성가스와 친화력이 강해야 한다는 설명은 옳은 설명이다.

15

가연물이 될 수 없는 조건에 대한 설명으로 옳은 것을 고르시오.

① 헬륨, 네온, 아르곤은 산소와 결합하면 흡열반응을 일으킨다.

② 이산화탄소와 물은 완전산화물에 해당한다.

③ 질소 및 질소산화물은 산소와 결합하지 못한다.

④ 일산화탄소는 산소와 화학반응을 일으킬 수 없는 물질이다.

답 ②

해 ① 헬륨, 네온, 아르곤은 산소와 결합하지 못하는 불활성 기체이므로 잘못된 설명이다.

③ 질소 및 질소산화물은 산소와 화합하면 흡열반응을 일으키는 물질이므로 옳지 않은 설명이다. (①번과 ③번의 설명을 뒤바꿔야 옳은 조건이 성립한다.)

④ 일산화탄소(CO)는 산소와 반응할 수 있고, 때문에 가연물이 될 수 '있는' 물질이다. 따라서 옳지 않은 설명이다.

산소와 화학반응을 일으키지 않아 가연물이 될 수 없는 [완전산화물]에 해당하는 것은 물과 이산화탄소가 맞다. 따라서 이산화탄소와 물이 가연물이 될 수 없는 물질인 것도 맞고, 완전산화물이기 때문이라는 설명도 옳기 때문에 옳은 설명은 ②.

16

물리적 소화방식에 해당하지 않는 것을 고르시오.

① 연쇄반응 차단

② 연소에너지의 한계

③ 농도의 한계

④ 화염의 불안정화

답 ①

해 라디칼에 작용하여 연쇄반응을 차단하는 방식은 물리적 소화방식이 아닌, 화학적 소화방식에 해당한다.

라디칼 또는 연쇄반응, 하론류(할론, 할로겐화합물)라는 말이 나오면 소방안전관리자 과정에서 말하는 유일한 '화학적' 소화방식에 해당하므로 이 부분을 반드시 암기하는 것이 유리하다.

17

다음 중 아크(Arc) 용접에 대한 설명에 해당하는 것을 모두 고르시오.

㉠ 백심은 휘백색을 띤다.
㉡ 일반적으로 3,500~5,000˚C 정도이며, 가장 높은 부분의 최고온도는 약 6,000˚C에 이른다.
㉢ 가연성 가스와 산소의 반응으로 생성되는 가스 연소열을 이용하는 용접 방식이다.
㉣ 청백색의 강한 빛과 열을 낸다.

① ㉠, ㉡
② ㉡, ㉢
③ ㉡, ㉣
④ ㉡, ㉢, ㉣

답 ③

해 아크(Arc) 용접은 전기용접 방식으로, 전기회로와 연결된 2개의 금속을 접촉, 전력을 가하여 (증기를 통해 통전상태 유지) 발생된 아크의 고열로 용접하는 방식을 말한다.
따라서 ㉢의 가연성 가스와 산소의 반응으로 생성되는 가스 연소열을 이용하는 용접 방식은 '가스'용접에 해당하므로 ㉢은 옳지 않은 설명이며, 또한 팁 끝 쪽 백심의 색이 휘백색을 띠는 것도 가스용접에 대한 설명이므로 ㉠의 설명도 옳지 않다. (참고로 '가스'용접 시 화염은 백심 : 휘백색 - 속불꽃 : 푸른색 - 겉불꽃 : 투명한 청색을 띤다.)
반면, **아크(Arc)**는 청백색의 강한 빛과 열을 내는 것이 특징이며, 일반적으로 3,500~5,000˚C, 가장 높은 부분의 최고온도는 약 6,000˚C에 달하므로 ㉡과 ㉣의 설명은 옳다.
따라서 아크(Arc) 용접에 대한 설명으로 옳은 것만을 모두 고른 것은 ③ ㉡, ㉣.

18

다음의 설명에 해당하는 실내화재의 현상을 고르시오.

- 소화활동에 돌입하기 위해 화재실의 문을 개방할 때 신선한 공기가 화재실로 유입되면서 실내에 축적된 가연성 가스가 단시간에 폭발적으로 연소함으로써 폭풍을 동반한 화염이 실외로 분출되는 현상을 의미한다.
- 연기폭발(Smoke explosion)이라고도 하며 농연의 분출, 파이어볼(Fire ball) 형성, 건물 벽체의 도괴 현상 등을 동반한다.
- 화재실의 출입문을 개방하기 전, 천장부를 개방하여 환기시킴으로써 폭발력을 억제할 수 있다.

① 롤오버(Roll over)
② 플래시오버(Flash over)
③ 백드래프트(Back draft)
④ 플레임오버(Flame over)

답 ③

해 문제의 설명은 ③ 백드래프트(Back draft) 현상에 대한 설명이다.
* 백드래프트의 핵심 키워드는 '실외', '농연 분출', '파이어볼', '천장 개방 - 폭발력 억제' 등이 있으므로 암기 시 참고하면 유리하다.

참고로 소방안전관리자 과정에서는 ④ 플레임오버(Flame over)를 ① 롤오버(Roll over)를 의미하는 다른 말로 분류하므로, 결국은 롤오버(Roll over)와 플레임오버(Flame over)를 같은 현상으로 보고 있다.

19

건축물의 종류에 따른 화재 양상에 대한 설명으로 옳은 것을 고르시오.

① 목조건축물의 최성기 온도는 약 1,100~1,350℃에 달한다.
② 목조건축물의 화재지속시간은 약 2~3시간이 소요된다.
③ 내화구조건축물은 화재 시 공기의 유통조건에 영향을 크게 받는다.
④ 내화구조건축물의 발연량은 목조건축물에 비해 적은 편이다.

답 ①

해 ② 목조건축물의 화재지속시간은 약 30분 정도로 출화부터 최성기까지가 약 10분, 최성기부터 감쇠기까지가 약 20분 정도밖에 소요되지 않는다. 화재지속시간이 2~3시간 정도 소요되는 것은 내화구조건물에 대한 설명이므로 잘못된 설명이다.

③ 내화구조건축물은 내화구조로 화재 및 연소에 의해 붕괴하지 않고 그 형태를 거의 유지하고 있기 때문에 외부에서 유입되는 공기(공기의 유통) 등의 조건이 거의 일정한 상태를 유지한다. 따라서 공기의 유통조건에 영향을 크게 받는다는 설명은 잘못되었다. (공기 유통에 영향을 받는 것은 목조건축물인 편으로, 목조건축물은 최성기 이후 형태를 잃고 무너지면서 공기의 유통이 좋아져 쉽게 식으면서 온도가 급격히 저하된다.)

④ 내화구조건축물의 발연량은 목조건물에 비해 많은 것이 특징이므로 옳지 않은 설명이다. (방염(난연) 처리된 물질은 연소 자체는 억제하지만 다량의 연기 입자를 발생한다는 특징이 있다.)

따라서 ②~④에 설명은 옳지 않고, 옳은 설명은 ①.

20

위험물의 종류별 특성에 대한 설명으로 빈칸에 들어갈 위험물의 종류를 차례대로 고르시오.

(A)	(B)
저온 착화하기 쉬운 가연성 물질로 연소 시 유독가스를 발생한다.	가연성으로 산소를 함유하여 자기연소하는 물질로, 가열 및 충격, 마찰 등에 의해 착화, 폭발을 일으킬 수 있고 연소 속도가 빨라 소화가 곤란하다.

	(A)	(B)
①	산화성 고체	가연성 고체
②	산화성 고체	인화성 액체
③	가연성 고체	자기반응성 물질
④	인화성 액체	자기반응성 물질

답 ③

해 (A)는 제2류위험물인 가연성 고체에 대한 설명이고, (B)는 제5류위험물인 자기반응성 물질에 대한 설명이다.

※ 위험물의 종류별 특성

제1류	제6류	제5류	제2류	제3류	제4류
산화성 고체	산화성 액체	자기 반응성 물질	가연성 고체	자연 발화성 금수성 물질	인화성 액체
강산화제(산소부자) →가열, 충격, 마찰로 분해되어 산소 방출	강산(자체는 불연이나 산소 발생): 일부는 물과 접촉 시 발열	산소함유 →자기연소: 가열, 충격, 마찰로 착화 및 폭발! 연소 속도 빨라 소화 곤란	저온착화, 유독가스	자연발화, 물과 반응	• 물보다 가볍고 공기보다 무겁 • 주수(물) 소화 못 하는 게 대부분
과산화 나트륨	과산화 수소	니트로글리세린, 질산 에틸	마그네슘	나트륨, 황린	휘발유, 등유, 경유, 아세톤

산화제 / 자기반응성 물질 / 전부위험물

가연물질의 산소공급원

21

제4류위험물의 공통적인 성질로 옳은 것을 고르시오.

① 물보다 무거워 물과 섞이지 않는다.
② 증기는 공기와 혼합되어 연소 및 폭발을 일으킬 수 있다.
③ 착화온도가 높은 것은 위험하다.
④ 대부분 증기는 공기보다 가볍다.

답 ②

해 ① 제4류위험물인 인화성 액체는 물에 녹지 않고 잘 섞이지 않는 것은 맞지만 물보다 '가볍'기 때문에 옳지 않은 설명이다.
③ 착화온도가 '낮은 것'은 불이 쉽게 붙을 수 있으므로 위험하다. 따라서 옳지 않은 설명이다.
④ 대부분 증기는 공기보다 무거워 바닥 쪽에 체류하므로 옳지 않은 설명이다.
따라서 옳은 것은 ②.

22

다음 중 전기화재의 원인으로 보기 어려운 것은?

① 절연에 의한 정전기 불꽃 발생
② 규격미달의 전선 사용으로 인한 과전류 발생
③ 전선의 합선 및 단락
④ 누전

답 ①

해 전기화재는 절연(전류가 통하지 않게 함)이 아닌, 절연이 '불량'일 때 발생한다. 즉 전기화재의 원인은 절연 '불량'이므로 절연에 의해서는 정전기 불꽃이 발생할 수도 없고, 전기화재의 원인도 될 수 없다. 따라서 옳지 않은 것은 ①.

23

가스누설경보기의 설치 위치로 옳은 설명을 고르시오.

① 증기비중이 1보다 작은 가스의 경우 연소기로부터 수평거리 4m 이내에 위치하도록 설치한다.
② 증기비중이 1보다 작은 가스의 경우 탐지기의 상단은 천장면의 하방 30cm 이내에 설치한다.
③ 증기비중이 1보다 큰 가스의 경우 연소기 또는 관통부로부터 수평거리 4m 이내에 위치하도록 설치한다.
④ 증기비중이 1보다 큰 가스의 경우 탐지기의 하단은 바닥면의 상방 30cm 이내에 설치한다.

답 ③

해 증기비중이란, 공기를 1로 기준 잡았을 때의 비중으로 그것보다 크면 무거워서 바닥 쪽에 체류하고, 공기 1보다 작으면 가벼워서 천장 쪽으로 뜨는 가스를 생각할 수 있다. 즉 증기비중이 1보다 큰 가스는 비중이 1.5~2 정도인 LPG로 생각하고, 증기비중이 1보다 작은 가스는 비중이 0.6인 LNG로 생각할 수 있다.
따라서 증기비중이 1보다 작아 가벼운 가스(LNG)의 경우 위로, 멀리 퍼지므로 연소기로부터 수평거리 '8m' 이내에 위치하도록, 탐지기의 '하단'은 천장 면의 하방 30cm 이내에 설치하기 때문에 ①, ②번은 옳지 않다.
반대로 증기비중이 1보다 커 무거운 가스(LPG)는 아래로, 느리게 이동해 비교적 짧은 영역에 머무르기 때문에 연소기 또는 관통부로부터 수평거리 4m 이내에 위치하도록, 탐지기의 '상단'은 바닥 면의 상방 30cm 이내에 설치한다.
따라서 ③은 옳은 설명이나, ④는 틀린 설명이다.
종합적으로 옳은 설명은 ③.

구분	LPG	LNG(Natural)
수평거리	4m	8m
탐지기	상단이 바닥부터 상방 30cm 이내 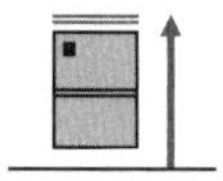	하단이 천장부터 하방 30cm 이내 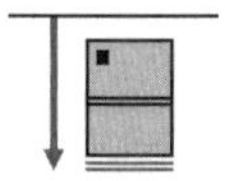

24

다음 그림과 같은 형태의 자위소방대 조직 구성 시 그에 대한 설명으로 옳지 아니한 것을 고르시오.

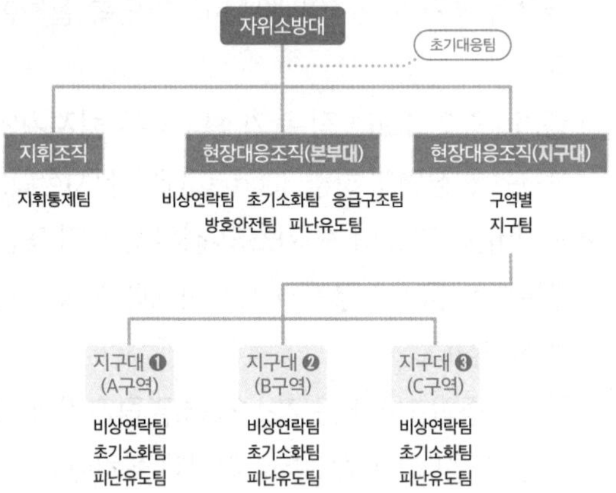

① TYPE-Ⅰ에 해당하는 조직구성이다.

② 특급 또는 공동주택을 제외하고 연면적 30,000m² 미만의 1급대상물에 적용된다.

③ 둘 이상의 현장대응조직으로 운영이 가능하며 본부대와 지구대로 구분할 수 있다.

④ 본부대는 비상연락팀, 초기소화팀, 피난유도팀, 방호안전팀, 응급구조팀을 기본으로 편성한다.

답 ②

해 그림의 자위소방대 조직구성은 TYPE-Ⅰ으로 여기에는 특급대상물 또는 연면적 30,000m² '이상'을 포함한 1급대상물이 적용 대상이 된다. 따라서 3만 제곱미터 미만의 1급대상물이라고 서술한 ②의 설명이 옳지 않다.

25

종합방재실의 설치기준 및 운영 등에 대한 설명으로 옳지 아니한 것을 고르시오.

① 초고층 건축물에 특별피난계단이 설치되어 있고, 특별피난계단 출입구로부터 5m 이내에 종합방재실을 설치하는 경우에는 2층 또는 지하 1층에 설치할 수 있다.

② 화재 및 침수 등으로 인한 피해 우려가 적은 곳에 설치해야 한다.

③ 면적은 20m² 이상으로 하고 다른 부분과 방화구획으로 설치해야 하며 다른 제어실 등의 감시를 위해 두께 7mm 이상의 망입유리로 된 4m² 미만의 붙박이창을 설치할 수 있다.

④ 초고층 건축물등의 관리주체는 종합방재실에 재난 및 안전관리에 필요한 인력을 2명 이상 상주하도록 해야 한다.

답 ④

해 초고층 건축물등의 관리주체는 종합방재실에 재난 및 안전관리에 필요한 인력을 3명 이상 상주하도록 해야 하므로 옳지 않은 설명은 ④.

26

출혈의 증상으로 보기 어려운 것을 고르시오.

① 체온 및 혈압이 저하된다.

② 동공이 확대되고 구토가 발생할 수 있다.

③ 피부가 축축해지고 갈증을 호소한다.

④ 맥박이 느리고 약하고 불규칙해진다.

답 ④

해 일반적인 출혈의 증상은 호흡과 맥박이 '빨라진다.' 따라서 맥박이 느려진다고 서술한 ④의 설명이 잘못되었다.
참고로 맥박은 빨라지므로 느려진다는 설명은 틀렸지만, 맥박이 약하고 불규칙하게 뛴다는 설명은 옳다.

27

자동심장충격기(AED)의 올바른 사용방법에 해당하지 아니하는 설명을 고르시오.

① AED는 반응 및 정상적인 호흡이 없는 심정지 환자에게만 사용해야 한다.
② 가장 먼저 전원 버튼을 누른다.
③ 패드1은 오른쪽 흉골 아래쪽에, 패드2는 왼쪽 젖꼭지 아래의 중간겨드랑선에 부착한다.
④ "분석 중..."이라는 음성 지시가 나오면 하고 있던 심폐소생술을 멈추고 환자에게서 손을 떼야 한다.

답 ③

해 자동심장충격기(AED) 사용 시 패드를 부착하는 올바른 위치는 다음과 같다.
(1) **패드1** : 오른쪽 빗장뼈 아래
(2) **패드2** : 왼쪽 젖꼭지 아래의 중간겨드랑선

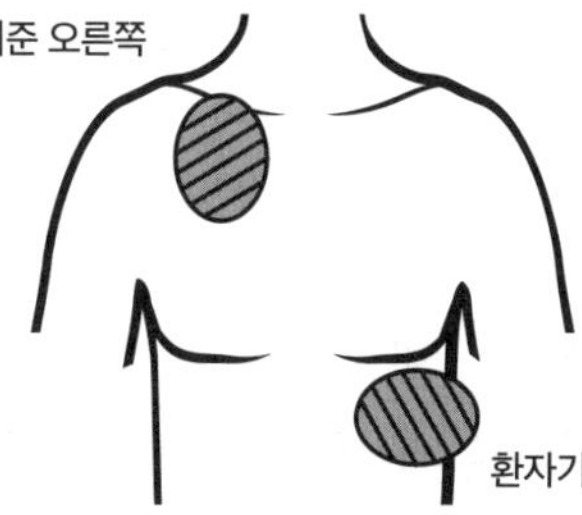

따라서 패드 부착 위치에 대한 설명이 옳지 않은 ③번이 올바른 사용방법에 해당하지 않는다.

CHECK!

AED는 정상적인 호흡 및 반응이 없는 심정지 환자에게만 사용해야 하며, AED가 준비되면 가장 먼저 심폐소생술에 방해가 되지 않는 위치에 둔 뒤 전원 버튼부터 눌러서 켜야 한다. 이후 패드를 위치에 맞게 부착하고 "분석 중..."이라는 음성 지시가 나오면 환자에게서 손을 떼야 한다.

28

화상에 대한 설명으로 옳지 아니한 것을 고르시오.

① 전층화상은 근육층까지 손상되며 통증이 없다.
② 물집이 터진 부분층화상에 고압의 물을 사용하여 열감을 식히는 행위는 하면 안 된다.
③ 화상환자의 옷가지가 피부에 달라붙은 경우 젖은 수건 등을 이용해 닦아낸다.
④ 표피화상은 약간의 부종과 홍반이 나타나며 흉터 없이 치료 가능하다.

답 ③

해 화상환자의 옷가지가 피부에 달라붙은 경우 닦아내거나 잘라내지 말고 접촉을 피하는 것이 바람직하므로 ③의 설명은 옳지 않은 설명이다.

29

다음 그림은 T상사(업무시설)의 도면이다. T상사에 능력단위 2단위의 소화기를 설치한다고 했을 때 필요한 최소 개수를 구하시오.(단, 주요구조부가 내화구조이고 실내면은 불연재로 되어있다.)

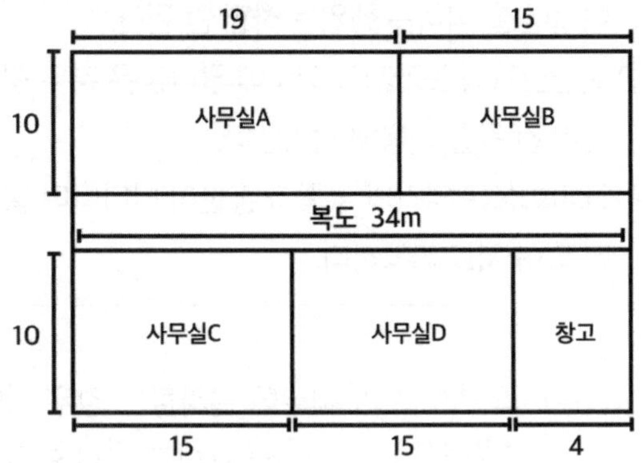

① 5개
② 6개
③ 7개
④ 8개

답 ②

해 **사무실A의 면적** : $190m^2$,
사무실B, C, D의 각 면적 : $150m^2$,
창고 면적 : $40m^2$이다.

T상사는 업무시설로, 바닥면적 $100m^2$마다 능력단위 1 이상의 소화기 1개 이상을 설치해야 하는데 해당 시설이 내화구조+불연재로 되어 있으므로 기준이 더 완화되어 설치기준의 바닥면적이 $200m^2$까지 늘어난다. 그런데 이때 설치하려는 소화기의 능력단위가 1단위의 두 배인 '2단위'이므로 결과적으로, T상사에서는 2단위 소화기 하나로 바닥면적 $400m^2$까지의 설치기준을 적용할 수 있다.

따라서 사무실 A부터 D까지는 바닥면적이 $400m^2$를 넘는 곳이 없으므로 각 사무실마다 소화기를 각각 한 개씩 설치하면 되는데, 이때 창고의 면적이 $33m^2$ 이상이므로 창고에도 추가로 소화기 1개를 설치한다. (*2 이상의 거실로 구획된 경우, $33m^2$ 이상으로 구획된 거실에도 배치하기 때문!)

또한, 복도의 길이가 34m인데 능력단위 2단위의 소형소화기의 경우 특정소방대상물의 각 부분으로부터 보행거리 20m 이내가 되도록 설치해야 하므로 복도 가운데에 따로 1개를 설치하면 최소한의 설치기준을 충족한다. 따라서 각 사무실마다 1개씩 4개+창고 1개+복도 1개로 총 6개의 소화기가 필요하다.

30

어떤 건물의 2층에서 발신기의 누름버튼을 눌렀을 때 1층의 수신기에서 점등되는 표시등이 아닌 것을 고르시오.

① 화재표시등
② 교류전원표시등
③ 발신기표시등
④ 1층 지구표시등

답 ④

해 발신기를 눌러 작동했을 때 수신기에서는 화재 신호를 수신받아 화재표시등이 점등되고, 발신기가 눌렸으므로 발신기표시등에 점등된다.

교류전원표시등은 수신기에 공급되고 있는 전압의 상태가 표시되는 것으로 특수한 상황(점검 또는 실제 화재로 인한 정전 등)에서 단선이 된 것이 아니라면 일반적으로는 상용전원인 '교류전원' 표시등에 상시 점등되어 있는 것이 정상이다.

따라서 ①부터 ③은 점등되는 것이 맞지만, 문제에서는 '2층'의 발신기를 눌렀으므로 지구표시등에는 2층을 나타내는 지구(구역) 표시등에 점등되어야 하는데 1층 지구표시등은 점등되지 않기 때문에 문제상의 작동으로 점등되지 않는 표시등은 ④.

31

펌프성능시험 중 체절운전 시, 다음의 그림에서 밸브(㉮)의 개폐상태 및 펌프성능시험 실측 결과표에 명시된 토출압 (㉯)의 적정여부 판정 결과로 옳은 것을 고르시오. (단, 펌프 명판상 토출량은 500L/min, 양정은 70m이다.)

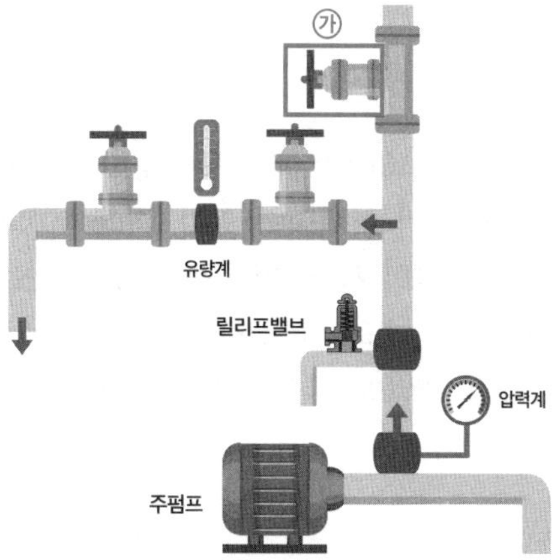

펌프성능시험 결과표(실측치)			
구분	체절운전	정격운전	최대운전
토출량 (L/min)	0	500LPM	750LPM
㉯ 토출압 (MPa)	0.95Mpa	0.7Mpa	0.5Mpa

㉮	㉯
① 개방	적합
② 폐쇄	적합
③ 개방	부적합
④ 폐쇄	부적합

답 ②

해 (1) 체절운전은 토출량이 0인 상태로 시험을 진행하므로, 토출측 밸브(㉮)는 잠근 상태이다. 따라서 ㉮는 폐쇄.

(2) 펌프 명판상 토출량(500L/min) 및 양정(70m)을 기준으로, 정격(100%)운전 시 토출량이 500L/min 정격유량 상태일 때, 토출압력은 0.7MPa(정격압력) 이상 측정되어야 한다.

(3) 토출량이 0인 체절운전 시, 체절압력은 정격압력의 140% 이하여야 하므로 (0.7x1.4 = 0.98) 0.98MPa 이하로 측정되면 적합하다.

(4) 최대운전으로 토출량이 정격 토출량의 150%(500x1.5 = 750)인 750L/min이 되었을 때, 압력은 정격 토출압의 65% 이상이어야 하므로 (0.7x0.65 = 0.455) 0.455MPa 이상이면 적합하다.

(5) 따라서 결과표의 토출압(㉯)은 적합하므로 정답은 ②.

펌프성능시험 결과표(실측치)			
구분	체절운전	정격운전	최대운전
토출량 (L/min)	0	500LPM	×1.5%
토출압 (MPa)	×1.4 이하	0.7Mpa	×0.65 이상

명판

32

감지기에 대한 설명으로 옳지 아니한 것을 고르시오.

① 정온식 스포트형 감지기는 주위온도가 일정상승률 이상이 될 때 작동한다.

② 차동식 스포트형 감지기는 온도 상승으로 공기가 팽창하면 다이아프램이 압박되어 작동한다.

③ 광전식 스포트형 연기감지기는 계단이나 복도 등에 설치한다.

④ 차동식 스포트형 감지기는 거실이나 사무실 등에 설치한다.

답 ①

해 정온식 스포트형 감지기는 일정상승률이 아닌, 주위 온도가 정해진 '일정 온도' 이상이 될 때 작동하므로 잘못된 설명이다. 주위 온도가 일정상승률 이상이 될 때 작동하는 것은 차동식 스포트형 감지기에 대한 설명이다.

33

다음 그림을 참고하여 옥내소화전의 주펌프를 수동으로 기동하기 위해서 조작할 수 있는 방법으로 옳은 것을 고르시오.

감시제어반

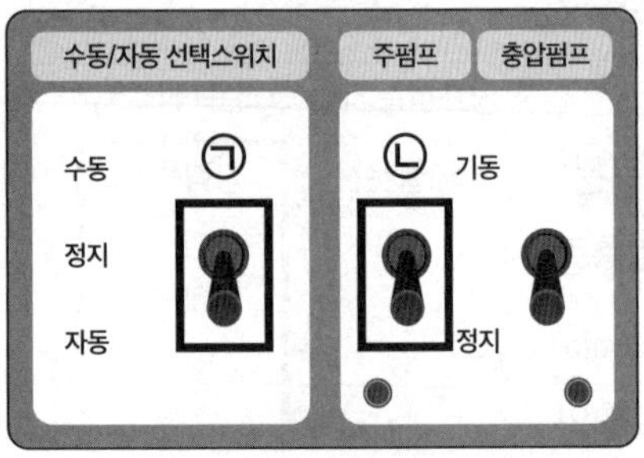

동력제어반

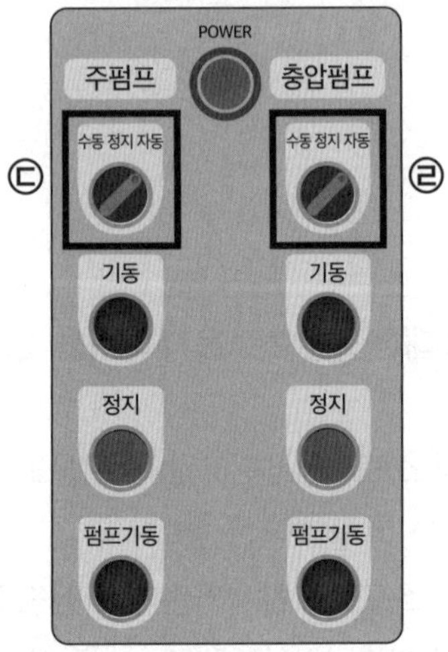

① ㉠만 수동 위치로 옮긴다.
② ㉠을 자동 위치에 두고 ㉡을 기동 위치로 옮긴다.
③ ㉢을 수동 위치로 옮기고 기동버튼을 누른다.
④ ㉣을 수동 위치로 옮기고 기동버튼을 누른다.

답 ③

해 문제에서는 '주펌프'를 수동-기동하는 방법을 묻고 있으므로 크게 두 가지 조작을 생각할 수 있다. 첫째는 감시제어반의 선택스위치를 수동에 두고 주펌프 스위치를 기동에 두는 것. 둘째는 동력제어반에서 주펌프 절환스위치를 수동에 두고 기동버튼을 누르는 것. 제시된 지문 중에서 감시제어반의 수동 기동 방법을 옳게 설명한 보기는 없고, ③이 동력제어반의 수동기동 방법을 옳게 설명하고 있으므로 옳은 것은 ③.

참고로 ④는 '충압펌프'의 수동기동 방식으로는 옳지만, 문제에서 묻고 있는 '주펌프'의 수동기동에는 맞지 않으므로 옳은 답이 아니다.

34

층수가 7층인 A아파트에는 옥내소화전 3개와 스프링클러설비가 설치되어 있다. 이때 A아파트의 최소한의 수원의 저수량을 구하시오.(단, 스프링클러설비는 폐쇄형헤드를 사용하고, 최소한의 저수량이란 각 소화설비의 수원의 저수량을 모두 더한 값을 말한다.)

① $20.2m^3$
② $21.2m^3$
③ $22.2m^3$
④ $23.2m^3$

답 ②

해 ㉮ 옥내소화전 수원의 저수량은 제시된 조건이 29층 이하의 일반 건물이므로 $N\text{x}2.6m^3$가 적용된다. $2.6m^3$는 옥내소화전의 방수량인 130L/min에 20분을 곱한 값이고 설치개수 N의 최대개수는 29층 이하일 때 최대 2개까지만 인정되므로 A아파트의 옥내소화전 수원의 저수량은 $2\text{x}2.6m^3 = 5.2m^3$(톤)이 된다.

㉯ 폐쇄형 헤드의 스프링클러설비를 사용하는 경우 저수량 계산은 헤드의 기준개수 $\text{x}1.6m^3$가 적용된다. $1.6m^3$는 스프링클러설비의 방수량 80L/min에 20분을 곱한 값이고 아파트의 경우 헤드의 기준개수는 10개이다. 따라서 $10\text{x}1.6m^3 = 16m^3$(톤)이 된다.

㉰ 최소한의 저수량은 각 소화설비의 수원의 저수량을 더한 값을 의미한다고 했으므로 $5.2 + 16 = 21.2m^3$(톤)이다.

35

가스계소화설비 점검 중 솔레노이드밸브 격발 시험 방법으로 옳지 않은 것을 고르시오.

① 수동조작함에서 기동스위치를 눌러 작동 확인
② 솔레노이드밸브 자체 수동조작버튼을 눌러 즉시 격발 확인
③ 제어반에서 솔레노이드밸브 선택스위치 수동기동 전환으로 작동 확인
④ 방호구역 내 감지기 A 또는 B 동작으로 격발 확인

답 ④

해 가스계소화설비 점검에서 솔레노이드밸브 격발 시험 방법 중 감지기 동작으로 격발을 확인하는 방법은 방호구역 내 교차회로 방식의 감지기 A와 B가 모두 동작했을 때 솔밸브가 격발되어야 하므로 감지기 A, B 동작으로 격발이 확인된다. 따라서 감지기 A '또는' B 동작으로 격발을 확인한다는 설명은 옳지 않다.

36

소화기에 대한 설명으로 옳은 설명을 모두 고르시오.

ⓐ 가압식 분말소화기 본체 용기 내에는 규정량의 소화약제와 질소가스가 충전되어 있으며 지시압력계 정상 범위는 0.7~0.98MPa이다.
ⓑ 탄산수소나트륨을 주성분으로 하는 BC급 소화기의 약제는 담홍색을 띤다.
ⓒ 소화기의 내용연수 경과 후 10년 미만인 경우 성능검사에 합격한 소화기는 내용연수 등이 경과한 날의 다음 달부터 3년간 사용이 가능하다.
ⓓ 할론1301 소화기는 지시압력계가 부착되어 있지 않지만 할론소화약제 중 소화능력이 가장 뛰어나고 독성이 적고 냄새가 없는 것이 장점이다.
ⓔ 이산화탄소 소화기는 질식 및 냉각소화 작용을 한다.

① ⓐ, ⓑ, ⓒ
② ⓐ, ⓒ, ⓓ
③ ⓑ, ⓓ, ⓔ
④ ⓒ, ⓓ, ⓔ

답 ④

해 **옳지 않은 이유**:

ⓐ 본체 용기 내에 소화약제와 질소가스가 충전되어 있으며 지시압력계가 부착되어 있어 적정 범위가 0.7~0.98MPa인 것은 [축압식] 분말소화기이므로 옳지 않은 설명이다. 가압식은 본체 용기 내부에 가압용 가스용기가 별도로 설치되는 형태이며 지시압력계가 없고 현재는 생산하지 않는다.

ⓑ 탄산수소나트륨을 주성분으로 하는 BC급 소화기의 약제는 [백색]이므로 옳지 않은 설명이다. 담홍색을 띠는 것은 제1인산암모늄을 주성분으로 하는 ABC급 소화기의 약제이다.

따라서 ⓐ와 ⓑ의 설명은 옳지 않고 이를 제외한 나머지가 모두 옳은 설명에 해당하므로 정답은 ④.

CHECK!

- 내용연수 경과 후 10년 미만 : 3년 연장 가능
- 내용연수 경과 후 10년 이상 : 1년 연장 가능

37

지상층의 층수가 12층이고 지하층의 층수가 4층인 소방안전관리대상물의 지하 1층에서 화재 시 적용되는 경보방식에 해당하는 것을 고르시오.
(단, 해당 대상물은 공동주택이 아니다.)

① 모든 층에 일제히 경종이 울린다.
② 지하 1층과 지상 1층부터 지상 4층에 우선적으로 경종이 울린다.
③ 지하 1층부터 지하 4층에 우선적으로 경종이 울린다.
④ 지상 1층과 지하 1층부터 지하 4층에 우선적으로 경종이 울린다.

답 ④

해 층수가 11층 이상인 건물(공동주택의 경우 16층 이상)은 발화층 및 직상 4개층 우선경보 방식이 적용되는데 발화층에 따라 적용되는 경보방식은 다음과 같다.

(1) **지상 2층 이상에서 화재 시** : 발화층 + 직상 4개층 우선 경보
(2) **지상 1층에서 화재 시** : 발화층(1층) + 직상 4개층 + 모든 지하층 우선 경보
(3) **지하층 화재 시** : 발화한 지하층 + 그 직상 층 + 그 외 모든 지하층 우선 경보

문제의 경우는 (3)에 해당하므로, 지하 1층에서 화재 시 발화 층인 [지하 1층]과 그 직상 층인 [지상 1층] + 그리고 그 외 나머지 지하층에 우선 경보가 적용되므로 여기에 해당하는 것은 ④.

38

층수가 3층인 영화관의 피난구조설비에 대한 설명으로 옳지 아니한 것을 고르시오.

① 2층과 3층에는 완강기가 적응성이 있다.
② 피난사다리는 2층에서는 적응성이 있지만 1층에서는 적응성이 없다.
③ 1층에서 다수인피난장비가 적응성이 있다.
④ 2층과 3층에서 미끄럼대가 적응성이 있다.

답 ③

해 층수가 3층인 영화관은 영업장의 위치가 4층 이하인 다중이용업소에 해당한다. 이러한 장소의 1층에서는 적응성이 있는 피난기구가 없으므로 1층에서 다수인피난장비가 적응성이 있다고 서술한 ③의 설명은 옳지 않다.

[참고] 1급 〈찐정리〉 이론서 - '피난구조설비 설치 장소 및 기구별 적응성' 도표

39

유도등의 점검에 대한 설명으로 옳지 않은 것을 고르시오.

① 3선식 유도등 절환스위치가 수동 상태일 때 감지기의 작동으로 점등된다.
② 유도등의 예비전원은 점검스위치를 당겨 점등상태가 확인되면 정상이다.
③ 3선식 유도등은 수신기에서 수동으로 점등스위치를 ON하여 점검한다.
④ 2선식 유도등은 평상시 점등 상태인지 확인한다.

답 ①

해 3선식 유도등의 점검 시 유도등 절환스위치가 연동(자동) 상태여야 감지기, 발신기, 중계기, 스프링클러설비 등의 작동으로 유도등이 동시에 점등되는 것을 확인할 수 있다. 따라서 '수동' 상태가 아닌, '연동(자동)' 상태여야 하므로 옳지 않은 설명은 ①.

40

R형 수신기의 기록데이터를 참고하여 옳은 설명을 고르시오.

일시	수신기	회선설명	동작구분	메세지
2024/02/01 19:00:12	1	주펌프	MCC	자동 기동
2024/02/01 19:00:07	1	2층 감지기B	화재	화재 발생
2024/02/01 19:00:05	1	1층 수신기	수신기	음향 장치 작동
2024/02/01 19:00:05	1	2층 감지기A	화재	화재 발생

① 화재는 1층에서 발생하였다.
② 감지기A만 동작하였다.
③ 음향장치는 정상 작동했다.
④ 점검상황으로 소화설비는 작동하지 않았다.

답 ③

해 R형 수신기의 기록데이터 상으로 일시를 확인해 보면 아래에서 위쪽으로 시간이 흐르는 것을 알 수 있다. 가장 먼저 2층의 감지기A가 화재를 감지했고 그에 따라 1층에 있는 수신기에 화재신호가 수신되어 음향장치가 작동한 것을 확인할 수 있다. 따라서 옳은 설명은 ③.
이후 2층의 감지기B도 화재를 감지하여 소화설비가 작동해 주펌프가 자동 기동된 것으로 미루어 짐작할 수 있다.
① 작동한 감지기A, B가 모두 2층에서 작동한 것이므로 1층에서 화재가 발생했다는 설명은 옳지 않다.
② 감지기는 A, B 모두 동작했으므로 옳지 않은 설명이다.
④ 소화설비가 작동하여 주펌프가 작동했으므로 ④의 설명은 옳지 않다.
그래서 정답은 ③.

41

연결송수관설비에 대한 설명으로 옳지 않은 것을 고르시오.

① 구성요소는 송수구, 배관, 살수헤드이다.
② 넓은 면적의 고층 또는 지하 건축물에 설치한다.
③ 지면으로부터 높이 31m 이상 또는 지상 11층 이상인 건물에 습식을 설치한다.
④ 지면으로부터 높이 31m 미만 또는 지상 11층 미만인 건물에 건식을 설치한다.

답 ①

해 연결송수관설비의 구성요소는 송수구, 방수구, 방수기구함과 배관이다. 보기의 송수구, 배관, 살수헤드를 구성요소로 하는 것은 연결살수설비에 대한 설명이므로 옳지 않다.

Tip

연결'살수'설비는 스프링클러의 수조 역할을 소방차가 대신하는 것으로 물을 보낼 송수구와 배관이 필요하고 살수하기 위해서 '살수헤드'가 필요하다고 암기하면 쉽다.

연결'송수관'설비는 소방차가 옥내소화전의 수조 역할을 대신하듯이, 물을 보내는 송수구와 배관이 필요하고 옥내소화전 등으로 방수할 수 있도록 방수구와 방수기구함이 필요하다고 생각하면 암기가 수월하다!

42

부속실제연설비에 대한 설명으로 옳지 않은 것을 고르시오.

① 급기가압방식을 통해 차압을 형성한다.

② 화재가 발생하면 급기댐퍼가 완전히 열린 후 송풍기가 작동한다.

③ 부속실의 설정 압력범위를 초과하면 플랩댐퍼가 작동하여 압력을 배출하고 설정 압력범위를 유지한다.

④ 점검을 위해 계단실·부속실의 방연풍속 측정 시 출입문을 폐쇄한 후 풍속계로 방연풍속을 측정한다.

답 ④

해 부속실 제연설비 점검방법은 다음과 같다.

건물 내 감지기(또는 수동기동장치)를 작동시켜 화재 경보가 발생하는지, 댐퍼가 개방되는지 확인한다. 그다음 송풍기의 작동으로 계단실 및 부속실에 바람이 들어오는지 확인하고 전실 내 차압을 측정하여 기준(40Pa 이상, 스프링클러 설치 시 12.5Pa 이상) 이상이 되는지 확인한다.

그리고 계단실 및 부속실의 방연풍속을 측정하는데 이때 출입문을 [개방]한 후 풍속계로 방연풍속을 측정하고 0.5 (또는 장소에 따라 0.7m/s) 이상이 되는지 확인해야 한다. 이후 전실 내 과압이 생겼다면 과압배출장치가 작동하는지 확인 후 수신기 복구로 마무리한다.

따라서 방연풍속 측정 시에는 출입문을 [개방]한 상태로 측정하기 때문에 폐쇄한다고 설명한 ④가 옳지 않다.

43

다음 중 스프링클러설비에 대한 설명으로 옳은 것을 고르시오.

① 일제살수식 스프링클러설비의 2차측 배관 내부는 가압수로 충수되어 있다.

② 감열체가 없는 구조는 폐쇄형 스프링클러에 해당한다.

③ 교차배관은 가지배관과 수평하거나 위쪽에 위치하도록 설치해야 한다.

④ 교차배관에서 분기되는 지점을 기준으로 한쪽 가지배관에 설치되는 헤드의 개수는 8개 이하여야 한다.

답 ④

해 **[옳지 않은 이유]**

① 일제살수식의 2차측은 대기압 상태이므로 가압수로 채워져 있다는 설명은 옳지 않다.

② 감열체가 (가로막고) 있다면 폐쇄형, 감열체가 없이 뚫려 있는 구조이면 개방형에 해당하므로 반대로 서술한 ②의 설명도 옳지 않다.

③ 교차배관은 가지배관에 급수하는 배관으로, 가지배관과 수평하거나 그보다 밑으로 설치하여 (물이 치고 올라가면서) 배관이 이물질 등으로 막히지 않도록 해야 한다. 따라서 위쪽으로 설치한다는 ③의 설명도 옳지 않으므로 옳은 설명은 ④.

[참고] 스프링클러설비 종류별 2차측 배관 내부

스프링클러의 종류	배관 내부
습식	• 1차/2차측 : 가압수
건식	• 1차측 : 가압수 • 2차측 : 압축공기 또는 질소가스
준비작동식	• 1차측 : 가압수 • 2차측 : 대기압
일제살수식	

44

의료시설에 설치하는 유도등의 종류로 옳은 것을 고르시오.

① 소형피난구유도등, 통로유도등
② 중형피난구유도등, 통로유도등
③ 대형피난구유도등, 통로유도등
④ 대형피난구유도등, 통로유도등, 객석유도등

답 ③

해 의료시설은 판매시설, 위락시설, 운수시설, 관광숙박업, 장례시설, 방송통신시설, 전시장, 지하상가, 지하철 역사와 같이 대형피난구유도등과 통로유도등을 설치하는 장소에 해당하므로 ③.

45

습식스프링클러설비의 압력스위치 작동 시 작동하는 장치 및 점등되는 표시등과 무관한 것을 고르시오.

① 방출표시등
② 화재표시등
③ 밸브개방표시등
④ 사이렌 경보

답 ①

해 방출표시등은 가스계 소화설비의 작동 시 표시되는 것으로 스프링클러설비의 동작과는 무관하다. 따라서 습식스프링클러설비의 압력스위치 작동과 무관한 것은 ①.

46

M영화관의 객석통로 직선길이가 47m일 때 최소한의 객석유도등 설치 개수로 옳은 값을 구하시오.

① 10개
② 11개
③ 12개
④ 13개

답 ②

해 객석유도등의 설치개수는 다음과 같이 계산한다.

$$\text{객석유도등 설치개수} = \frac{\text{객석통로 직선길이(m)}}{4} - 1$$

따라서 객석통로의 직선 길이 47m를 4로 나눈 값에서 1을 뺀 값으로 계산할 수 있는데, (47÷4)-1 = 10.75가 된다. 이때 '소수점 이하는 1로 본다.' = 즉, 절상한다는 의미이므로, M영화관의 객석유도등 설치 최소 개수는 11개로 계산할 수 있다.

47

다음 작동기능점검표의 점검결과를 참고하여 옳지 않은 설명을 고르시오.

구분	점검번호	점검항목	점검결과
소화기	1-A-006	소화기의 변형·손상 또는 부식 등 외관의 이상 여부	X
	1-A-007	지시압력계(녹색범위)의 적정 여부	(가)
	1-A-008	수동식 분말소화기 내용연수(10년) 적정 여부	X

① 1-A-006 점검항목의 결과가 X이므로 외관 상의 불량이 있을 것이다.

② 1-A-006 항목의 점검에서 본체용기가 변형, 손상된 것이 발견되었다면 교체해야 한다.

③ 1-A-007 항목 점검 시 압력범위가 0.6MPa이 나왔다면 (가)는 O표시한다.

④ 해당 소화기의 사용 기한은 3년 연장이 불가능하다.

답 ③

해 소화기의 지시압력계 정상범위는 0.7~0.98MPa이어야 하므로 0.6MPa로 측정되었다면 압력 미달이므로 불량인 X표시를 해야 한다. 따라서 틀린 설명은 ③.

48

특정소방대상물에 설치해야 하는 소방시설 적용기준에 따라 제연설비를 설치해야 하는 지하가(터널 제외)의 설치대상 연면적 기준을 고르시오.

① $200m^2$ 이상

② $400m^2$ 이상

③ $900m^2$ 이상

④ $1,000m^2$ 이상

답 ④

해 제연설비를 설치해야 하는 특정소방대상물 중에서 (터널을 제외한) 지하가의 경우 연면적이 [$1,000m^2$ 이상]일 때 제연설비 설치대상이 된다. 따라서 옳은 것은 ④.

49

소방계획의 수립 절차 중 2단계에 해당하는 내용으로 빈칸에 들어갈 말을 순서대로 고르시오.

1단계 (사전기획)	2단계 (위험환경 분석)	3단계 (설계/개발)	4단계 (시행/ 유지관리)
작성준비 ↓ 요구사항 검토 ↓ 작성계획 수립	(가) ↓ (나) ↓ (다)	목표/ 전략수립 ↓ 실행계획 설계 및 개발	수립/시행 ↓ 운영/ 유지관리

① (가) 위험환경 식별
(나) 위험환경분석/평가
(다) 위험경감대책 수립

② (가) 위험환경 식별
(나) 위험경감대책 수립
(다) 위험환경분석/평가

③ (가) 위험환경분석/평가
(나) 위험환경 식별
(다) 위험경감대책 수립

④ (가) 위험환경분석/평가
(나) 위험경감대책 수립
(다) 위험환경 식별

답 ①

해 소방계획의 수립 절차 중 2단계(위험환경 분석)에 들어갈 내용은 위험환경을 식별하고, 그러한 위험환경에 대해 분석 및 평가를 통해 위험을 경감시킬 수 있는 대책을 수립하는 순서로 진행되는 것이 옳으므로 정답은 ①.

50

화재대응에 대한 설명으로 옳지 아니한 것을 고르시오.

① 화재신고 시 소방기관의 확인이 있기 전까지 전화를 끊지 않는다.

② 비상방송 담당 대원은 확성기 등을 사용해 화재사실을 전파한다.

③ 소방안전관리자는 비상연락체계를 통해 관계기관 등에 화재사실을 통보해야 한다.

④ 초기소화가 어렵다고 판단되는 경우 출입문을 개방한 상태로 즉시 피난한다.

답 ④

해 초기소화가 어렵다고 판단되는 경우에는 열이나 연기 등의 확산을 방지하기 위해 출입문을 '닫고' 즉시 피난해야 하므로 개방 상태로 피난한다는 설명이 옳지 않다.

PART
03

소방안전관리자 1급
모의고사
| 3회차 |

3회차 모의고사

01 다음 중 소방관계법령에서 정하는 사항으로 옳은 설명을 모두 고르시오.

> ㉮ 소방기본법은 화재를 예방·경계하거나 진압하고 화재, 재난·재해, 그 밖의 위급한 상황에서의 구조·구급 활동 등을 통하여 국민의 생명·신체 및 재산을 보호함으로써 공공의 안전 및 질서 유지와 복리증진에 이바지함을 목적으로 한다.
> ㉯ 소방대상물에는 건축물·차량·항해 중인 선박·선박 건조 구조물· 산림 그 밖의 공작물 또는 물건 등이 포함된다.
> ㉰ 각종 소방 활동을 행하기 위해 소방공무원, 의무소방원, 의용소방대원으로 구성된 조직체를 소방대라고 한다.
> ㉱ 소방관서장은 옮긴 물건 등을 보관하는 경우에는 그날부터 14일 동안 해당 소방관서의 인터넷 홈페이지에 그 사실을 공고해야 하며, 보관기간은 공고 기간의 종료일 다음 날부터 7일까지로 한다.
> ㉲ 단독주택 및 공동주택의 소유자는 소화기 및 옥내소화전을 설치하여야 한다.

① ㉮, ㉰, ㉲
② ㉯, ㉱
③ ㉰, ㉱
④ ㉮, ㉰, ㉱

02 지상층 중에서 건축물의 채광·환기·통풍 또는 출입 등을 위해 만든 창·출입구 또는 그 밖에 이와 비슷한 것의 면적의 합계가 해당 층의 바닥면적의 30분의 1 이하가 되는 층에서 개구부가 갖추어야 하는 요건에 해당하는 설명으로 옳은 것을 모두 고르시오.

> ㉠ 내부 또는 외부에서 쉽게 부술 수 있어야 한다.
> ㉡ 해당 층의 바닥면으로부터 개구부 밑부분까지의 높이가 1.2m 이상이어야 한다.
> ㉢ 안전을 위해 창살이 설치되어 있어야 한다.
> ㉣ 개구부의 크기는 지름 40cm 이상의 원이 통과할 수 있어야 한다.
> ㉤ 도로 또는 차량의 진입이 가능한 빈터를 향해 있어야 한다.

① ㉠, ㉤
② ㉠, ㉡, ㉤
③ ㉡, ㉢, ㉤
④ ㉡, ㉣, ㉤

03 다음 중 벌금이 가장 큰 행위를 고르시오.

① 소방안전관리자를 선임하지 아니한 행위
② 화재 또는 구조 및 구급활동이 필요한 상황을 거짓으로 알린 행위
③ 불이나 화재 번짐의 우려가 있는 소방대상물 및 토지에 내려진 강제처분을 따르지 않는 행위
④ 소방안전관리자 자격증을 타인에게 빌려 주거나 빌리거나 또는 이를 알선한 행위

04 다음 중 200만 원 이하의 과태료에 해당하는 행위를 한 사람을 고르시오.

① 소방활동구역에 출입한 자
② 화재예방조치 조치명령을 방해한 자
③ 소방차 전용구역에 주차한 자
④ 피난명령을 위반한 자

05 다음 제시된 건축물 일반현황을 참고하여 해당 대상물에 대한 설명으로 옳지 아니한 것을 고르시오.

구분	건축물 일반현황
명칭	A상사
용도	업무시설
규모/구조	• **연면적** : $12,000m^2$ • **층수** : 지상 13층 • **높이** : 52m • **구조** : 철근콘크리트조
소방시설	• 자동화재탐지설비, 옥내소화전, 스프링클러설비

① 소방기술사 또는 소방시설관리사 자격을 보유한 사람으로 특급소방안전관리자 자격증을 발급받은 사람을 소방안전관리자로 선임할 수 있다.
② 소방서장은 A상사의 관계인으로 하여금 소방관서와 함께 합동 소방 훈련을 실시하게 할 수 있다.
③ 관계인은 소방 훈련 및 교육을 한 날부터 30일 이내에 소방 훈련 및 교육 실시 결과를 소방본부장 또는 소방서장에게 제출해야 한다.
④ 대통령령으로 정하는 일부 업무에 대해 관리업자로 하여금 대행하도록 할 수 있으며, 이를 감독할 수 있는 사람을 지정하여 소방안전관리자로 선임하는 경우 1급 소방안전관리자 선임 자격이 있는 사람을 선임하여야 한다.

06 초고층 건축물 등에서 종합방재실의 설치 시 구조 및 면적에 대한 기준으로 옳지 아니한 설명을 고르시오.

① 면적은 $20m^2$ 이상일 것
② 출입문은 출입 제한 및 통제 장치를 설치하지 않을 것
③ 다른 제어실 등의 감시를 위해 두께 7mm 이상의 망입유리로 된 $4m^2$ 미만의 붙박이창 설치 가능
④ 인력의 대기 및 휴식을 위한 부속실은 종합방재실과 방화 구획된 부속실을 설치할 것

07 아파트를 제외하고 연면적이 $45,000m^2$인 특정소방대상물에 선임해야 하는 소방안전관리보조자와 1,230세대의 아파트에 선임해야 하는 소방안전관리보조자의 최소 인원수를 합산하여 산정하시오.

① 3명 ② 5명
③ 7명 ④ 9명

08 다음 제시된 그림을 참고하여, 해당 건축물의 각 면적을 산정한 값으로 옳은 것을 고르시오.

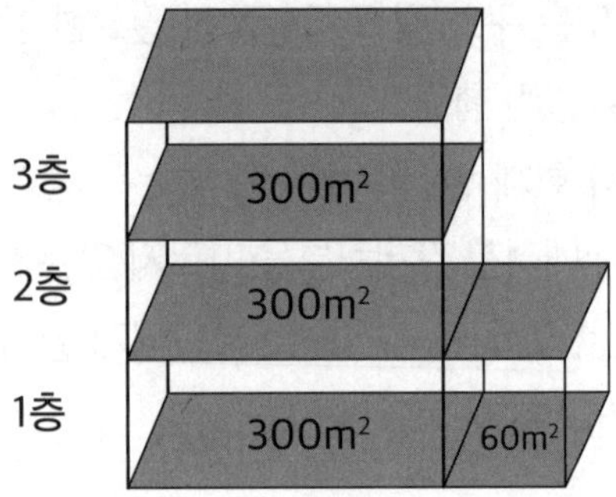

구분	건축면적	2층 바닥면적	연면적
①	$360m^2$	$360m^2$	$900m^2$
②	$960m^2$	$300m^2$	$360m^2$
③	$300m^2$	$360m^2$	$960m^2$
④	$360m^2$	$300m^2$	$960m^2$

09 소방시설 설치 및 관리에 관한 법률에 따라 피난시설, 방화구획 또는 방화시설에 폐쇄·훼손·변경 등의 행위를 하여 3차 이상 위반한 자에게 부과되는 과태료를 고르시오.

① 50만 원
② 100만 원
③ 200만 원
④ 300만 원

10 소방기본법 제 25조 강제처분 등에 대한 내용으로 옳지 아니한 설명을 고르시오.

① 소방본부장, 소방서장 또는 소방대장은 소방활동을 위해 긴급하게 출동할 때에는 소방자동차의 통행과 소방활동에 방해가 되는 주차 또는 정차된 차량 및 물건 등을 제거하거나 이동시킬 수 있다.

② 소방본부장, 소방서장 또는 소방대장은 소방활동에 방해가 되는 주·정차 차량의 제거나 이동을 위해 관할 지방자치단체 등 관련 기관에 견인챠량과 인력 등에 대한 지원을 요청할 수 있다.

③ 소방활동에 방해가 되는 차량의 제거나 이동을 위한 지원 요청을 받은 관련 기관의 장은 정당한 사유가 없다면 해당 지원 요청에 협조해야 한다.

④ 소방청장은 견인차량과 인력 등을 지원한 자에게 일정 비용을 지급할 수 있다.

11 다음 건물의 용적률과 건폐율로 옳은 것을 고르시오.(단, 건축면적은 1층의 바닥면적과 동일하다.)

3층 바닥면적 $500m^2$
2층 바닥면적 $500m^2$
1층 바닥면적 $500m^2$
대지면적 $1,000m^2$

① 용적률 : 150%, 건폐율 : 100%

② 용적률 : 150%, 건폐율 : 50%

③ 용적률 : 50%, 건폐율 : 100%

④ 용적률 : 50%, 건폐율 : 150%

12 다음 중 건축관계법령에서 정하는 사항이 아닌 것을 고르시오.

① 피난

② 방화구획

③ 지하층

④ 방염

13 다음 건물의 방화구획에 대한 설명으로 옳지 아니한 것을 고르시오.(단, 주요구조부가 내화구조이고 모든 층의 내장재가 불연재로 된 건축물로, 자동식소화설비가 설치되어 있으며 그림 외 층은 조건에서 제외한다.)

11층 바닥면적 $3,000m^2$
10층 바닥면적 $3,000m^2$

① 배관 등이 방화구획을 관통하여 틈이 생긴 경우 내화충진재를 사용하여 메운다.

② 방화구획의 60분방화문 또는 60분+방화문은 닫힌 상태를 유지하거나 온도 감지로 자동폐쇄되는 구조로 한다.

③ 10층의 방화구획 최소 설정 개수는 1개이다.

④ 11층의 방화구획 최소 설정 개수는 5개이다.

14 자연발화의 원인이 되는 열의 분류와 해당 물질의 종류의 짝이 옳지 않은 것을 고르시오.

① 발효열 - 퇴비

② 중합열 - 목탄, 활성탄

③ 분해열 - 셀룰로이드, 니트로 셀룰로오스

④ 산화열 - 석탄, 건성유

15 가연성 증기의 연소범위 중 등유의 연소범위에 해당하는 것을 고르시오.

① 0.7 ~ 5vol%

② 1 ~ 5vol%

③ 2.5 ~ 12.8vol%

④ 6 ~ 36vol%

16 연소의 형태에 대한 설명으로 옳지 않은 것을 고르시오.

① 가연성 고체는 열이 가해지면 일반적으로 열분해를 통해 가연성 증기를 발생하며 분해연소한다.

② 액체는 대부분 증발연소하지만 글리세린과 중유는 분해연소한다.

③ 표면연소하는 고체의 경우 화염은 적색을 띤다.

④ 예혼합연소하는 기체의 화염은 청·백색을 띤다.

17 다음의 기사를 통해 해당 사례에서 적용한 소화법으로 가장 적절한 것을 고르시오.

> CP일보
>
> 2022.08.01
>
> 최근 전기자동차의 수요 증가로 인해 전기자동차와 일반 자동차의 화재 훈련에 대비하여 OO소방서와 함께 화재시험을 진행하였다. (중략)
> 전기자동차의 경우 일선에 보급된 덮개를 사용하여 화재 발생 부위를 덮어 산소 공급을 제어하고 공기 중의 산소농도를 한계산소농도(LOI) 이하로 유지하는 방법을 시도해보았다. … (이하 생략)

① 냉각소화

② 질식소화

③ 억제소화

④ 제거소화

18 다음의 사례들 중 물리적 소화에 해당하지 않는 사례를 고르시오.

① 유류화재 시 폼으로 유류 표면을 덮는 것

② 가스화재 시 밸브를 잠그는 것

③ 탄광에 암분을 살포하는 것

④ 할론소화약제를 사용하는 것

19 제1류위험물에 대한 특징으로 옳은 것만을 모두 고르시오.

㉮ 강산화제로 다량의 산소를 함유하고 있다. ㉯ 자기연소가 가능하다. ㉰ 충격, 마찰 등에 의해 분해되어 산소를 방출한다. ㉱ 연소에서 산소공급원이 될 수 있다. ㉲ 물보다 가볍고 증기는 공기보다 무겁다.

① ㉮, ㉯, ㉰
② ㉮, ㉰, ㉱
③ ㉯, ㉰, ㉱
④ ㉯, ㉱, ㉲

20 연기에 대한 설명으로 옳은 것을 고르시오.

① 지하터널 등에서 공기조화설비와 배기닥트가 연기의 이동속도를 빠르게 하는 요인이 될 수 있다.
② 연기는 공기 중에 부유하고 있는 고체 또는 액체의 미립자로 안개입자보다는 크다.
③ 복도에서 연기는 바닥면을 따라 안정된 형태로 멀리 흐르며 수평유속은 평균 0.5m/s이다.
④ 연기의 수직유속은 농연에서 1~2m/s이고 화점층을 기준으로 상층 이동 후 계단실을 통해 강하한다.

21 다음 제시된 위험물의 지정수량이 옳지 않게 짝지어진 것을 고르시오.

① 휘발유 - 100L
② 질산 - 300Kg
③ 알코올류 - 400L
④ 중유 - 2,000L

22 다음의 표를 참고하여 각 가스 (가)와 (나)에 대한 설명으로 옳지 아니한 것을 모두 고르시오.

구분	(가)	(나)
용도	가정용, 공업용 등	도시가스
주성분	C_3H_8, C_4H_{10}	CH_4
증기비중	(A)	(B)

㉮ 누출 시 천장쪽에 체류하는 것은 (나)가스이다. ㉯ (A)는 1.5~2, (B)는 0.6으로 (나)의 증기비중이 (가)보다 작다. ㉰ 가스누설경보기 설치 시 가스 연소기로부터 (가)는 수평거리 8m, (나)는 수평거리 4m 이내의 위치에 설치한다. ㉱ 탐지기의 상단이 천장면의 상방 30cm 이내의 위치하도록 설치하는 것은 (가)가스이다. ㉲ 폭발범위가 5~15%인 것은 (나)가스이다.

① ㉮, ㉯
② ㉰, ㉱
③ ㉯, ㉰, ㉱
④ ㉰, ㉱, ㉲

23 다음 중 전기화재의 주요 화재원인이 되는 것을 모두 고르시오.

> ㉮ 정전기로부터의 불꽃
> ㉯ 전선의 단선에 의한 발화
> ㉰ 누전에 의한 발화
> ㉱ 전기기계기구 등의 절연
> ㉲ 과전류에 의한 발화

① ㉯, ㉱
② ㉮, ㉯, ㉱
③ ㉮, ㉰, ㉲
④ ㉮, ㉯, ㉰, ㉱, ㉲

24 다음의 특징에 해당하는 용어를 고르시오.

> 발생한 화염이 꺼지지 않고 지속되는 온도로 점화에너지를 제거해도 5초 이상 연소상태가 유지되는 온도를 의미한다.

① 인화점
② 연소점
③ 착화점
④ 발화점

25 종합방재실의 특징으로 옳지 않은 것을 고르시오.

① 언제든지 정보의 수집이 용이하다.
② 비용 및 인력문제를 해결할 수 있다.
③ 어디서든 정보의 감시가 용이하다.
④ 장소적 통합 개념으로 구성된다.

26 다음 중 옥내소화전설비의 설치기준 등에 대한 설명으로 옳지 아니한 것을 고르시오.

① 각 층마다 설치하되 해당 특정소방대상물의 각 부분으로부터 하나의 옥내소화전 방수구까지 수평거리가 25m 이하가 되도록 할 것
② 방수구는 바닥으로부터의 높이가 1.5m 이상이 되도록 설치할 것
③ 호스 구경은 40mm(호스릴 옥내소화전설비는 25mm) 이상으로 특정소방대상물의 각 부분에 물이 유효하게 뿌려질 수 있는 길이로 설치할 것
④ 방수압력은 0.17MPa 이상 0.7MPa 이하가 되도록 할 것

27 옥내소화전설비 점검 시 측정 주의사항으로 옳지 않은 것을 고르시오.

① 반드시 직사형 관창을 사용해 측정해야 한다.
② 초기 방수 시 물속 이물질 및 공기를 모두 배출한 후 측정해야 한다.
③ 최상층 소화전 개방 시 소화펌프 자동기동 및 기동표시등 점등이 확인되어야 한다.
④ 피토게이지는 무상주수 상태에서 수직으로 측정한다.

28 스프링클러설비의 종류별 설명으로 옳지 않은 것을 고르시오.

① 일제살수식스프링클러설비의 헤드는 개방형이다.
② 건식스프링클러설비의 1차측 배관 내부는 압축공기로 채워져 있다.
③ 습식스프링클러설비의 유수검지장치는 알람밸브이다.
④ 준비작동식스프링클러설비는 A or B 감지기 작동 시 사이렌과 화재표시등이 점등된다.

29 다음의 도면을 참고하여 해당 대상물에 정온식감지기 1종을 최소 몇 개 설치해야 하는지 구하시오.(단, 감지기 부착 높이는 4m 미만이다.)

① 12개
② 14개
③ 16개
④ 18개

30 특정소방대상물에 설치해야 할 소방시설 적용기준에 따라 다음의 빈칸 (A)와 (B)에 들어갈 값을 순서대로 고르시오.

소방시설	적용기준	설치대상
경보설비 중 비상경보설비	지하가 중 터널로서 길이	(A) 이상
경보설비 중 자동화재탐지설비	지하가 중 터널로서 길이	(B) 이상

① (A) : 200m, (B) : 500m
② (A) : 300m, (B) : 500m
③ (A) : 500m, (B) : 1,000m
④ (A) : 1,000m, (B) : 2,000m

31 P형 수신기 점검에 대한 설명으로 옳지 않은 것을 고르시오.

① 동작시험 시 동작시험 버튼과 자동복구 버튼을 누르고 수신기 타입에 따라 각 경계구역을 확인한다.
② 예비전원시험은 예비전원시험 스위치를 누르고 있는 상태에서 확인한다.
③ 도통시험 시 전압계 측정 결과 19~29V가 측정되면 정상이다.
④ 수신기 점검이 끝난 후 스위치주의등은 소등되어야 한다.

32 노유자시설의 3층에서 적응성이 있는 피난기구를 모두 고르시오.

ㄱ. 미끄럼대 ㄴ. 피난사다리 ㄷ. 간이완강기 ㄹ. 구조대 ㅁ. 승강식피난기

① ㄱ, ㄹ, ㅁ
② ㄴ, ㄷ, ㅁ
③ ㄴ, ㄷ, ㄹ, ㅁ
④ ㄱ, ㄴ, ㄹ, ㅁ

33 B건물에는 옥내소화전이 1층에 2개, 2층에 2개, 3층에 3개, 4층에 4개 설치되어 있다. B건물의 옥내소화전 수원의 저수량을 고르시오.(단, 상기 층 외에 다른 층은 없다.)

① $2.6m^3$
② $5.2m^3$
③ $7.8m^3$
④ $10.4m^3$

34 전기실에서 발생한 C급화재로 수신기에서 감지기 A, B에 모두 점등되었을 때 작동하는 설비로 보기 어려운 것을 고르시오.

① 펌프 기동
② 방출표시등 점등
③ 주경종, 지구경종 작동
④ 자동폐쇄장치 작동 및 환기팬 정지

35 습식스프링클러설비의 압력스위치 작동으로 연동되어 작동하는 장치 및 표시등의 점등 상태로 볼 수 없는 것을 고르시오.

① 화재표시등 점등
② 사이렌 작동
③ 밸브개방표시등 점등
④ 헤드 개방

36 다음 중 소화활동설비에 해당하지 않는 것을 고르시오.

① 연결살수설비
② 연소방지설비
③ 상수도소화용수설비
④ 비상콘센트설비

37 다음 제시된 그림을 참고하여 유도등 (A)와 (B)에 대한 설명으로 옳지 아니한 설명을 고르시오.

명칭	(A)	(B)
예시		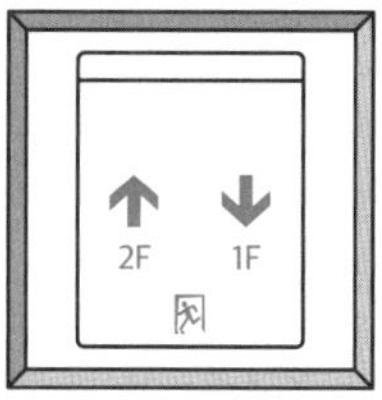

① (A)는 거실통로유도등, (B)는 계단통로유도등이다.
② (A)는 바닥으로부터 1.5m 이상의 높이로 출입구에 인접하도록 설치한다.
③ (B)의 설치장소는 일반 계단으로 하부에 설치한다.
④ (B)는 바닥으로부터 1m 이하의 위치에 설치한다.

38 제연설비에 대한 설명으로 옳지 아니한 것을 고르시오.

① 최소 차압은 40Pa 이상이어야 한다.
② 평상시 옥내의 출입문은 개방 상태여야 한다.
③ 출입문의 개방력은 110N 이하여야 한다.
④ 계단실 단독 제연 시 방연풍속은 0.5m/s 이상이어야 한다.

39 상수도소화용수설비에 대한 설명으로 옳지 않은 것을 고르시오.

① 배관경은 호칭지름 75mm 이상의 수도배관에 100mm 이상의 소화전을 접속한다.
② 소방차의 진입이 쉬운 도로변 또는 공지에 설치한다.
③ 특정소방대상물의 수평투영면의 각 부분으로부터 140m 이하가 되도록 설치한다.
④ 배관은 토너먼트 방식이 아니어야 하며 한쪽 가지배관에 설치하는 헤드 개수는 8개 이하여야 한다.

40 다음과 같은 소방대상물에서 소화수조의 최소 저수량을 구하시오.

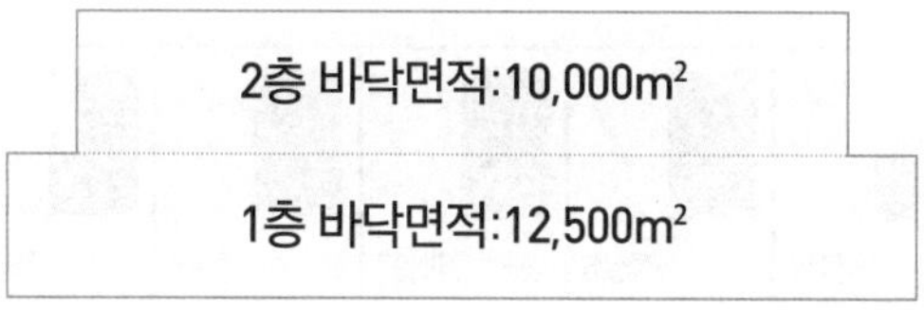

① $50m^3$
② $60m^3$
③ $70m^3$
④ $80m^3$

41 소화기구의 설치기준으로 해당 용도의 바닥면적 100m²마다 능력단위 1 이상의 소화기구를 설치해야 하는 장소에 해당하지 않는 것을 고르시오.

① 판매시설
② 업무시설
③ 위락시설
④ 전시장

42 다음 그림과 같이 침대가 있는 숙박시설의 수용인원을 산정하시오.(단, 종사자 수는 3명이고 침대는 2인용 침대이다.)

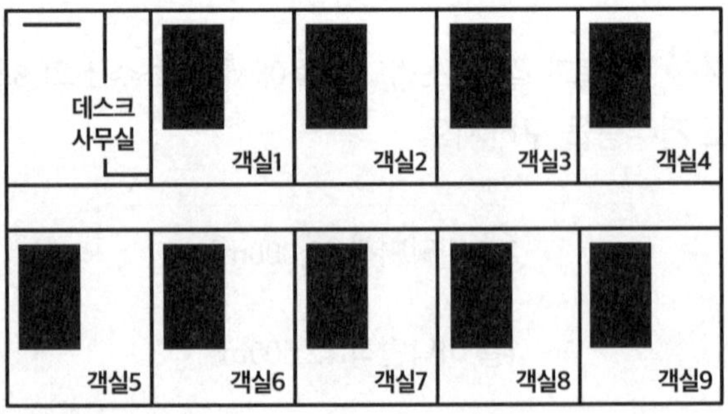

① 18명
② 19명
③ 20명
④ 21명

43 옥내소화전설비가 설치된 P빌딩의 압력스위치 세팅 설정 값이 다음과 같을 때 P빌딩의 자연낙차압을 계산하시오.

> • 주펌프의 Range: 0.98MPa
> • Diff 값: 0.48MPa

① 0.2MPa
② 0.3MPa
③ 0.5MPa
④ 0.6MPa

44 준비작동식 스프링클러설비의 점검 중 A or B 감지기 작동 시 확인사항에 해당하지 않는 것을 고르시오.

① 사이렌 작동
② 화재표시등 점등
③ 지구표시등 점등
④ 전자밸브(솔레노이드) 개방

45 응급처치의 기본사항으로 옳지 않은 것을 고르시오.

① 이물질이 눈에 보여도 손으로 빼내거나 제거하지 않는다.
② 환자가 구토하려 하면 턱을 위로 들어 기도를 개방한다.
③ 이물질 제거 시 기침유도 및 하임리히법을 사용한다.
④ 한번 사용한 거즈는 재사용하지 않는다.

46 올바른 심폐소생술 방법이 아닌 것을 고르시오.

① C→A→B의 순서로 진행한다.
② 맥박 및 호흡의 정상여부는 10초 내로 판별한다.
③ 가슴압박 시 팔은 수직을 유지하며 분당 100~120회 속도로 강하게 압박한다.
④ 인공호흡에 자신이 없으면 시행하지 않는다.

47 AED 사용방법으로 가장 타당한 것을 고르시오.

① AED 사용 시 가장 먼저 패드를 부착한다.
② 패드는 쇄골 아래쪽에 각각 하나씩 부착한다.
③ 제세동이 필요하여 에너지를 충전하는 동안에는 가급적 가슴압박을 시행한다.
④ 심장충격 버튼이 깜빡이면 지체없이 즉시 버튼을 누른다.

48 다음 제시된 사항을 따르는 소방교육 및 훈련의 실시원칙은 무엇인지 고르시오.

- 교육에 재미를 부여한다.
- 교육에 있어 다양성을 활용한다.
- 전문성을 공유한다.
- 학습을 위해 적절한 스케줄을 적절히 배정한다.

① 동기부여의 원칙
② 학습자 중심의 원칙
③ 목적의 원칙
④ 관련성의 원칙

[49~50] 다음 제시된 소방계획서 일반현황 등을 참고하여 각 물음에 답하시오..

구분	건축물 일반현황
명칭	제일아파트
규모/구조	☑**연면적**: 32,000m² ☑**세대수**: 950세대 ☑지상 29층/지하 3층(높이: 100m) ☑**용도**: 주거시설
	소방시설현황
소화설비	☑옥내소화전설비 <u>(가) ☑스프링클러설비</u>
피난구조설비	<u>(나) ☑피난구유도등</u> ☑통로유도등

49 **제일아파트의 지상 1층에서 화재 발생 시 작동하는 경종 방식에 해당하는 것을 고르시오.**

① 지상 1층부터 지상 5층에 우선적으로 경종이 울린다.

② 지상 1층부터 지상 5층, 그리고 모든 지하층에 우선적으로 경종이 울린다.

③ 지상 1층부터 지상 5층, 그리고 지하 1층에 우선적으로 경종이 울린다.

④ 모든 층에 일제히 경종이 울린다.

50 **제일아파트에 대한 설명으로 옳지 아니한 해석을 고르시오.**

① (가)설비의 헤드 기준개수는 10개로 폐쇄형 스프링클러헤드를 사용하는 경우 수원의 저수량은 16m³ 이상이다.

② (나)의 종류는 소형피난구유도등이다.

③ 소방안전관리업무 대행인력의 배치기준 및 자격에 따라 기술등급은 중급점검자 이상 1명 이상으로 한다.

④ 소방안전관리보조자는 최소 2명 이상을 선임한다.

MEMO

3회차 정답 및 해설

정답

01	③	02	①	03	③	04	①	05	④
06	②	07	③	08	④	09	④	10	④
11	②	12	④	13	④	14	②	15	①
16	③	17	②	18	④	19	②	20	①
21	①	22	②	23	③	24	②	25	④
26	②	27	④	28	②	29	①	30	③
31	③	32	①	33	②	34	①	35	④
36	③	37	①	38	②	39	④	40	②
41	③	42	④	43	②	44	④	45	②
46	③	47	③	48	①	49	②	50	④

01

다음 중 소방관계법령에서 정하는 사항으로 옳은 설명을 모두 고르시오.

㉮ 소방기본법은 화재를 예방·경계하거나 진압하고 화재, 재난·재해, 그 밖의 위급한 상황에서의 구조·구급 활동 등을 통하여 국민의 생명·신체 및 재산을 보호함으로써 공공의 안전 및 질서 유지와 복리증진에 이바지함을 목적으로 한다.

㉯ 소방대상물에는 건축물·차량·항해 중인 선박·선박 건조 구조물· 산림 그 밖의 공작물 또는 물건 등이 포함된다.

㉰ 각종 소방 활동을 행하기 위해 소방공무원, 의무소방원, 의용소방대원으로 구성된 조직체를 소방대라고 한다.

㉱ 소방관서장은 옮긴 물건 등을 보관하는 경우에는 그날부터 14일 동안 해당 소방관서의 인터넷 홈페이지에 그 사실을 공고해야 하며, 보관기간은 공고 기간의 종료일 다음 날부터 7일까지로 한다.

㉲ 단독주택 및 공동주택의 소유자는 소화기 및 옥내소화전을 설치하여야 한다.

① 화재예방안전진단
② 화재안전조사
③ 화재 예방조치
④ 생활안전활동

답 ③

해 **[옳지 않은 이유]**

㉮ 소방기본법은 예방·경계·진압·구조·구급 활동을 통해 국민의 생명, 신체, 재산을 보호하는 것은 맞지만, 이를 통해 공공의 '안녕' 및 질서 유지와 복리증진에 이바지함을 목적으로 하므로 공

공의 '안전'이라고 서술한 부분이 옳지 않다.

소방기본법	화재예방법 & 소방시설법
• 예방, 경계, 진압, 구조·구급 • 공공의 안녕 (질서유지)	• 공공의 안전

㉯ 항해 중인 선박은 소방대상물에 포함되지 않으므로 옳지 않은 설명이다. 소방대상물에 포함되는 것은 항구에 매어둔 선박만 해당한다.

㉰ 단독주택 및 공동주택의 소유자가 주택에 설치해야 하는 소방시설은 소화기 및 단독경보형 감지기이므로 옥내소화전이라고 서술한 부분이 옳지 않다. (소방시설법 제10조). 따라서 이를 제외한 ㉰와 ㉱의 설명만이 옳으므로 옳은 것은 ③.

[참고] 화재 예방조치 등

소방관서장은 화재 발생 위험이 크거나 소화 활동에 지장을 줄 수 있다고 인정되는 행위나 물건에 대하여 일정 행위의 금지 또는 제한, 가연성이 큰 물건의 제거·이격·적재 금지, 소방차의 통행이나 소화 활동에 지장을 줄 수 있는 물건의 이동 등을 명할 수 있는데, 이에 해당하는 물건의 소유자 등을 알 수 없는 경우에는 소속 공무원으로 하여금 그 물건을 옮기거나 보관하는 등의 조치가 가능하다.

→ 그리고 이렇게 옮긴 물건 등을 보관하는 경우 소방관서장은, 14일 동안 인터넷 등에 공고 + 공고기간 종료 다음 날부터 7일까지 보관.

02

지상층 중에서 건축물의 채광·환기·통풍 또는 출입 등을 위해 만든 창·출입구 또는 그 밖에 이와 비슷한 것의 면적의 합계가 해당 층의 바닥면적의 30분의 1 이하가 되는 층에서 개구부가 갖추어야 하는 요건에 해당하는 설명으로 옳은 것을 모두 고르시오.

㉠ 내부 또는 외부에서 쉽게 부술 수 있어야 한다.
㉡ 해당 층의 바닥면으로부터 개구부 밑부분까지의 높이가 1.2m 이상이어야 한다.
㉢ 안전을 위해 창살이 설치되어 있어야 한다.
㉣ 개구부의 크기는 지름 40cm 이상의 원이 통과할 수 있어야 한다.
㉤ 도로 또는 차량의 진입이 가능한 빈터를 향해 있어야 한다.

① ㉠, ㉤
② ㉠, ㉡, ㉤
③ ㉡, ㉢, ㉤
④ ㉡, ㉣, ㉤

답 ①

해 문제에서는 '무창층'에서 개구부가 갖추어야 하는 요건에 대해 묻고 있다.

옳지 않은 이유:
무창층에서는 개구부를 통해 탈출(대피)이 가능해야 하므로 너무 높지 않도록, 해당 층의 바닥면으로부터 개구부 밑부분까지의 높이가 '1.2m 이내'여야 하는데 1.2m 이상이라고 서술하고 있으므로 ㉡의 설명은 옳지 않다.
또한 같은 이유에서 쉽게 피난하기 위해 창살이나 장애물 등이 설치되지 않아야 하므로 창살을 설치해야 한다고 서술한 ㉢의 설명도 옳지 않다.
마지막으로 개구부의 크기는 지름 '50cm 이상'의 원이 통과할 수 있어야 하므로 40cm라고 서술한 ㉣의 설명도 옳지 않기 때문에 이를 제외한 ㉠과 ㉤만이 옳은 설명에 해당한다. 따라서 정답은 ①.

03

다음 중 벌금이 가장 큰 행위를 고르시오.

① 소방안전관리자를 선임하지 아니한 행위
② 화재 또는 구조 및 구급활동이 필요한 상황을 거짓으로 알린 행위
③ 불이나 화재 번짐의 우려가 있는 소방대상물 및 토지에 내려진 강제처분을 따르지 않는 행위
④ 소방안전관리자 자격증을 타인에게 빌려 주거나 빌리거나 또는 이를 알선한 행위

답 ③

해 ①:300만 원 이하의 벌금, ②:500만 원 이하의 과태료, ③:3년 이하의 징역 또는 3천만 원 이하의 벌금, ④ 1년 이하의 징역 또는 1천만 원 이하의 벌금에 해당한다. 이때 벌금 행위에 대해 묻는 질문이므로 ②번은 아예 해당사항이 없고, 이 중 가장 큰 벌금형에 해당하는 행위는 ③.

04

다음 중 200만 원 이하의 과태료에 해당하는 행위를 한 사람을 고르시오.

① 소방활동구역에 출입한 자
② 화재예방조치 조치명령을 방해한 자
③ 소방차 전용구역에 주차한 자
④ 피난명령을 위반한 자

답 ①

해 ②:300만 원 이하의 벌금, ③:100만 원 이하의 과태료, ④:100만 원 이하의 벌금이므로 200만 원 이하의 과태료에 해당하는 행위를 한 사람은 ①.

05

다음 제시된 건축물 일반현황을 참고하여 해당 대상물에 대한 설명으로 옳지 아니한 것을 고르시오.

구분	건축물 일반현황
명칭	A상사
용도	업무시설
규모/구조	• **연면적**: 12,000m² • **층수** : 지상 13층 • **높이** : 52m • **구조** : 철근콘크리트조
소방시설	• 자동화재탐지설비, 옥내소화전, 스프링클러설비

① 소방기술사 또는 소방시설관리사 자격을 보유한 사람으로 특급소방안전관리자 자격증을 발급받은 사람을 소방안전관리자로 선임할 수 있다.
② 소방서장은 A상사의 관계인으로 하여금 소방관서와 함께 합동 소방 훈련을 실시하게 할 수 있다.
③ 관계인은 소방 훈련 및 교육을 한 날부터 30일 이내에 소방 훈련 및 교육 실시 결과를 소방본부장 또는 소방서장에게 제출해야 한다.
④ 대통령령으로 정하는 일부 업무에 대해 관리업자로 하여금 대행하도록 할 수 있으며, 이를 감독할 수 있는 사람을 지정하여 소방안전관리자로 선임하는 경우 1급 소방안전관리자 선임 자격이 있는 사람을 선임하여야 한다.

답 ④

해 A상사는 아파트가 아닌 특정소방대상물로서 층수가 11층 이상이므로 1급소방안전관리대상물에 해당한다.
①번은 특급소방안전관리자 선임 가능 요건으로 특급대상물은 물론, 그보다 하위 등급인 1급~3급 대상물의 소방안전관리자로도 선임될 수 있으므로 옳은 설명이다.
② 소방서장은 특급 및 1급 소방안전관리대상물의 관계인으로 하여금 소방관서와 합동 소방 훈련

을 실시하도록 할 수 있으므로 옳은 설명이다.

③ 특급 및 1급 대상물의 관계인은 소방 훈련 및 교육을 실시한 날로부터 30일 내에 실시 결과를 소방본·서장에게 제출까지 해야 하므로 옳은 설명이다. (+기록 보관은 2년).

[옳지 않은 이유]

다음의 표와 같이 업무대행이 가능한 대상물에 해당하는 경우, 관리업자의 업무대행 수행을 '감독'하기 위해서 지정된 「업무대행감독 소방안전관리자」는 별도의 선임 요건이 요구되지 않는다.

업무대행이 가능한 소방안전관리대상물
• 2급 및 3급대상물
• (아파트 제외) 11층 이상, 연면적 만오천 미만인 1급대상물

즉, 위 조건에 해당하는 대상물이라면, 해당 대상물과 관리업자 간의 업무대행 계약에 따라 (소방안전관리자 선임 자격이 없는 사람이더라도) '감독'을 위한 「업무대행감독 소방안전관리자」로 지정할 수 있는 것인데, 다만 이렇게 업무대행감독 소방안전관리자로 지정된 경우에는 선임된 날부터 3개월 내에 관련 강습교육을 이수해야 한다. (참고로 위의 업무대행 가능 조건에 해당하지 않는 1급 및 특급대상물의 경우에는 이렇게 업무대행감독을 위한 소방안전관리자 지정이 인정되지 않으며, 해당 대상물 등급에 맞는 선임 자격을 갖춘 소방안전관리자를 선임해야만 한다.)

문제의 A상사는 업무 대행이 가능한 1급 대상물의 조건에 해당하므로 「업무대행감독 소방안전관리자」의 지정이 가능하고, 이러한 업무대행감독 소방안전관리자의 지정 시, 별도의 선임 요건이 요구되지 않기 때문에 1급소방안전관리자 선임 자격을 갖추어야 한다고 서술한 ④의 설명은 옳지 않다.

06

초고층 건축물 등에서 종합방재실의 설치 시 구조 및 면적에 대한 기준으로 옳지 아니한 설명을 고르시오.

① 면적은 $20m^2$ 이상일 것

② 출입문은 출입 제한 및 통제 장치를 설치하지 않을 것

③ 다른 제어실 등의 감시를 위해 두께 7mm 이상의 망입유리로 된 $4m^2$ 미만의 붙박이창 설치 가능

④ 인력의 대기 및 휴식을 위한 부속실은 종합방재실과 방화 구획된 부속실을 설치할 것

답 ②

해 종합방재실에는 아무나 출입할 수 없도록 출입문은 출입 제한 및 통제 장치를 갖추어야 하므로, 이와 반대로 서술한 ②의 설명이 옳지 않다.

[참고] 종합방재실의 구조 및 면적

- **다른 부분과는 방화구획**
- **대기 및 휴식 위한 부속실(방화구획)**
- **안전관리 활동·보안·지휘활동에 지장 없도록 설치**

• 붙박이창	두께 7mm 이상 망입유리, $4m^2$ 미만
• **면적**	$20m^2$ 이상
• **출입문**	출입제한, 통제장치 설치

07

아파트를 제외하고 연면적이 45,000m²인 특정소방대상물에 선임해야 하는 소방안전관리보조자와 1,230세대의 아파트에 선임해야 하는 소방안전관리보조자의 최소 인원수를 합산하여 산정하시오.

① 3명 ② 5명
③ 7명 ④ 9명

답 ③

해 먼저 (아파트 제외) 연면적이 15,000m² 이상인 특정소방대상물의 소방안전관리보조자 선임 계산은 연면적 나누기 15,000m²로 계산한다. 따라서 45,000÷15,000=3으로 최소 3명의 소방안전관리보조자를 선임해야 한다.

그다음 아파트의 경우에는 300세대 이상일 때 초과되는 300세대마다 1명씩 추가로 선임되므로 세대 수 나누기 300으로 계산한다.

따라서 1230÷300=4.1이므로 (소수점 아래 값은 버리고) 4명의 소방안전관리보조자를 선임해야 한다. 그래서 두 값을 합산하면 최소 7명의 소방안전관리보조자를 선임해야 한다는 계산을 할 수 있다.

08

다음 제시된 그림을 참고하여, 해당 건축물의 각 면적을 산정한 값으로 옳은 것을 고르시오.

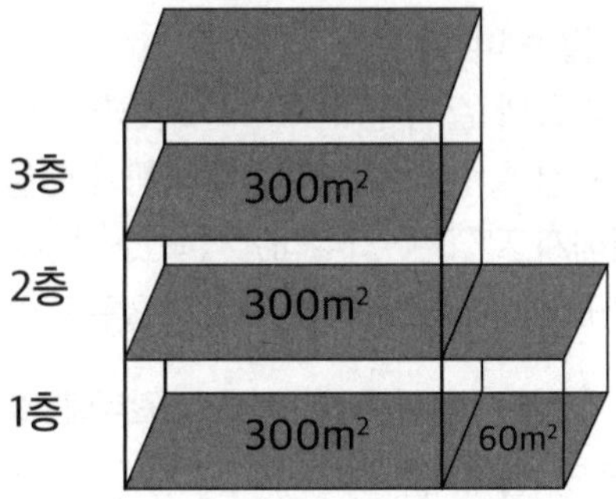

구분	건축면적	2층 바닥면적	연면적
①	360m²	360m²	900m²
②	960m²	300m²	360m²
③	300m²	360m²	960m²
④	360m²	300m²	960m²

답 ④

해 (1) **건축면적** : 건축물 외벽(기둥)의 중심선으로 둘러싸인 부분의 수평 투영 면적이므로, 해당 건축물에서는 외벽(기둥)을 기준으로 차지하고 있는 면적이 가장 큰 1층의 바닥면적이 건축면적이 된다. 따라서 360m².

(2) **바닥면적** : 건축물의 각 층 또는 일부로서 벽, 기둥, 기타 이와 유사한 구획의 중심선으로 둘러싸인 부분의 수평 투영 면적이므로, 2층의 바닥면적은 벽(기둥)의 중심선으로 둘러싸인 300m²가 된다.

(3) **연면적** : 각 층의 바닥면적의 합계이므로, 1층(360m²) + 2층(300m²) + 3층(300m²)으로 960m²가 된다.

따라서 정답은 ④.

09

소방시설 설치 및 관리에 관한 법률에 따라 피난시설, 방화구획 또는 방화시설에 폐쇄·훼손·변경 등의 행위를 하여 3차 이상 위반한 자에게 부과되는 과태료를 고르시오.

① 50만 원

② 100만 원

③ 200만 원

④ 300만 원

답 ④

해 소방시설법에 따라 피난/방화시설(구획)에 폐쇄·훼손·변경 등의 행위를 한 사람은 300만원 이하의 과태료가 부과되는데, 이때 1차 위반 시 100만원, 2차 위반 시 200만원, 3차 이상 위반 시 300만원의 과태료가 부과된다.
따라서 3차 이상 위반한 경우의 과태료는 ④번 300만원.

10

소방기본법 제 25조 강제처분 등에 대한 내용으로 옳지 아니한 설명을 고르시오.

① 소방본부장, 소방서장 또는 소방대장은 소방활동을 위해 긴급하게 출동할 때에는 소방자동차의 통행과 소방활동에 방해가 되는 주차 또는 정차된 차량 및 물건 등을 제거하거나 이동시킬 수 있다.

② 소방본부장, 소방서장 또는 소방대장은 소방활동에 방해가 되는 주·정차 차량의 제거나 이동을 위해 관할 지방자치단체 등 관련 기관에 견인차량과 인력 등에 대한 지원을 요청할 수 있다.

③ 소방활동에 방해가 되는 차량의 제거나 이동을 위한 지원 요청을 받은 관련 기관의 장은 정당한 사유가 없다면 해당 지원 요청에 협조해야 한다.

④ 소방청장은 견인차량과 인력 등을 지원한 자에게 일정 비용을 지급할 수 있다.

답 ④

해 '시·도지사'는 (강제처분 등에 따라) 소방활동에 방해가 되는 주·정차 차량의 제거나 이동을 위해 견인차량과 인력 등을 지원한 자에게 시·도 조례로 정하는 바에 따라 일정 비용을 지급할 수 있다.
따라서 소방청장이 비용을 지급한다고 서술한 ④의 설명이 옳지 않다.

11

다음 건물의 용적률과 건폐율로 옳은 것을 고르시오.(단, 건축면적은 1층의 바닥면적과 동일하다.)

① 용적률 : 150%, 건폐율 : 100%

② 용적률 : 150%, 건폐율 : 50%

③ 용적률 : 50%, 건폐율 : 100%

④ 용적률 : 50%, 건폐율 : 150%

답 ②

해 ㉮ **용적률의 산정** : 연면적÷대지면적x100으로 계산하는데 이때 연면적은 각 층 바닥면적의 총합이므로 1,500÷1,000x100=150%.

㉯ **건폐율의 산정** : 건축면적÷대지면적x100으로 계산하는데 이때 건축면적이 1층의 바닥면적과 동일하다고 했으므로 500÷1,000x100=50%.

따라서 ②.

12

다음 중 건축관계법령에서 정하는 사항이 아닌 것을 고르시오.

① 피난

② 방화구획

③ 지하층

④ 방염

답 ④

해 건축관계법령으로 정하는 건축물의 방화안전 개념에는 방화구획, 실내마감재, 내화구조, 피난 등이 있고 지하층의 용어 정의도 건축관계법령에서 정하고 있다. 그러나 방염은 소방관계법령에서 정하는 사항이므로 해당하지 않는다. 따라서 건축관계법령에서 정하는 사항이 아닌 것은 ④.

13

다음 건물의 방화구획에 대한 설명으로 옳지 아니한 것을 고르시오.(단, 주요구조부가 내화구조이고 모든 층의 내장재가 불연재로 된 건축물로, 자동식소화설비가 설치되어 있으며 그림 외 층은 조건에서 제외한다.)

11층 바닥면적 3,000m²
10층 바닥면적 3,000m²

① 배관 등이 방화구획을 관통하여 틈이 생긴 경우 내화충진재를 사용하여 메운다.
② 방화구획의 60분방화문 또는 60분+방화문은 닫힌 상태를 유지하거나 온도 감지로 자동폐쇄되는 구조로 한다.
③ 10층의 방화구획 최소 설정 개수는 1개이다.
④ 11층의 방화구획 최소 설정 개수는 5개이다.

답 ④

해 해당 건물은 자동식소화설비가 설치되어 있고, 내장재가 불연재로 되어 있으므로 11층 이상의 층일 경우 바닥면적 1,500m² 이내로 방화구획 할 수 있다.

11층 이상인데 내장재가 불연재일 경우 원래 기준은 500m²이나, 자동식소화설비가 설치된 경우x3배

따라서 11층은 2개의 방화구획으로 설정하므로 11층의 방화구획 최소 설정 개수는 2개이다. 옳지 않은 설명은 ④.

14

자연발화의 원인이 되는 열의 분류와 해당 물질의 종류의 짝이 옳지 않은 것을 고르시오.

① 발효열 - 퇴비
② 중합열 - 목탄, 활성탄
③ 분해열 - 셀룰로이드, 니트로 셀룰로오스
④ 산화열 - 석탄, 건성유

답 ②

해 중합열에 해당하는 물질의 종류는 시안화수소, 산화에틸렌이므로 옳지 않다.
목탄과 활성탄에 해당하는 자연발화의 원인은 흡착열이다.

15

가연성 증기의 연소범위 중 등유의 연소범위에 해당하는 것을 고르시오.

① 0.7~5vol%
② 1~5vol%
③ 2.5~12.8vol%
④ 6~36vol%

답 ①

해 연소범위란 기체가 연소하며 확산되어 공기 중에 섞여 가연성 혼합기를 만들었을 때 연소가 이루어질 수 있는 하한계부터 상한계까지의 범위(적정 농도)를 말하는데, 그중 '등유'의 연소범위는 [0.7~5vol%]에 해당하므로 정답은 ①.

CHECK! 가연성 증기의 연소범위
② 1~5vol%: 중유
③ 2.5~12.8vol%: 아세톤
④ 6~36vol%: 메틸알코올

16

연소의 형태에 대한 설명으로 옳지 않은 것을 고르시오.

① 가연성 고체는 열이 가해지면 일반적으로 열분해를 통해 가연성 증기를 발생하며 분해연소한다.

② 액체는 대부분 증발연소하지만 글리세린과 중유는 분해연소한다.

③ 표면연소하는 고체의 경우 화염은 적색을 띤다.

④ 예혼합연소하는 기체의 화염은 청·백색을 띤다.

답 ③

해 표면연소란 다른 말로 무염연소라고도 하며 화염이 발생하지 않는 것이 특징이다. 이러한 표면연소(무염연소)는 빨갛게 달구어진 적열상태인 고체의 표면에서 산소와 직접 반응하여 적열하면서 화염을 발생하지 않는다. 따라서 화염의 색깔이 적색을 띤다는 설명은 옳지 않다.

17

다음의 기사를 통해 해당 사례에서 적용한 소화법으로 가장 적절한 것을 고르시오.

> CP일보
>
> 2022.08.01
>
> 최근 전기자동차의 수요 증가로 인해 전기자동차와 일반 자동차의 화재 훈련에 대비하여 OO소방서와 함께 화재시험을 진행하였다. (중략)
> 전기자동차의 경우 일선에 보급된 덮개를 사용하여 화재 발생 부위를 덮어 산소 공급을 제어하고 공기 중의 산소농도를 한계산소농도(LOI) 이하로 유지하는 방법을 시도해보았다. … (이하 생략)

① 냉각소화

② 질식소화

③ 억제소화

④ 제거소화

답 ②

해 해당 기사의 사례에서는 전기자동차의 소화 실험으로 덮개를 덮어 산소 공급을 제어하고 공기 중 산소농도를 한계산소농도 이하로 유지하는 방법을 사용하고 있으므로 이는 질식소화 방법에 해당한다. 질식소화는 산소 농도를 제어하거나 또는 가연물로부터 발생하는 가연성 증기의 농도를 엷게 만들어 연소범위 하한계 이하로 떨어트리는 일종의 희석소화 등이 해당한다.

18

다음의 사례들 중 물리적 소화에 해당하지 않는 사례를 고르시오.

① 유류화재 시 폼으로 유류 표면을 덮는 것
② 가스화재 시 밸브를 잠그는 것
③ 탄광에 암분을 살포하는 것
④ 할론소화약제를 사용하는 것

답 ④

해 ① 질식소화방식으로 물리적 소화에 해당, ② 제거소화방식으로 물리적 소화에 해당, ③ 연소에너지 한계에 의한 소화방식으로 일종의 냉각소화로 볼 수 있으며, 물리적 소화방식에 해당하므로 보기의 사례 중 물리적 소화에 해당하지 않는 것은 ④.
분말소화약제나 하론류(할론, 할로겐화합물)를 사용해 라디칼의 생성을 억제하는 방식으로 이는 화학적 소화방식에 해당한다.

19

제1류위험물에 대한 특징으로 옳은 것만을 모두 고르시오.

㉮ 강산화제로 다량의 산소를 함유하고 있다.
㉯ 자기연소가 가능하다.
㉰ 충격, 마찰 등에 의해 분해되어 산소를 방출한다.
㉱ 연소에서 산소공급원이 될 수 있다.
㉲ 물보다 가볍고 증기는 공기보다 무겁다.

① ㉮, ㉯, ㉰
② ㉮, ㉰, ㉱
③ ㉯, ㉰, ㉱
④ ㉯, ㉱, ㉲

답 ②

해 제1류위험물은 산화성 고체로, 강산화제이며 다량의 산소를 함유하고 있어 가열, 충격, 마찰 등에 의해 분해되어 산소를 방출하기 때문에 연소 시 산소공급원이 될 수 있다. 따라서 제1류위험물에 대한 설명으로 옳은 것은 ㉮, ㉰, ㉱이다.
㉯는 제5류위험물(자기반응성 물질)에 대한 설명이고, ㉲는 제4류위험물(인화성 액체)에 대한 설명이므로 해당하지 않는다.

20

연기에 대한 설명으로 옳은 것을 고르시오.

① 지하터널 등에서 공기조화설비와 배기닥트가 연기의 이동속도를 빠르게 하는 요인이 될 수 있다.
② 연기는 공기 중에 부유하고 있는 고체 또는 액체의 미립자로 안개입자보다는 크다.
③ 복도에서 연기는 바닥면을 따라 안정된 형태로 멀리 흐르며 수평유속은 평균 0.5m/s이다.
④ 연기의 수직유속은 농연에서 1~2m/s이고 화점층을 기준으로 상층 이동 후 계단실을 통해 강하한다.

답 ①

해 ② 연기는 공기 중에 부유하는 고체 또는 액체의 미립자로 안개입자보다 작기 때문에 옳지 않은 설명이다.

③ 복도에서 연기는 '천장면'에 근접해 안정된 형태로 멀리 흐를 수 있다. 복도의 아래쪽으로는 주위의 공기가 화점실로 유입되는 양상을 보이므로 옳지 않다.

수평유속의 경우 플래시오버 이전에는 평균 0.5m/s, 플래시오버 이후에는 평균 0.75m/s인 것도 참고!

④ 연기의 수직유속(수직 방향으로 이동 시 속도)는 초기에는 2~3m/s이고, 농연(짙은 연기)은 3~5m/s로 유속이 증가한다. 따라서 1~2m/s라고 서술한 부분이 잘못되었다.

연기의 수직이동 시 화점층을 수평 이동하며 오염시키고 상층 이동 후 계단실 등을 통해 타고 내려와 강하하는 양상을 보이는 것도 참고!

따라서 옳은 설명은 ①.

지하가 등에서 연기는 1m/s 정도의 속도로 이동하지만 제트팬 등이 설치된 터널은 3~5m/s로 이동속도가 빠르다. 이처럼 지하터널 등에서 공기조화설비와 배기닥트가 연기의 이동속도를 빠르게 하는 요인이 될 수 있으므로 옳은 설명이다.

21

다음 제시된 위험물의 지정수량이 옳지 않게 짝지어진 것을 고르시오.

① 휘발유 - 100L
② 질산 - 300Kg
③ 알코올류 - 400L
④ 중유 - 2,000L

답 ①

해 휘발유의 지정수량은 200L이므로 100L라고 서술한 ①번이 옳지 않다.

지정수량 예시

유황	휘발유	질산	알코올류	등·경유	중유
100Kg	200L	300Kg	400L	1,000L	2,000L

→ **암기 Tip!** 황.발.질.코 1,2,3,4 / 등경천 / 중2천

22

다음의 표를 참고하여 각 가스 (가)와 (나)에 대한 설명으로 옳지 아니한 것을 모두 고르시오.

구분	(가)	(나)
용도	가정용, 공업용 등	도시가스
주성분	C_3H_8, C_4H_{10}	CH_4
증기비중	(A)	(B)

㉮ 누출 시 천장쪽에 체류하는 것은 (나)가스이다.
㉯ (A)는 1.5~2, (B)는 0.6으로 (나)의 증기비중이 (가)보다 작다.
㉰ 가스누설경보기 설치 시 가스 연소기로부터 (가)는 수평거리 8m, (나)는 수평거리 4m 이내의 위치에 설치한다.
㉱ 탐지기의 상단이 천장면의 상방 30cm 이내의 위치하도록 설치하는 것은 (가)가스이다.
㉲ 폭발범위가 5~15%인 것은 (나)가스이다.

① ㉮, ㉯
② ㉰, ㉱
③ ㉯, ㉰, ㉱
④ ㉰, ㉱, ㉲

답 ②

해 (가)는 LPG, (나)는 LNG에 해당한다. LPG는 증기비중이 1.5~2로 무거운 가스이므로 누출 시 낮은 곳에 체류하고, LNG의 증기비중은 0.6으로 가벼운 가스이므로 누출 시 천장쪽에 체류한다. 또한 (나) LNG의 주성분인 메탄(CH_4)의 폭발범위는 5~15%에 해당하므로 ㉮, ㉯, ㉲는 옳은 설명에 해당한다. 반면, 가스누설경보기 설치 시 LPG는 가스 연소기(또는 관통부)로부터 수평거리 4m 이내, LNG는 수평거리 8m 이내의 위치에 설치하므로 반대로 서술한 ㉰의 설명은 옳지 않고, LPG는 탐지기의 상단이 '바닥면'의 상방 30cm 이내의 위치하도록 설치하므로 천장면으로 서술한 ㉱의 설명도 옳지 않다.
따라서 옳지 않은 것만을 고른 것은 ㉰, ㉱로 ②.

23

다음 중 전기화재의 주요 화재원인이 되는 것을 모두 고르시오.

㉮ 정전기로부터의 불꽃
㉯ 전선의 단선에 의한 발화
㉰ 누전에 의한 발화
㉱ 전기기계기구 등의 절연
㉲ 과전류에 의한 발화

① ㉯, ㉱
② ㉮, ㉯, ㉱
③ ㉮, ㉰, ㉲
④ ㉮, ㉯, ㉰, ㉱, ㉲

답 ③

해 전기화재의 주요 화재원인은 정전기로부터의 불꽃, 오래된 전선 등의 합선 및 '단락', 또는 누전이나 과전류에 의한 발화, 전기기계기구 등의 절연 '불량'이다. 이때 ㉯의 전선에 '단선'이 생기면 선이 끊겨 전류가 통하지 않으므로 전기화재의 원인이 될 수 없고, ㉱ '절연'도 전류가 통하지 않는 상태를 의미하므로, 절연이 아닌 절연 '불량'일 때 전기화재의 원인이 될 수 있다. 따라서 단선이나 절연이라고 설명한 ㉯와 ㉱를 제외한 나머지가 전기화재의 주요 화재원인이 될 수 있다.

24

다음의 특징에 해당하는 용어를 고르시오.

발생한 화염이 꺼지지 않고 지속되는 온도로 점화에너지를 제거해도 5초 이상 연소상태가 유지되는 온도를 의미한다.

① 인화점
② 연소점
③ 착화점
④ 발화점

답 ②

해 점화에너지를 제거해도 5초 이상 연소상태가 유지되는 온도를 연소점이라고 하며 보통 인화점보다 5~10℃ 정도 높다.

25

종합방재실의 특징으로 옳지 않은 것을 고르시오.

① 언제든지 정보의 수집이 용이하다.
② 비용 및 인력문제를 해결할 수 있다.
③ 어디서든 정보의 감시가 용이하다.
④ 장소적 통합 개념으로 구성된다.

답 ④

해 종합방재실은 기존의 장소적 통합개념을 벗어나 '시스템적' 통합 방식으로 구성되어 언제, 어디서든 정보의 수집 및 감시가 용이하고 비용, 장소, 인력 문제를 해결할 수 있다는 장점이 있다. 따라서 옳지 않은 것은 ④.

26

다음 중 옥내소화전설비의 설치기준 등에 대한 설명으로 옳지 아니한 것을 고르시오.

① 각 층마다 설치하되 해당 특정소방대상물의 각 부분으로부터 하나의 옥내소화전 방수구까지 수평거리가 25m 이하가 되도록 할 것
② 방수구는 바닥으로부터의 높이가 1.5m 이상이 되도록 설치할 것
③ 호스 구경은 40mm(호스릴 옥내소화전설비는 25mm) 이상으로 특정소방대상물의 각 부분에 물이 유효하게 뿌려질 수 있는 길이로 설치할 것
④ 방수압력은 0.17MPa 이상 0.7MPa 이하가 되도록 할 것

답 ②

해 옥내소화전의 방수구는 바닥으로부터 높이 1.5m 이하가 되도록 규정하고 있으므로 ②의 설명이 옳지 않다.

옥내소화전설비 주요 기준

방수구 높이	**바닥으로부터 1.5m 이하**
수평거리 등	• 층마다 설치 • 각 부분으로부터 하나의 옥내소화전 방수구까지 수평거리 25m 이하
호스 구경	• 40mm(호스릴은 25mm) 이상 • 물이 유효하게 뿌려질 수 있는 길이
방수압력	• **피토게이지 측정 값** : 0.17MPa 이상 0.7MPa 이하

27

옥내소화전설비 점검 시 측정 주의사항으로 옳지 않은 것을 고르시오.

① 반드시 직사형 관창을 사용해 측정해야 한다.
② 초기 방수 시 물속 이물질 및 공기를 모두 배출한 후 측정해야 한다.
③ 최상층 소화전 개방 시 소화펌프 자동기동 및 기동표시등 점등이 확인되어야 한다.
④ 피토게이지는 무상주수 상태에서 수직으로 측정한다.

답 ④

해 옥내소화전설비 점검 중 방수압력 측정은 피토게이지를 사용하여 측정하며 반드시 직사형 관창을 사용해 '봉상주수' 상태에서 직각으로 측정해야 한다.
이때 노즐의 선단에 피토게이지를 노즐구경의 절반만큼 거리를 두고 근접시켜 측정하고 방수압력은 0.17MPa 이상 측정되어야 한다. 만약 옥내소화전이 어느 층에 있어서도 2개 이상 설치된 경우에는 2개를 동시에 개방시켜 놓고 측정하며 최상층의 소화전 개방 시 소화펌프가 자동으로 기동되고 기동표시등이 점등되는지 확인한다.
따라서 옳지 않은 설명은 ④ 무상주수가 아닌 봉상주수 상태여야 한다.

28

스프링클러설비의 종류별 설명으로 옳지 않은 것을 고르시오.

① 일제살수식스프링클러설비의 헤드는 개방형이다.
② 건식스프링클러설비의 1차측 배관 내부는 압축공기로 채워져 있다.
③ 습식스프링클러설비의 유수검지장치는 알람밸브이다.
④ 준비작동식스프링클러설비는 A or B 감지기 작동 시 사이렌과 화재표시등이 점등된다.

답 ②

해 건식스프링클러설비의 1차측 배관내부는 가압수, 2차측 배관 내부는 압축공기 및 질소로 채워져 있다. 따라서 1차측 배관 내부가 압축공기로 채워져 있다는 설명이 잘못되었다.

29

다음의 도면을 참고하여 해당 대상물에 정온식감지기 1종을 최소 몇 개 설치해야 하는지 구하시오.(단, 감지기 부착 높이는 4m 미만이다.)

① 12개
② 14개
③ 16개
④ 18개

답 ①

해 감지기는 각 실마다 설치한다. 사무실A의 면적은 6x20 = 120m²이고 사무실B의 면적도 동일하다. 사무실C의 면적은 12x40 = 480m²이다. 감지기 부착 높이가 4m 미만인 경우, 정온식감지기 1종의 설치 기준면적은 60m²이므로 사무실 A와 B는 각각 2개씩 설치하고, 사무실C는 8개를 설치한다. 따라서 사무실A에 2개, 사무실B에 2개, 사무실C에 8개로 최소 12개 이상 설치해야 한다.

30

특정소방대상물에 설치해야 할 소방시설 적용기준에 따라 다음의 빈칸 (A)와 (B)에 들어갈 값을 순서대로 고르시오.

소방시설	적용기준	설치대상
경보설비 중 비상경보설비	지하가 중 터널로서 길이	(A) 이상
경보설비 중 자동화재탐지설비	지하가 중 터널로서 길이	(B) 이상

① (A) : 200m, (B) : 500m
② (A) : 300m, (B) : 500m
③ (A) : 500m, (B) : 1,000m
④ (A) : 1,000m, (B) : 2,000m

답 ③

해 지하가 중 '터널'에 적용되는 소방시설 적용기준 및 설치대상은 다음과 같다.

소방시설		적용기준	설치대상
소화설비	옥내소화전설비	지하가 중 터널로서 '터널'	1,000m 이상
		행안부령으로 정하는 터널	전부
경보설비	비상경보설비	지하가 중 터널로서 길이	500m 이상
	자탐설비	지하가 중 터널로서 길이	1,000m 이상
피난구조설비	비상조명등	지하가 중 터널로서 길이	500m 이상
소화활동설비	연결송수관	지하가 중 터널로서 길이	1,000m 이상
	비상콘센트		500m 이상
	무선통신보조설비		

따라서 (A)에 들어갈 값은 '500m' 이상, (B)에 들어갈 값은 '1,000m' 이상으로 답은 ③.

Tip

'비상'은 터널 길이 500m! 그 외에는 1,000m! 행안부령으로 정한 터널일 땐 전부~!

31

P형 수신기 점검에 대한 설명으로 옳지 않은 것을 고르시오.

① 동작시험 시 동작시험 버튼과 자동복구 버튼을 누르고 수신기 타입에 따라 각 경계구역을 확인한다.

② 예비전원시험은 예비전원시험 스위치를 누르고 있는 상태에서 확인한다.

③ 도통시험 시 전압계 측정 결과 19~29V가 측정되면 정상이다.

④ 수신기 점검이 끝난 후 스위치주의등은 소등되어야 한다.

답 ③

해 도통시험의 전압계 측정 정상 범위는 4~8V이므로 옳지 않은 설명이다. 전압계 측정 정상 범위가 19~29V인 시험은 도통시험이 아닌, '예비전원시험'에 대한 설명이어야 옳다.

32

노유자시설의 3층에서 적응성이 있는 피난기구를 모두 고르시오.

ㄱ. 미끄럼대
ㄴ. 피난사다리
ㄷ. 간이완강기
ㄹ. 구조대
ㅁ. 승강식피난기

① ㄱ, ㄹ, ㅁ

② ㄴ, ㄷ, ㅁ

③ ㄴ, ㄷ, ㄹ, ㅁ

④ ㄱ, ㄴ, ㄹ, ㅁ

답 ①

해 노유자시설의 (1층부터) 3층에서 적응성이 있는 피난기구는 구조대, 미끄럼대, 피난교, 다수인 피난장비, 승강식 피난기이다. 따라서 정답은 ① ㄱ, ㄹ, ㅁ.

설치장소별 피난기구 표는 1회차 - 34번 문제 해설 참고.

33

B건물에는 옥내소화전이 1층에 2개, 2층에 2개, 3층에 3개, 4층에 4개 설치되어 있다. B건물의 옥내소화전 수원의 저수량을 고르시오.(단, 상기 층 외에 다른 층은 없다.)

① $2.6m^3$

② $5.2m^3$

③ $7.8m^3$

④ $10.4m^3$

답 ②

해 옥내소화전 수원의 저수량 계산은 $N \times 2.6m^3$로 계산한다. 이때 $2.6m^3$는 옥내소화전의 방수량 130L/min에 20분을 곱한 값이며, 설치개수 N의 최대 개수는 29층 이하에서는 최대 2개이므로 $2 \times 2.6m^3 = 5.2m^3$이다.

[29층 이하의 일반적인 건물]은 소방차가 출동하여 소방 활동을 시작하기까지 옥내소화전으로 버텨야 하는 시간을 20분으로 약속한 것이고, 옥내소화전이 3개, 4개가 설치되었더라도 3개 이상 가동해야 할 정도로 큰 규모의 화재라면 초기소화보다는 피난하는 것이 더 효율적이라고 판단하여 수원의 저수량 계산 시 옥내소화전 설치 개수가 2개 이상이라면 최대 개수 N을 2개까지로 잡는 것이다.

34

전기실에서 발생한 C급화재로 수신기에서 감지기 A, B에 모두 점등되었을 때 작동하는 설비로 보기 어려운 것을 고르시오.

① 펌프 기동

② 방출표시등 점등

③ 주경종, 지구경종 작동

④ 자동폐쇄장치 작동 및 환기팬 정지

답 ①

해 전기실에서 발생한 C급화재(전기화재)로 인해 감지기 A와 B가 모두 점등되었다면 화재가 발생하여 소화설비까지 작동할 것으로 미루어 짐작할 수 있다. 이때, C급화재일 경우 물을 약제로 사용하는 수계소화는 감전 또는 기기의 파손 등 더 큰 피해로 이어질 수 있으므로 가스계 소화설비를 통한 가스계 소화약제가 방출되는 것이 옳다.
가스계 소화설비가 작동하면 해당 방호구역 내 방출표시등이 점등되고, 주경종 및 지구경종 발생, 자동폐쇄장치로 방호구역을 폐쇄하고 환기팬이 정지한다. 그러나 펌프 기동은 가스계 소화설비와는 무관하므로 C급화재로 인해 작동하는 설비로 보기 어렵다.

35

습식스프링클러설비의 압력스위치 작동으로 연동되어 작동하는 장치 및 표시등의 점등 상태로 볼 수 없는 것을 고르시오.

① 화재표시등 점등
② 사이렌 작동
③ 밸브개방표시등 점등
④ 헤드 개방

답 ④

해 습식스프링클러설비의 경우 화재가 발생하면 헤드가 개방되며 방수되고, 그에 따라 2차측 배관 내 압력이 저하되면 유수검지장치인 알람밸브 작동, 클래퍼 개방으로 압력스위치가 작동한다. 그리고 이러한 압력스위치의 작동으로 사이렌이 작동하고 화재표시등 점등, 밸브개방표시등에 점등된다. 따라서 습식스프링클러설비에서 헤드 개방은 압력스위치의 작동으로 연동되어 작동하는 장치가 아니라 화재 감지로 먼저 개방되는 방식이다.

36

다음 중 소화활동설비에 해당하지 않는 것을 고르시오.

① 연결살수설비
② 연소방지설비
③ 상수도소화용수설비
④ 비상콘센트설비

답 ③

해 상수도소화용수설비는 소화용수설비로 구분되므로 소화활동설비에 해당하지 않는다. 소방안전관리자 1급 과정에서 [소화활동설비]로 분류하는 설비는 연결송수관설비, 연결살수설비, 제연설비, 비상콘센트설비, 무선통신보조설비, 연소방지설비 등이다.

37

다음 제시된 그림을 참고하여 유도등 (A)와 (B)에 대한 설명으로 옳지 아니한 설명을 고르시오.

명칭	(A)	(B)
예시		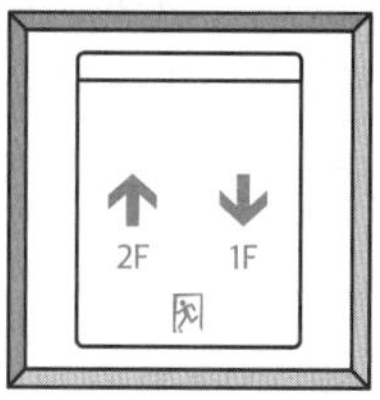

① (A)는 거실통로유도등, (B)는 계단통로유도등이다.
② (A)는 바닥으로부터 1.5m 이상의 높이로 출입구에 인접하도록 설치한다.
③ (B)의 설치장소는 일반 계단으로 하부에 설치한다.
④ (B)는 바닥으로부터 1m 이하의 위치에 설치한다.

답 ①

해 (A)는 '피난구'유도등, (B)는 계단통로유도등에 해당한다. 따라서 (A)를 거실통로유도등이라고 서술한 ①의 설명이 옳지 않다.

CHECK! 간단 요약

구분	피난구유도등	계단통로유도등
설치 장소	• **출입구(상부)**: 피난 경로로 사용되는 출입구를 표시	• 일반 계단(하부) • 각 층의 경사로 참 또는 계단참
위치 (높이)	바닥으로부터 1.5m 이상 (↑)	바닥으로부터 1m 이하 (↓)

38

제연설비에 대한 설명으로 옳지 아니한 것을 고르시오.

① 최소 차압은 40Pa 이상이어야 한다.

② 평상시 옥내의 출입문은 개방 상태여야 한다.

③ 출입문의 개방력은 110N 이하여야 한다.

④ 계단실 단독 제연 시 방연풍속은 0.5m/s 이상이어야 한다.

답 ②

해 제연구역은 평상시 자동폐쇄장치에 따라 닫힌 상태를 유지해야 하고, 예외적으로 출입문을 개방 상태로 관리하는 경우에는 옥내에 설치된 감지기의 작동과 연동되어 즉시 닫히는 방식이어야 한다. 따라서 평상시 출입문을 개방 상태로 관리해야 한다는 설명이 잘못되었다.

39

상수도소화용수설비에 대한 설명으로 옳지 않은 것을 고르시오.

① 배관경은 호칭지름 75mm 이상의 수도배관에 100mm 이상의 소화전을 접속한다.

② 소방차의 진입이 쉬운 도로변 또는 공지에 설치한다.

③ 특정소방대상물의 수평투영면의 각 부분으로부터 140m 이하가 되도록 설치한다.

④ 배관은 토너먼트 방식이 아니어야 하며 한쪽 가지배관에 설치하는 헤드 개수는 8개 이하여야 한다.

답 ④

해 상수도소화용수설비는 스프링클러설비나 연결살수설비 같은 헤드(배관) 방식이 아니므로 ④의 기준은 해당하지 않는 내용이다.

40

다음과 같은 소방대상물에서 소화수조의 최소 저수량을 구하시오.

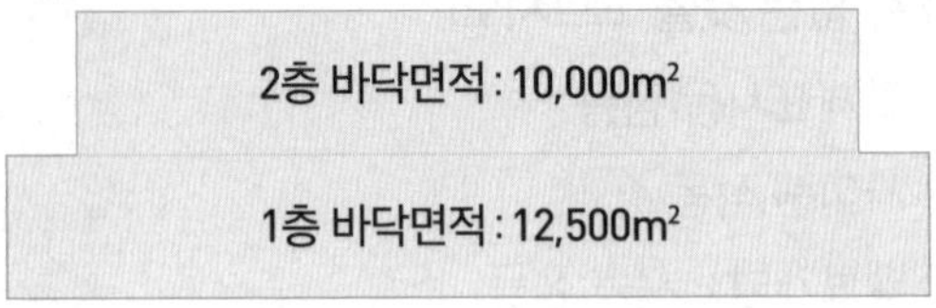

① $50m^3$

② $60m^3$

③ $70m^3$

④ $80m^3$

답 ②

해 소화수조의 저수량 계산은 다음과 같다.

㉮ 소방대상물의 1층 및 2층 바닥면적의 합계가 $15,000m^2$ 이상인 건축물

(연면적 ÷ $7,500m^2$) x $20m^3$ 이상

㉯ 위에 해당하지 않는 그 밖의 건축물

(연면적 ÷ $12,500m^2$) x $20m^3$ 이상

그림의 건물은 ㉮에 해당하고, 연면적은 각 층의 바닥면적의 총합이므로 (22,500 ÷ 7,500)x20 = $60m^3$으로 계산할 수 있다. 따라서 소화수조의 최소 저수량은 $60m^3$.

41

소화기구의 설치기준으로 해당 용도의 바닥면적 $100m^2$마다 능력단위 1 이상의 소화기구를 설치해야 하는 장소에 해당하지 않는 것을 고르시오.

① 판매시설
② 업무시설
③ 위락시설
④ 전시장

답 ③

해 위락시설은 해당 용도의 바닥면적 '$30m^2$마다' 능력단위 1 이상의 소화기구를 설치해야 하는 장소에 해당하므로 문제에서 묻고 있는 바닥면적 $100m^2$ 기준 장소에 포함되지 않는다.

42

다음 그림과 같이 침대가 있는 숙박시설의 수용인원을 산정하시오.(단, 종사자 수는 3명이고 침대는 2인용 침대이다.)

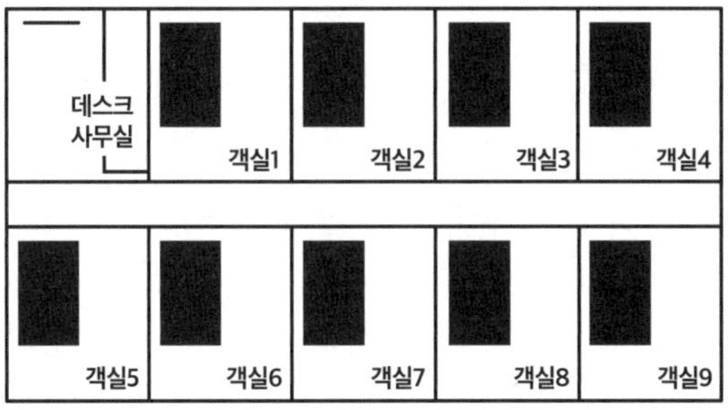

① 18명
② 19명
③ 20명
④ 21명

답 ④

해 침대가 있는 숙박시설의 경우 수용인원의 산정은 [종사자 수 + 침대 수]로 계산하는데 이때 침대가 2인용이라면 x2로 계산한다. 따라서 종사자 수 3명에 침대 수(9개x2인용) 18개를 합산해 수용인원은 21명으로 계산할 수 있다.

43

옥내소화전설비가 설치된 P빌딩의 압력스위치 세팅 설정 값이 다음과 같을 때 P빌딩의 자연낙차압을 계산하시오.

- 주펌프의 Range: 0.98MPa
- Diff 값: 0.48MPa

① 0.2MPa
② 0.3MPa
③ 0.5MPa
④ 0.6MPa

답 ②

해 (1) 주펌프의 '기동점'은 [자연낙차압 + K]로, 'K'는 옥내소화전설비일 때 0.2MPa로 한다.
(P빌딩은 옥내소화전설비가 설치되어 있으므로 K는 0.2MPa.)
(2) 이때 구하고 싶은 값인 자연낙차압을 'X'로 표현한다면 Diff 값은 [정지점(Range) - 기동점]이므로, 0.48 = 0.98 - (X + 0.2)로 표현할 수 있다.
(3) 그렇다면 괄호 안의 수는 0.5가 되는데, 이 0.5는 '자연낙차압'에 K값인 0.2를 더한 것이므로 순수한 자연낙차압(X) 값은 0.3으로 계산할 수 있다.
따라서 정답은 ②.

44

준비작동식 스프링클러설비의 점검 중 A or B 감지기 작동 시 확인사항에 해당하지 않는 것을 고르시오.

① 사이렌 작동
② 화재표시등 점등
③ 지구표시등 점등
④ 전자밸브(솔레노이드) 개방

답 ④

해 감지기 A or B(A 또는 B) 작동은 둘 중 하나가 먼저(또는 하나만) 작동했을 때의 상황으로 이때 확인하는 사항은 화재표시등과 지구표시등(A 또는 B 해당구역) 점등 여부와 사이렌 및 경종 작동을 확인한다. 이 외에 전자밸브(솔레노이드밸브)의 개방과 펌프 자동기동, 밸브개방표시등이 점등되는 것은 감지기 2개가 모두 작동한 A and B 작동 상황에서 확인하는 사항이므로 ④는 확인 사항에 해당하지 않는다.

45

응급처치의 기본사항으로 옳지 않은 것을 고르시오.

① 이물질이 눈에 보여도 손으로 빼내거나 제거하지 않는다.
② 환자가 구토하려 하면 턱을 위로 들어 기도를 개방한다.
③ 이물질 제거 시 기침유도 및 하임리히법을 사용한다.
④ 한번 사용한 거즈는 재사용하지 않는다.

답 ②

해 환자가 구토하려 하면 머리를 옆으로 돌리는 것이 기도를 확보하는 옳은 방법이므로 턱을 위로 들어 올린다는 설명이 잘못되었다.

46

올바른 심폐소생술 방법이 아닌 것을 고르시오.

① C→A→B의 순서로 진행한다.
② 맥박 및 호흡의 정상여부는 10초 내로 판별한다.
③ 가슴압박 시 팔은 수직을 유지하며 분당 100~120회 속도로 강하게 압박한다.
④ 인공호흡에 자신이 없으면 시행하지 않는다.

답 ③

해 가슴압박 시행 시 팔은 일직선으로 곧게 뻗어야 한다. 수직을 유지하는 것은 환자와 구조자의 위치가 수직이 되어야 하는 것이므로 옳지 않은 설명은 ③.

참고로 성인의 심폐소생술 중 가슴압박은 환자의 가슴뼈 아래쪽 절반 위치를 분당 100~120회 속도로 강하게 압박하고, 5cm 깊이로 압박하면 완전히 이완된 후 다시 압박이 진행될 수 있도록 해야 한다.

47

AED 사용방법으로 가장 타당한 것을 고르시오.

① AED 사용 시 가장 먼저 패드를 부착한다.
② 패드는 쇄골 아래쪽에 각각 하나씩 부착한다.
③ 제세동이 필요하여 에너지를 충전하는 동안에는 가급적 가슴압박을 시행한다.
④ 심장충격 버튼이 깜빡이면 지체없이 즉시 버튼을 누른다.

답 ③

해 ① AED 사용 시 가장 먼저 하는 과정은 AED의 전원을 켜는 것이므로 옳지 않다.
② 패드는 쇄골(빗장뼈) 아래, 그리고 가슴 아래와 겨드랑이 중간위치에 하나씩 부착해야 하므로 옳지 않은 설명이다.
④ 제세동이 필요한 환자일 경우 버튼이 깜빡거리는데, 이때 환자 외 타인이 접촉하고 있으면 전기충격이 함께 가해질 수 있으므로 환자로부터 모두 떨어진 것을 확인하고 버튼을 눌러야 하므로 옳은 방법으로 보기 어렵다.

따라서 옳은 설명은 ③ 심장리듬 분석 결과 제세동이 필요하여 AED가 에너지를 충전하는 동안에는 가급적 심폐소생술의 흐름이 끊기지 않도록 가슴압박은 시행하고 있는 것이 좋다. (심장리듬을 분석할 때와 버튼을 눌러 심장충격을 가하는 순간에는 손을 떼야 한다.)

48

다음 제시된 사항을 따르는 소방교육 및 훈련의 실시원칙은 무엇인지 고르시오.

- 교육에 재미를 부여한다.
- 교육에 있어 다양성을 활용한다.
- 전문성을 공유한다.
- 학습을 위해 적절한 스케줄을 적절히 배정한다.

① 동기부여의 원칙
② 학습자 중심의 원칙
③ 목적의 원칙
④ 관련성의 원칙

답 ①

해 문제에서 제시된 사항은 소방교육 및 훈련의 실시원칙 중 [동기부여의 원칙]에 해당한다. 따라서 정답은 ①.

그 외에도 다음의 사항들이 동기부여의 원칙에 해당한다.

- 교육의 중요성 전달
- 핵심사항에 포커스
- 초기성공에 대한 격려
- 학습에 대한 보상 제공
- 시기적절(Just-in-time)한 교육
- 사회적 상호작용(Social interaction) 제공

[49~50] 다음 제시된 소방계획서 일반현황 등을 참고하여 각 물음에 답하시오..

구분	건축물 일반현황
명칭	제일아파트
규모/구조	☑**연면적**: $32,000m^2$ ☑**세대수**: 950세대 ☑지상 29층/지하 3층(높이: 100m) ☑**용도**: 주거시설
소방시설현황	
소화설비	☑옥내소화전설비 (가) ☑스프링클러설비
피난구조설비	(나) ☑피난구유도등 ☑통로유도등

49

제일아파트의 지상 1층에서 화재 발생 시 작동하는 경종 방식에 해당하는 것을 고르시오.

① 지상 1층부터 지상 5층에 우선적으로 경종이 울린다.

② 지상 1층부터 지상 5층, 그리고 모든 지하층에 우선적으로 경종이 울린다.

③ 지상 1층부터 지상 5층, 그리고 지하 1층에 우선적으로 경종이 울린다.

④ 모든 층에 일제히 경종이 울린다.

답 ②

해 제일아파트는 층수가 29층인 건물로, 11층 이상의 건물 또는 '공동주택'의 경우 16층 이상의 건물에서는 다음과 같이 발화층+직상 4개층 우선경보 방식이 적용된다.

(1) **지상 2층 이상에서 화재 시**: 발화층+직상 4개층 우선 경보

(2) **지상 1층에서 화재 시**: 발화층(1층)+직상 4개층+ 모든 지하층 우선 경보

(3) **지하층 화재 시**: 발화한 지하층+그 직상 층+그 외 모든 지하층 우선 경보

문제의 경우는 (2)에 해당하므로, 화재가 발생한 지상 1층과 그 위로 4개 층인 지상 5층까지, 그리고 모든 지하층에 우선 경보가 발령되므로 이에 해당하는 것은 ②.

50

제일아파트에 대한 설명으로 옳지 아니한 해석을 고르시오.

① (가)설비의 헤드 기준개수는 10개로 폐쇄형 스프링클러헤드를 사용하는 경우 수원의 저수량은 16m³ 이상이다.

② (나)의 종류는 소형피난구유도등이다.

③ 소방안전관리업무 대행인력의 배치기준 및 자격에 따라 기술등급은 중급점검자 이상 1명 이상으로 한다.

④ 소방안전관리보조자는 최소 2명 이상을 선임한다.

답 ④

해 (가)는 스프링클러설비로, 아파트의 헤드 기준개수는 10개이며 폐쇄형 스프링클러헤드를 사용하는 경우에는 기준개수X1.6m³로 계산하므로 수원의 저수량은 16m³ 이상이다. 또한 설치장소가 아파트일 때 설치하는 유도등 및 유도표지의 종류는 '소형'피난구유도등 및 통로유도등으로 ①번과 ②번의 설명은 옳다.

또한 소방안전관리대상물의 등급이 1급 또는 2급으로 스프링클러설비가 설치된 경우 대행인력의 기술등급은 중급점검자 이상 1명 이상이므로 ③의 설명도 옳다.

반면 제일아파트는 300세대 이상의 '아파트'로 소방안전관리보조자는 '세대 수'를 기준으로 950세대÷300=3.16으로 소수점 이하는 절하하고 정수만 취하여 최소 3명 이상을 선임해야 한다. 따라서 옳지 않은 설명은 ④.

CHECK!

소방안전관리등급 및 설치된 소방시설에 따른 대행인력의 배치등급

소방대상물 등급	설치된 소방시설 종류	대행인력 기술등급
1급 또는 2급	스프링클러설비, 물분무등소화설비 또는 제연설비	중급점검자 이상 1명 이상
	옥내소화전 또는 옥외소화전설비	초급점검자 이상 1명 이상
3급	자탐설비 또는 간이스프링클러설비	초급점검자 이상 1명 이상

PART 04

소방안전관리자 1급 모의고사

| 4회차 |

4회차 모의고사

01 **소방기본법 제25조 제1항 강제처분 등에 따른 처분을 방해한 자 또는 정당한 사유 없이 그 처분에 따르지 아니한 자에게 부과되는 벌금으로 옳은 것을 고르시오.**

① 5년 이하의 징역 또는 5천만원 이하의 벌금
② 3년 이하의 징역 또는 3천만원 이하의 벌금
③ 1년 이하의 징역 또는 1천만원 이하의 벌금
④ 300만원 이하의 벌금

02 **소방안전관리보조자 선임대상물의 조건에 대한 설명으로 옳지 아니한 것을 고르시오.**

① 300세대 이상인 아파트는 1명을 선임하되, 초과되는 300세대마다 1명 이상을 추가로 선임한다.
② 공동주택 중 기숙사, 의료시설, 노유자시설은 1명을 선임한다.
③ 아파트 및 연립주택을 제외하고, 연면적이 1만5천제곱미터 이상인 특정 소방 대상은 1명을 선임하되, 초과되는 연면적 1만5천제곱미터마다 1명 이상을 추가로 선임한다.
④ 숙박시설로 사용되는 바닥면적의 합계가 2천500제곱미터 미만이고 관계인이 24시간 상시 근무하고 있는 숙박시설은 선임 대상에서 제외된다.

03 **위험물 안전관리자의 선임 및 대리자의 지정에 대한 설명으로 옳지 아니한 것을 고르시오.**

① 제조소등의 관계인은 위험물안전관리자가 해임 또는 퇴직한 때에는 30일 이내에 새로운 안전관리자를 다시 선임해야 한다.
② 제조소등의 관계인은 위험물안전관리자의 선임 시 14일 이내에 소방청장에게 신고하여야 한다.
③ 안전관리자가 여행·질병, 그 밖의 사유로 일시적으로 직무를 수행할 수 없는 경우 제조소등의 관계인은 대리자를 지정하여 직무를 대행하도록 할 수 있다.
④ 대리자가 직무를 대행하는 경우 대행 기간은 30일 이하로 한다.

04 **업무상 과실로 제조소등 또는 허가를 받지 않고 지정수량 이상의 위험물을 저장 또는 취급하는 장소에서 위험물을 방출·유출 또는 확산시켜 사람의 생명·신체 또는 재산에 위험을 발생시킨 자에게 부과되는 벌금을 고르시오.**

① 1년 이상 10년 이하의 징역
② 7년 이하의 금고 또는 7천만원 이하의 벌금
③ 3년 이하의 징역 또는 3천만원 이하의 벌금
④ 1천500만원 이하의 벌금

05 소방신호의 종류별 타종 방법이 옳은 하나를 고르시오.

구분	신호종류	타종법
①	해제신호	짧은 간격을 두고 1타씩 반복
②	경계신호	난타
③	훈련신호	연3타 반복
④	발화신호	1타와 연2타 반복

06 다음 제시된 건축물의 일반현황을 참고하여 해당 대상물에 대한 설명으로 옳은 것을 고르시오.

구분	건축물 일반현황
명칭	멋진우리빌딩
용도	판매시설, 근린생활시설
사용승인일	• 2014년 2월 14일
규모/구조	• **연면적** : 10,600m^2 • **층수** : 지상 11층 • **높이** : 48m
소방시설	• 옥내소화전, 스프링클러설비, 자동화재탐지설비, 제연설비

① 방염성능 기준 이상의 실내장식물 등을 설치해야 하는 특정소방대상물이다.

② 연면적이 15,000m^2 미만이므로 2급소방안전관리대상물이다.

③ 작동점검 제외 대상에 해당한다.

④ 2024년 8월에 종합점검을 실시한다.

07 소방안전관리자 항하사씨는 A회사에 선임 후, 다음과 같이 B회사로 이직하였다. 이때 항하사씨의 다음 실무교육에 대한 설명으로 옳은 것을 고르시오.

- A회사 선임 : 2022. 08. 19
- A회사에서 실무교육 이수 : 2023. 01. 13
- B회사로 이직(선임) : 2023. 12. 17

① 2024년 7월 16일까지 실무교육을 이수한다.

② 2024년 12월 16일까지 실무교육을 이수한다.

③ 2025년 1월 12일까지 실무교육을 이수한다.

④ 2025년 12월 16일까지 실무교육을 이수한다.

08 건축법에서 정하는 방화구획과 관련된 것들에 대한 설명이 옳지 아니한 것을 고르시오.

① 주요구조부가 내화구조 또는 불연재료로 된 건축물로서 연면적이 1,000m^2를 넘는 것은 방화구획 설치대상이다.

② 자동방화셔터는 피난이 가능한 60분 방화문 또는 60분+방화문으로부터 3m 이내에 별도로 설치한다.

③ 30분 방화문은 연기 및 불꽃을 차단할 수 있는 시간이 30분 이상 60분 미만인 방화문을 뜻한다.

④ 자동방화셔터는 불꽃이나 연기를 감지한 경우 완전 폐쇄, 열을 감지한 경우 일부 폐쇄되는 구조로 한다.

09 종합방재실의 설치 장소와 구조 및 면적에 대한 설명으로 옳지 아니한 것은?

① 화재 및 침수로 인한 피해 우려가 적고, 소방대가 쉽게 도달할 수 있는 곳에 설치해야 한다.
② 종합방재실의 면적은 20m² 미만으로 하고, 출입문에는 통제 장치를 갖추어야 한다.
③ 재난정보 수집 및 제공, 방재 활동의 거점 역할을 할 수 있는 곳에 설치한다.
④ 공동주택의 경우 관리사무소 내에 설치할 수 있다.

10 다음 중 종합점검 대상에 대한 설명으로 옳지 아니한 것을 고르시오.

① 공공기관 중 연면적(터널·지하구의 경우 그 길이와 평균 폭을 곱하여 계산된 값)이 1,500m² 이상인 것으로서 옥내소화전설비 또는 자동화재탐지설비가 설치된 것은 종합점검 대상이다.
② 물분무등소화설비가 설치된 연면적 5,000m² 이상인 특정소방대상물은 종합점검 대상이다.
③ 제연설비가 설치된 터널은 종합점검 대상이다.
④ 학교의 경우 해당 건축물의 사용승인일이 1월에서 6월 사이에 있는 경우 6월 30일까지 종합점검을 실시할 수 있다.

11 다음 중 초고층 건축물 등의 재난 및 안전관리 업무 총괄자인 총괄재난관리자에 대한 설명으로 옳지 아니한 것을 고르시오.

① 초고층 건축물 등을 건축한 경우 관리주체는 건축물의 사용승인 또는 사용검사 등을 받은 날로부터 30일 내에 총괄재난관리자를 지정해야 한다.
② 총괄재난관리자로 지정된 날부터 6개월 내에 소방청장이 실시하거나 소방청장이 지정하는 기관이 실시하는 교육을 받아야 하며, 그 후 2년마다 1회 이상 보수교육을 받아야 한다.
③ 초고층 건축물 등의 관리주체는 총괄재난관리자를 지정한 날부터 14일 이내에 소방청장에게 지정 등록 신청을 제출하여야 한다.
④ 특급소방안전관리자 선임 자격이 있는 사람은 총괄재난관리자 자격을 갖는다.

12 다음 제시된 평면도 및 설명을 참고하여, 계단의 종류 중에서 그림에 표시된 부분의 계단에 대한 설명으로 옳지 아니한 것을 고르시오.

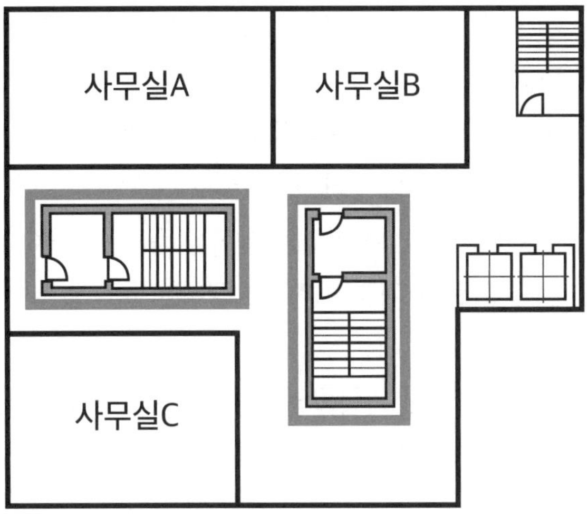

> • 해당 평면도는 13층을 나타낸 것이다.
> • 표시된 부분의 계단은 해당 층으로부터 피난층 또는 지상으로 통하는 직통계단이다.
> • 건축물의 내부 다른 부분과 방화구획 및 계단실과 옥내 사이에 노대 또는 부속실을 설치한 직통계단으로 피난계단보다 높은 피난 안전성을 확보할 수 있다.

① 계단실에는 예비전원에 의한 조명설비를 설치한다.
② 동선은 옥내 → 복도 → 부속실 또는 노대 → 계단실 → 피난층의 구조로 형성되어 있다.
③ 건축물의 내부와 계단실은 노대를 통해 연결하거나 외부를 향해 열 수 있는 면적 $2m^2$ 이상인 창문 또는 배연설비가 있는 면적 $3m^2$ 이상인 부속실을 통해 연결되어야 한다.
④ 계단실·노대·부속실에 설치하는 건축물의 바깥쪽에 접하는 창문 등은 계단실·노대·부속실 외의 당해 건축물의 다른 부분에 설치하는 창문 등으로부터 2m 이상 거리를 두고 설치해야 한다.

[13~14] 다음 제시된 특정소방대상물의 조건을 참고하여 각 질문에 답하시오.

> • 명칭 : K터널
> • 길이 : 1.8Km
> • 사용승인일 : 2021. 05. 17
> • 소방시설 현황 : 소화기구, 옥내소화전설비, 물분무등소화설비, 제연설비, 무선통신보조설비

13 K터널의 종합점검에 대한 설명으로 옳은 것을 고르시오.

① 2024년 5월에 종합점검을 실시한다.
② 2024년 8월에 종합점검을 실시한다.
③ 2024년 11월에 종합점검을 실시한다.
④ 종합점검은 실시하지 않고 작동점검만 실시하는 대상물로 2024년 5월에 작동점검을 실시한다.

14 K터널에 선임할 수 있는 소방안전관리자의 자격으로 옳지 아니한 것을 고르시오.

① 소방설비기사 또는 소방설비산업기사 자격이 있는 사람으로서 1급소방안전관리자 자격증을 발급받은 사람
② 소방공무원 근무 경력이 20년 이상인 사람으로 특급소방안전관리자 자격증을 발급받은 사람
③ 소방공무원 근무 경력이 7년 이상인 사람으로 1급소방안전관리자 자격증을 발급받은 사람
④ 3급소방안전관리자 시험에 합격하여 3급소방안전관리자 자격증을 발급받은 사람

15 고체의 연소 형태별 예시로 적절하지 아니한 것을 고르시오.

① 자기연소 - 제5류위험물, 폭발성 물질
② 증발연소 - 양초, 황, 열가소성수지
③ 분해연소 - 글리세린, 중유
④ 표면연소 - 숯, 코크스, 목재의 말기연소

16 다음 중 임시소방시설의 종류에 포함되는 것을 모두 고르시오.

㉠ 누전경보기 ㉡ 간이소화장치 ㉢ 비상콘센트설비 ㉣ 간이피난유도선 ㉤ 방화포 ㉥ 비상경보장치 ㉦ 자동화재속보설비

① ㉠, ㉡, ㉣, ㉦
② ㉡, ㉢, ㉣, ㉤
③ ㉠, ㉢, ㉣, ㉥
④ ㉡, ㉣, ㉤, ㉥

17 위험물안전관리법에서 정하는 용어의 정의 및 위험물의 저장·취급 시 기준에 대한 설명으로 옳지 아니한 것을 고르시오.

① 지정수량은 제조소등의 설치허가 등에 있어서 저장 및 취급할 수 있는 최대 수량의 기준이 된다.
② 지정수량 미만인 위험물의 저장 또는 취급에 관한 기준은 시·도 조례로 정한다.
③ 위험물이란 인화성 또는 발화성 등의 성질을 갖는 것으로써 대통령령으로 정하는 물품을 말한다.
④ 지정수량이란 위험물의 종류별로 위험성을 고려하여 대통령령이 정하는 수량을 말한다.

18 방화구획 설치기준에 대한 설명으로 옳지 아니한 것을 고르시오.

① 층별 구획 시 매층마다 구획한다. 다만, 지하 1층에서 지상으로 직접 연결하는 경사로 부위는 제외한다.
② 스프링클러설비가 설치된 6층은 면적별 구획 시 바닥면적 3,000m^2 이내마다 구획한다.
③ 자동식 소화설비를 설치하지 아니하고 실내 마감이 불연재가 아닌 11층은 면적별 구획 시 바닥면적 600m^2 이내마다 구획한다.
④ 실내 마감이 불연재이고 스프링클러설비가 설치된 15층은 면적별 구획 시 바닥면적 1,500m^2 이내마다 구획한다.

19 연면적이 85,000m²인 특정소방대상물에서 선임해야 하는 소방안전관리보조자의 최소 선임 인원을 고르시오. (단, 해당 대상물은 아파트가 아니다.)

① 4명
② 5명
③ 6명
④ 7명

20 제시된 그림과 조건을 참고하여 해당 건축물의 높이를 산정하시오.

- 건축물의 건축면적 : 1,300m²
- 옥상부분 A의 수평투영면적 : 80m²
- 옥상부분 B의 수평투영면적 : 70m²

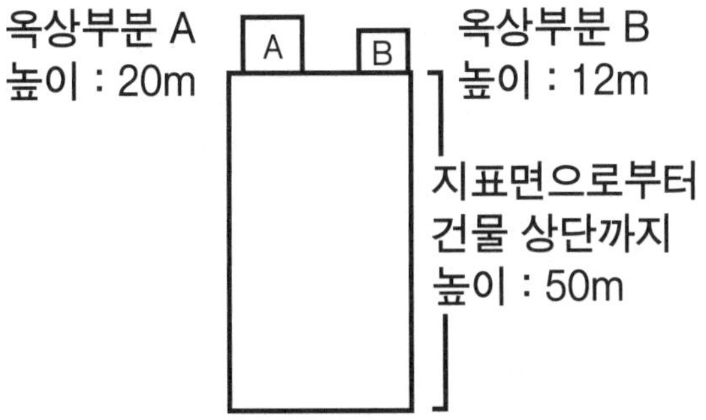

① 52m
② 58m
③ 62m
④ 70m

21 자체점검 결과 보고를 마친 관계인은 자체점검과 관련된 사항을 점검기록표에 기록하여 게시하여야 하는데, 이를 위반하여 점검기록표를 기록하지 아니하거나 특정소방대상물의 출입자가 쉽게 볼 수 있는 장소에 게시하지 아니한 관계인에게 부과되는 벌칙으로, 2차 위반 시 부과되는 과태료를 고르시오.

① 100만원
② 150만원
③ 200만원
④ 300만원

22 다음 중 화기 취급 작업 시 안전수칙 및 화재감시자의 관리감독 절차에 대한 설명이 옳지 아니한 것을 고르시오.

① 작업현장(반경 5m 이내)의 가연물을 이동 및 제거하거나 차단막 등을 설치하여 보호한다.
② 화기 작업 허가서는 작업구역 내에 게시하여 현장 내 작업자와 관리자가 화기작업에 대한 사항을 인지할 수 있도록 한다.
③ 화재감시자는 작업완료 시 해당 작업구역 내에 30분 이상 더 상주하면서 발화 및 착화 여부를 감시한다.
④ 작업 종료 통보 이후 추가적으로 3시간 이후까지 순찰 점검 등 현장 점검이 필요하다.

23 다음 중 부과되는 벌금이 가장 큰 행위를 한 사람을 고르시오.

① 소방시설 등에 대한 종합점검을 실시하지 아니한 사람
② 피난 명령을 위반한 사람
③ 정당한 사유 없이 소방용수시설을 사용하거나 소방용수시설의 효용을 해치거나 그 정당한 사용을 방해한 사람
④ 소방안전관리자를 겸한 자

24 다음 중 AED 사용 시 패드 부착 위치로 옳은 그림을 고르시오.

①

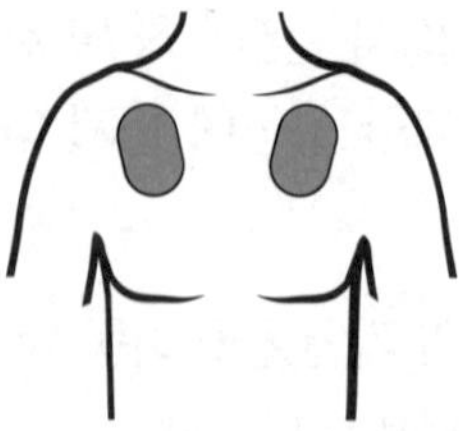

②

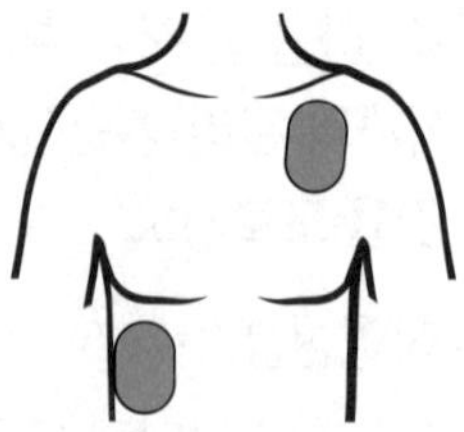

③

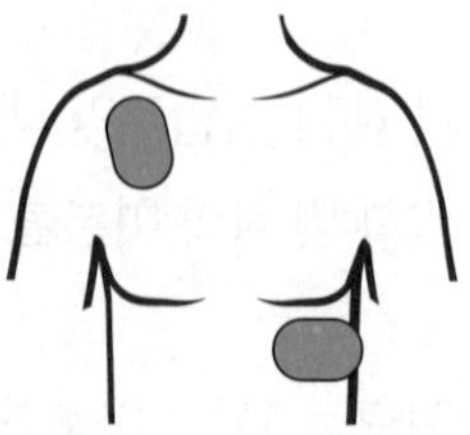

④

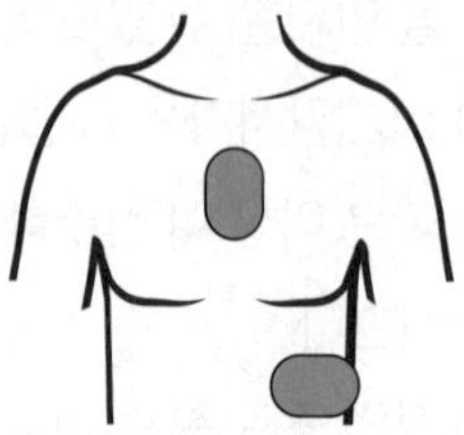

25 다음의 그림을 참고하여 지혈대 사용 방법을 순서대로 나열하시오.

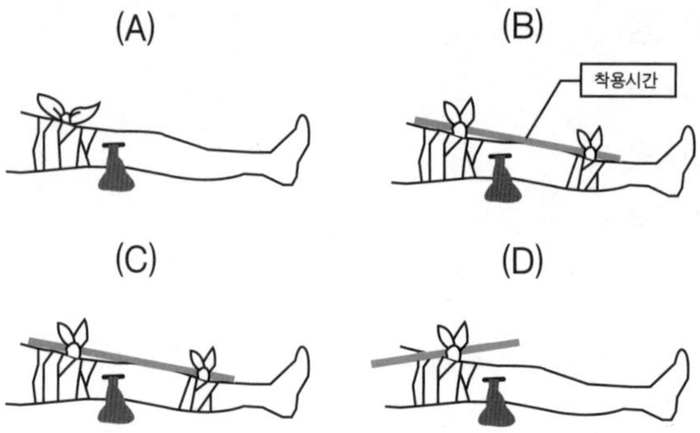

① (A) - (B) - (C) - (D)
② (A) - (D) - (C) - (B)
③ (A) - (B) - (D) - (C)
④ (A) - (D) - (B) - (C)

26 가스계 소화설비의 점검을 위한 기동용기 솔레노이드밸브 격발시험 방법으로 옳지 아니한 설명을 고르시오.

구분	시험 방법	동작
①	수동조작함 작동	연동전환 후 수동조작함의 기동스위치 누름
②	교차회로 감지기 동작	연동전환 후, 방호구역 내 교차회로(A,B) 감지기 동작
③	제어반 수동조작 스위치 동작	솔레노이드밸브 선택스위치를 수동 및 기동 위치로 전환하여 동작
④	수동조작버튼 작동	연동전환 후 솔레노이드밸브에 부착되어 있는 수동조작 버튼을 안전클립 제거 후 누르면 지연시간 이후 격발

27 다음의 소방계획 수립절차 중 빈칸(ㄱ)~(ㄷ)에 들어가는 활동에 포함되지 아니하는 것을 고르시오.

1단계 (사전기획)	2단계 (위험환경 분석)	3단계 (설계/개발)	4단계 (시행 및 유지관리)
작성 준비 ↓ 요구 검토 ↓ 작성 계획 수립	(ㄱ) ↓ (ㄴ) ↓ (ㄷ)	목표/전략 수립 ↓ 실행계획 설계 및 개발	수립/시행 ↓ 운영/유지관리

① 위험환경 감시
② 위험환경 식별
③ 위험환경 분석/평가
④ 위험경감대책 수립

28 다음의 압력스위치 그림을 참고하여 펌프의 정지점과 기동점 세팅 값을 고르시오.

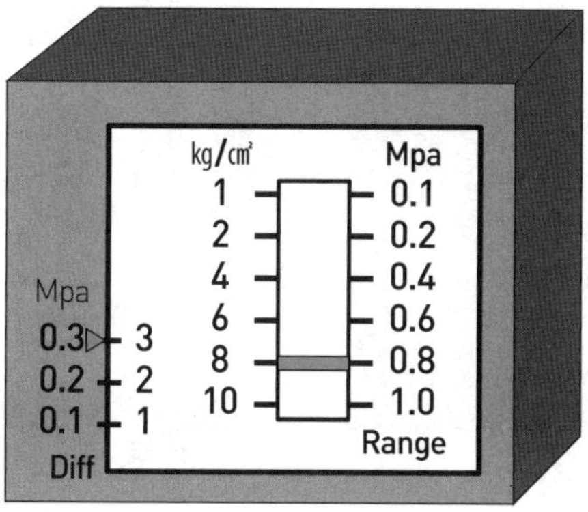

① 정지점 : 0.9MPa, 기동점 : 0.3MPa
② 정지점 : 0.9MPa, 기동점 : 0.6MPa
③ 정지점 : 0.8MPa, 기동점 : 0.3MPa
④ 정지점 : 0.8Mpa, 기동점 : 0.5MPa

29 화재 감지기를 다음과 같이 설치했을 때의 문제점과 올바른 설치 방식에 대한 옳은 설명을 고르시오.

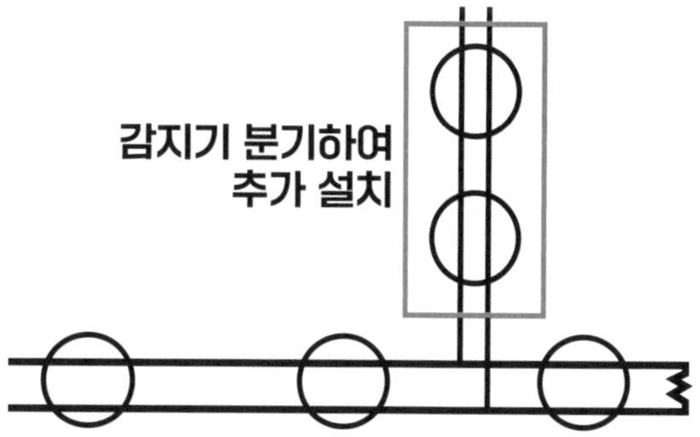

① 감지기 설치 면적이 유효하게 작용하기 어려우므로, 배선은 송배선식으로 한다.
② 감지기의 종류에 따라 화재감지 방식이 다를 수 있으므로 배선은 병렬방식으로 한다.
③ 수신기에서 감지기 사이 선로의 단선 여부를 확인하기 어려우므로, 원활한 도통시험을 위해 배선은 송배선식으로 한다.
④ 정전 시 예비전원에 의한 정상작동 여부를 확인하기 위한 예비전원시험이 원활하지 않을 수 있으므로 배선은 교차회로방식으로 한다.

30 옥내소화전의 방수압력 측정 시 노즐의 선단에 피토게이지를 노즐 구경의 D/2만큼 근접시켜 측정한다. 이때 D/2 값으로 옳은 것을 고르시오.

① 19mm
② 13mm
③ 9.5mm
④ 6.5mm

31 소방대상물의 옥내소화전 방수압력 측정 시 측정되어야 하는 피토게이지의 압력 범위로 옳은 것을 고르시오.

①

②

③

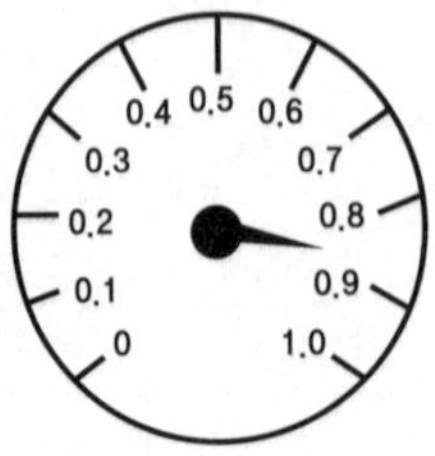

④

32 소방 교육 및 훈련의 실시원칙 중 다음의 지침을 따르는 원칙을 고르시오.

- 어떠한 기술을 어느 정도까지 익혀야 하는가를 명확하게 제시한다.
- 습득하여야 할 기술이 활동 전체에서 어느 위치에 있는가를 인식하도록 한다.

① 학습자 중심의 원칙
② 목적의 원칙
③ 실습의 원칙
④ 동기부여의 원칙

33 습식스프링클러설비의 점검을 위해 그림에 표시된 밸브를 개방하였을 때 확인해야 하는 사항으로 옳지 아니한 것을 고르시오.

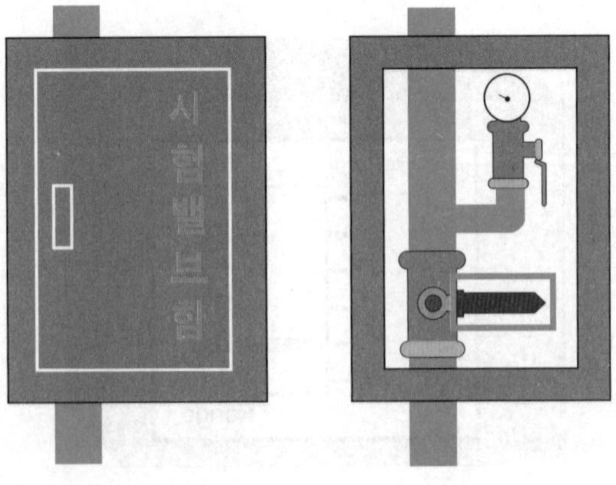

① 감시제어반의 화재표시등이 점등된다.
② 릴리프밸브가 개방된다.
③ 해당 방호구역의 경보(사이렌)가 작동한다.
④ 소화펌프가 자동 기동된다.

34 면적이 400m²이고 주요구조부가 내화구조로 된 특정소방대상물에 차동식스포트형감지기 2종을 설치할 때 최소한의 설치 개수를 구하시오.(단, 감지기 부착높이는 5m이다.)

① 10개
② 11개
③ 12개
④ 15개

35 다음 중 장애유형별 피난보조 예시로 옳은 것을 모두 고르시오.

(ㄱ) 청각장애인의 피난 보조 시 시각적인 전달을 위해 표정이나 제스처를 사용하고 조명이나 메모를 적극 활용한다.
(ㄴ) 지적장애인의 경우 상황을 정확히 인지할 수 있도록 명확한 어투를 사용하여 신속하게 전달한다.
(ㄷ) 지체장애인은 불가피한 경우를 제외하고 2인 이상이 1조가 되어 피난을 보조한다.
(ㄹ) 노인은 지병이 있는 경우가 많으므로 구조대가 알기 쉽도록 지병을 표시하는 것이 좋다.
(ㅁ) 시각장애인은 평상시와 같이 지팡이를 이용하여 피난토록 하고, 애매한 표현보다는 명확한 표현을 사용하여 보조한다.

① ㄷ, ㄹ, ㅁ
② ㄱ, ㄷ, ㄹ, ㅁ
③ ㄴ, ㄷ, ㄹ, ㅁ
④ ㄱ, ㄴ, ㄷ, ㄹ, ㅁ

36 부속실 제연설비의 점검방법으로 옳지 아니한 설명을 고르시오.

① 옥내의 감지기 작동 시 화재경보 발생 및 댐퍼가 개방되는지 확인한다.
② 송풍기가 작동하여 계단실 및 부속실에 바람이 들어오는지 확인한다.
③ 문을 닫은 부속실 내에서 차압 측정 시 40Pa 이하(스프링클러설비가 설치된 경우 12.5Pa 이하)가 되어야 한다.
④ 출입문을 개방한 후 부속실의 방연풍속을 측정했을 때 제연구역에 따라 0.5m/s 또는 0.7m/s 이상이 되어야 한다.

37 다음 제시된 수신기의 점검결과 표를 참고하여 각 경계구역별 점검 결과에 대한 설명이 옳지 아니한 것을 고르시오.(단, 수신기는 전압계가 있는 경우에 해당한다.)

점검 결과	경계구역			
	지하1층	1층	2층	3층
도통시험 전압계 지시 값	6V	4V	8V	0V
지구경종 음량계 측정 결과	95dB	85dB	100dB	90dB

① 지하1층은 도통시험 및 음향장치 점검 결과가 모두 정상이다.
② 1층의 음향장치 점검결과는 정상이나, 도통시험 결과 전압미달이므로 불량이다.
③ 2층의 음향장치 점검결과는 정상이다.
④ 3층은 도통시험 결과 단선이 의심되므로 보수 및 조치가 필요하다.

38 다음 그림과 같이 침대가 없는 숙박시설의 수용인원을 산정하시오.

- 객실 바닥면적은 각 150m²로 모두 동일하다.
- 종사자 수는 10명이다.
- 복도의 면적은 50m²이다.

① 500명
② 505명
③ 510명
④ 520명

39 계통도가 다음과 같은 스프링클러설비의 작동순서로 옳지 아니한 내용을 고르시오.

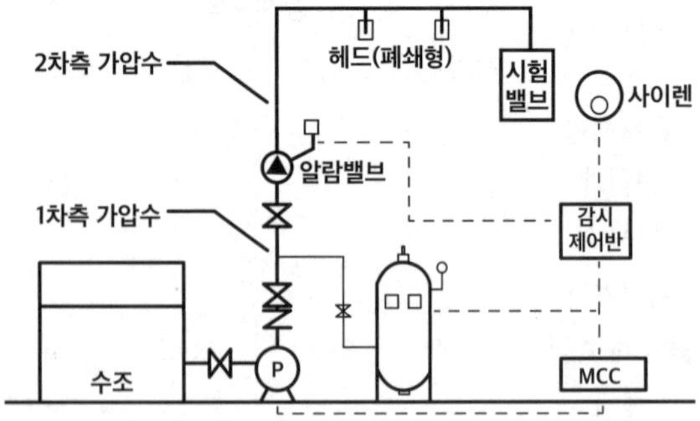

① 화재가 발생하면 헤드가 개방, 압축공기 또는 축압된 질소가스 등이 방출된다.
② 2차측 배관 압력이 저하되면 1차측 압력에 의해 유수검지장치의 클래퍼가 개방된다.
③ 압력스위치가 작동하면 사이렌 경보 작동, 화재표시등 및 밸브개방표시등이 점등된다.
④ 배관 내 압력이 저하되어 펌프가 기동된다.

40 소방시설의 점검 중 감시제어반에서 확인되는 표시등의 점등 상태 및 스위치의 위치가 다음과 같았을 때 발생되는 상황으로 가장 타당한 설명을 고르시오. (단, 문제에서 제시된 상황 외의 조건은 고려하지 않는다.)

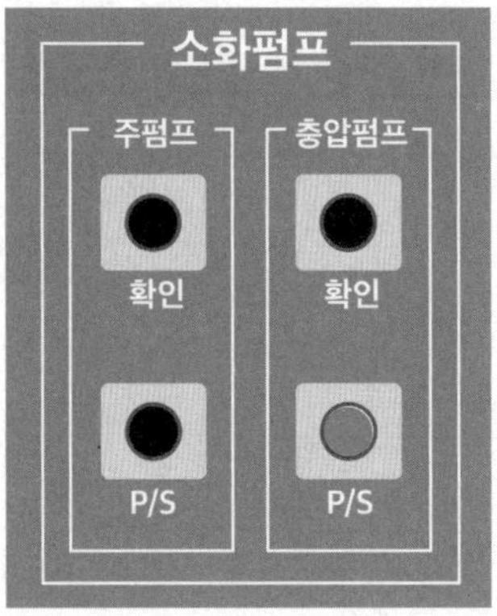

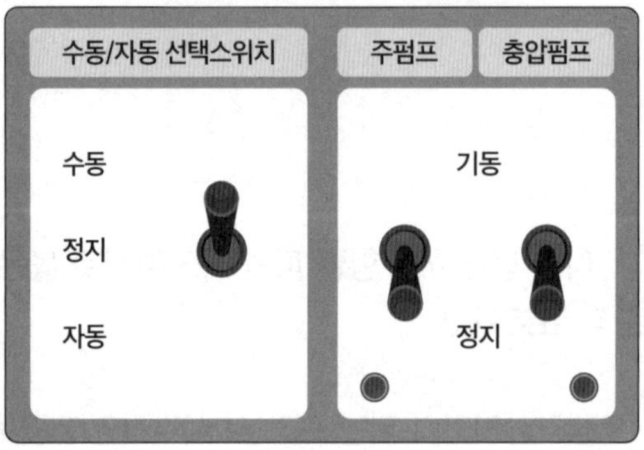

① 화재 발생 시 주펌프는 자동으로 기동된다.
② 현재 충압펌프만 수동으로 기동된 상태이다.
③ 펌프운전 선택스위치를 '자동' 위치에 두면 충압펌프 확인등에 점등되어야 한다.
④ 압력스위치의 동작으로 충압펌프가 자동 기동되었다.

41 다음은 P형 수신기의 동작시험 방법을 나타낸 표이다. 표를 참고하여 제시된 내용 이후의 복구 방법 및 순서를 ⓐ~ⓒ에서 찾아 순서대로 나열하시오. (단, 회로선택 스위치는 로터리방식이다.)

(1) 오동작 방지기능이 내장된 축적형 수신기의 경우, 축적·비축적 선택 스위치를 비축적 위치에 두고 시험을 진행한다. (2) 동작시험 및 자동복구 시험스위치를 누른다. (3) 회로선택 스위치를 차례로 회전시키며 시험을 진행한다. (4) 표시등의 점등 여부와 음향 장치의 작동 여부 등 동작을 확인하고, 고장이 있을 시 즉시 수리한다.

ⓐ 각 경계구역의 표시등 및 화재표시등이 소등된 것을 확인한다. ⓑ 회로선택 스위치를 초기 위치로 복구한다. ⓒ 동작시험 및 자동복구 시험스위치를 복구한다.

① ⓐ - ⓑ - ⓒ
② ⓑ - ⓐ - ⓒ
③ ⓑ - ⓒ - ⓐ
④ ⓒ - ⓐ - ⓑ

42 다음 중 비화재보의 원인별 대책이 적절하지 아니한 경우를 고르시오.

① 주방에 비적응성 감지기를 설치하여 발생한 비화재보 : 정온식 감지기로 교체한다.
② 장마철 공기 중 습도가 증가함으로 인한 감지기의 오동작으로 발생한 비화재보 : 감지기를 이격 설치한다.
③ 먼지나 분진 등 청소 불량에 의한 감지기 오동작으로 발생한 비화재보 : 내부 먼지를 제거하고 복구스위치를 누른다.
④ 담배연기로 인한 연기감지기의 오동작 및 비화재보 : 흡연구역에 환풍기 등을 설치한다.

43 자위소방대의 인력편성에 대한 설명으로 옳지 아니한 것을 고르시오.

① 초기대응체계 편성 시 1명 이상은 수신반 또는 종합방재실에 근무하며 화재상황에 대한 모니터링 또는 지휘통제가 가능해야 한다.
② 휴일 및 야간에 무인경비시스템을 통해 감시하는 경우에는 무인경비회사와 비상연락체계를 구축하여 운영할 수 있도록 한다.
③ 소방안전관리대상물의 소방안전관리자를 자위소방대장으로 지정하고, 소방안전관리보조자를 부대장으로 지정한다.
④ 각 팀별 최소편성 인원은 2명 이상으로 한다.

44 옥내소화전설비를 구성하고 있는 각 설비에 대한 설명으로 옳은 것을 고르시오.

① 순환배관은 펌프의 토출측 체크밸브 이전에서 분기시켜 20mm 이상의 배관으로 설치한다.
② 체크밸브는 수원의 위치가 펌프보다 낮은 경우, 펌프 흡입측 배관 및 펌프에 물이 없어 펌프가 공회전하는 것을 방지하기 위해 보충수를 공급하는 역할을 한다.
③ 릴리프밸브는 체절압력 이상에서 개방하여 과압을 방출하고 펌프 내 수온이 상승하는 것을 방지한다.
④ OS&Y밸브는 수원이 펌프보다 아래에 설치된 경우 흡입측 배관의 말단에 설치하여 여과기능과 체크기능을 수행한다.

45 준비작동식 스프링클러설비의 점검을 위해 준비작동식 유수검지장치를 작동시키는 방법에 해당하지 아니하는 것을 고르시오.

① 수동조작함(SVP)의 수동조작스위치를 작동시킨다.
② 밸브에 부착된 수동기동밸브를 개방한다.
③ 해당 방호구역의 감지기 2개 회로를 작동시킨다.
④ 제어반에서 도통시험 스위치 및 회로선택 스위치를 조작하여 작동시킨다.

46 다음 제시된 소방시설의 점검 내용을 참고하여, 점검표의 점검 결과(㉠~㉣)가 옳지 아니한 것을 모두 고르시오.

점검항목	측정 결과
분말 소화기	• **제조 연월** : 2012. 03. 02 • 지시압력계 상태 
비상방송설비	조작부 위치 : 1.3m
수신기 예비전원시험	전압계 측정 결과 24V

구분	점검항목	점검결과
㉠	분말소화기 지시압력계 적정 여부	O
㉡	분말소화기 내용연수 적정 여부	X
㉢	비상방송설비 조작부 조작스위치 높이 적정 여부	O
㉣	예비전원시험 적합 여부	X

① ㉠, ㉢
② ㉠, ㉣
③ ㉡, ㉢
④ ㉡, ㉣

47 비상콘센트설비의 설치 기준에 대한 설명이 옳지 아니한 것을 고르시오.

① 각 층에서부터 하나의 비상콘센트까지의 수평거리 50m 이하마다 설치한다.
② 바닥으로부터 높이 0.8m 이상 1.5m 이하의 위치에 설치한다.
③ 아파트 또는 바닥면적 1,000m^2 미만인 층은 계단의 출입구로부터 10m 이내에 설치한다.
④ 바닥면적 1,000m^2 이상인 층(아파트 제외)은 각 계단의 출입구 또는 계단부속실의 출입구로부터 5m 이내에 설치한다.

48 감시제어반의 스위치 위치가 다음과 같을 때 동력제어반에서 점등이 확인되어야 하는 것을 (가)~(사)에서 모두 고르시오.

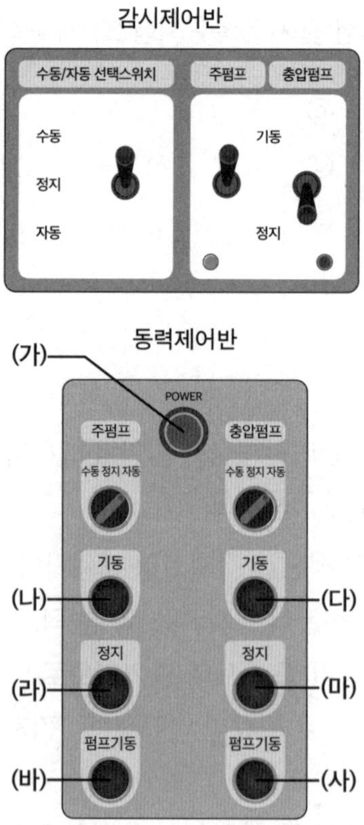

① (나), (바)
② (가), (나), (마)
③ (가), (다), (라), (사)
④ (가), (나), (마), (바)

49 다음의 그림을 참고하여 해당 설비에 대한 설명으로 옳지 아니한 것을 고르시오.

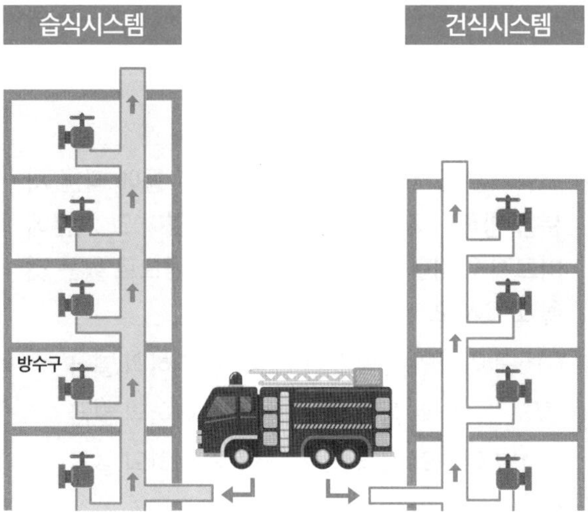

① 연소방지설비로 송수구, 방수구, 방수기구함, 배관으로 구성되어 있다.

② 건식은 연결송수관 배관 내부가 비어 있는 상태로 관리하며, 지면으로부터 높이가 31m 미만인 특정소방대상물 또는 지상 11층 미만인 특정소방대상물에만 설치한다.

③ 지면으로부터 높이가 31m 이상인 특정소방대상물에서는 습식 시스템을 설치한다.

④ 넓은 면적의 고층 또는 지하 건축물에 설치하며 화재 시 소방차로부터 가압수를 송수하고 소방관이 건축물 내에 설치된 방수구에 방수기구함에 비치된 호스를 연결하여 화재를 진압하는 데 사용하는 설비이다.

50 다음의 그림을 참고하여 해당 밸브에 대한 설명으로 옳은 것을 고르시오.

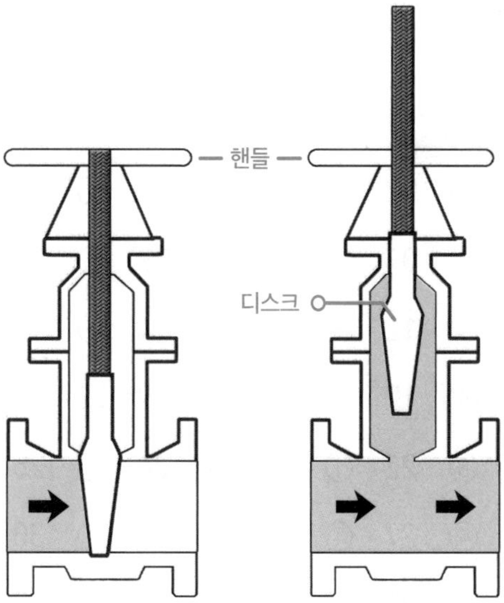

① 버터플라이밸브에 해당한다.

② 그림의 왼쪽은 밸브 개방상태, 그림의 오른쪽은 밸브 폐쇄상태이다.

③ 옥내소화전의 급수배관에 개폐밸브를 설치할 때 그림과 같은 밸브를 설치한다.

④ 마찰손실이 커서 펌프 흡입측에는 설치하지 않는다.

4회차 정답 및 해설

정답

01	②	02	④	03	②	04	②	05	③
06	①	07	③	08	④	09	①	10	①
11	③	12	③	13	①	14	④	15	③
16	④	17	①	18	③	19	②	20	②
21	③	22	①	23	③	24	③	25	②
26	④	27	①	28	④	29	③	30	④
31	④	32	②	33	②	34	③	35	②
36	③	37	②	38	③	39	①	40	③
41	③	42	②	43	③	44	①	45	④
46	②	47	③	48	④	49	①	50	③

01

소방기본법 제25조 제1항 강제처분 등에 따른 처분을 방해한 자 또는 정당한 사유 없이 그 처분에 따르지 아니한 자에게 부과되는 벌금으로 옳은 것을 고르시오.

① 5년 이하의 징역 또는 5천만원 이하의 벌금
② 3년 이하의 징역 또는 3천만원 이하의 벌금
③ 1년 이하의 징역 또는 1천만원 이하의 벌금
④ 300만원 이하의 벌금

답 ②

해 '강제처분 등'에 따른 처분을 방해하거나 또는 정당한 사유 없이 그 처분에 따르지 않은 경우 [3년 이하의 징역 또는 3천만원 이하의 벌금]이 부과될 수 있다.
강제처분 방해(따르지 않음)는 3년 3천!

02

소방안전관리보조자 선임대상물의 조건에 대한 설명으로 옳지 아니한 것을 고르시오.

① 300세대 이상인 아파트는 1명을 선임하되, 초과되는 300세대마다 1명 이상을 추가로 선임한다.

② 공동주택 중 기숙사, 의료시설, 노유자시설은 1명을 선임한다.

③ 아파트 및 연립주택을 제외하고, 연면적이 1만5천제곱미터 이상인 특정 소방 대상은 1명을 선임하되, 초과되는 연면적 1만5천제곱미터마다 1명 이상을 추가로 선임한다.

④ 숙박시설로 사용되는 바닥면적의 합계가 2천500제곱미터 미만이고 관계인이 24시간 상시 근무하고 있는 숙박시설은 선임 대상에서 제외된다.

답 ④

해 소방안전관리보조자를 선임해야 하는 대상은 다음과 같다.

1. 300세대 이상 아파트	• 기본 1명 • 초과되는 300세대 마다 1명 이상 추가
2. (아파트X) 연면적 만오천 이상 특정소방대상물	• 기본 1명 • 초과되는 만오천m^2마다 1명 이상 추가
3. 기숙사, 의료·노유자·수련·숙박시설	• 1명

☑ 숙박시설로 사용되는 바닥면적 합계가 **1,500m^2 미만**이고 관계인 24시간 상주 시 제외

따라서 ①~③번까지의 설명은 옳지만, ④번에서 선임대상물 제외(면제) 조건은 2,500m^2 미만이 아니라 1,500m^2 미만이므로 옳지 않은 설명은 ④.

03

위험물 안전관리자의 선임 및 대리자의 지정에 대한 설명으로 옳지 아니한 것을 고르시오.

① 제조소등의 관계인은 위험물안전관리자가 해임 또는 퇴직한 때에는 30일 이내에 새로운 안전관리자를 다시 선임해야 한다.

② 제조소등의 관계인은 위험물안전관리자의 선임 시 14일 이내에 소방청장에게 신고하여야 한다.

③ 안전관리자가 여행·질병, 그 밖의 사유로 일시적으로 직무를 수행할 수 없는 경우 제조소등의 관계인은 대리자를 지정하여 직무를 대행하도록 할 수 있다.

④ 대리자가 직무를 대행하는 경우 대행 기간은 30일 이하로 한다.

답 ②

해 관계인은 위험물안전관리자의 선임 시 14일 이내에 '소방본부장 또는 소방서장'에게 선임신고를 해야 하므로, 소방청장이라고 서술한 ②의 설명이 옳지 않다.

Tip

소방안전관리자의 선임과 위험물안전관리자의 선임 기준일과 신고 대상은 동일하다!

- 선임 : 30일 내
- 신고 : 14일 내(소방본·서장)

[참고] 위험물안전관리자의 대리자

- 안전관리자의 여행·질병(그 밖의 사유) 또는 기존 안전관리자의 해임·퇴직과 동시에 다른 안전관리자를 선임하지 못하는 경우 대리자 대행 가능!
- 대리자의 대행 기간 : 30일 이하!
- 대리자의 요건 : 위험물 취급 자격취득자, 안전교육을 받은 자, 위험물안전관리 업무에서 안전관리자를 지휘·감독하는 직위에 있는 자

04

업무상 과실로 제조소등 또는 허가를 받지 않고 지정수량 이상의 위험물을 저장 또는 취급하는 장소에서 위험물을 방출·유출 또는 확산시켜 사람의 생명·신체 또는 재산에 위험을 발생시킨 자에게 부과되는 벌금을 고르시오.

① 1년 이상 10년 이하의 징역
② 7년 이하의 금고 또는 7천만원 이하의 벌금
③ 3년 이하의 징역 또는 3천만원 이하의 벌금
④ 1천500만원 이하의 벌금

답 ②

해

CHECK POINT!

위험물의 **유출·방출·확산**으로 사람의 생명·신체·재산상 위험을 발생시킨 자는 1년~10년 이하의 징역이지만, 이때 '업무상 과실'인 경우에는 7년 이하의 금고 또는 7천만원 이하의 벌금에 해당한다. 문제에서는 업무상 과실로 발생한 경우를 묻고 있으므로 답은 ②.

05

소방신호의 종류별 타종 방법이 옳은 하나를 고르시오.

구분	신호종류	타종법
①	해제신호	짧은 간격을 두고 1타씩 반복
②	경계신호	난타
③	훈련신호	연3타 반복
④	발화신호	1타와 연2타 반복

답 ③

해 소방신호의 종류별 타종법은 다음과 같다.

(1) 경계신호 : 1타+연2타 반복
(2) 발화신호 : 난타 → **(가장 다급함!)**
(3) 해제신호 : 상~~당한 간격을 두고 1타씩 반복
(4) 훈련신호 : 연3타 반복

따라서 옳게 서술한 것은 ③.

암기TIP은 유튜브 [챕스랜드] 소방안전관리자 1급 2024 - 4편 참고.

06

다음 제시된 건축물의 일반현황을 참고하여 해당 대상물에 대한 설명으로 옳은 것을 고르시오.

구분	건축물 일반현황
명칭	멋진우리빌딩
용도	판매시설, 근린생활시설
사용승인일	• 2014년 2월 14일
규모/구조	• **연면적** : 10,600m² • **층수** : 지상 11층 • **높이** : 48m
소방시설	• 옥내소화전, 스프링클러설비, 자동화재탐지설비, 제연설비

① 방염성능 기준 이상의 실내장식물 등을 설치해야 하는 특정소방대상물이다.

② 연면적이 15,000m² 미만이므로 2급소방안전관리대상물이다.

③ 작동점검 제외 대상에 해당한다.

④ 2024년 8월에 종합점검을 실시한다.

답 ①

해 **[옳지 않은 이유]**

② 지상층의 층수가 11층 이상인 특정소방대상물에 해당하므로 해당 대상물은 1급 소방안전관리대상물이다.

③ 작동점검 제외 대상은 (1) 소방안전관리자를 선임하지 않는 대상 (2) 특급대상물 (3) 위험물제조소등이므로, 문제의 대상물은 이 중 어느 조건에도 해당하지 않는다.

④ 멋진우리빌딩은 스프링클러설비가 설치되어 있으므로 종합점검과 작동점검을 모두 시행하는 대상물인데, 사용승인일이 2월이었으므로 매년 2월에 종합을 / 6개월 뒤인 매년 8월에 작동점검을 실시한다. 따라서 2024년 2월에는 종합 / 2024년 8월에는 작동점검을 실시.

(아파트를 제외하고) 11층 이상의 특정소방대상물은 방염성능 기준 이상의 실내장식물 등을 설치해야 하는 대상이므로 옳은 설명은 ①.

07

소방안전관리자 항하사씨는 A회사에 선임 후, 다음과 같이 B회사로 이직하였다. 이때 항하사씨의 다음 실무교육에 대한 설명으로 옳은 것을 고르시오.

- A회사 선임 : 2022. 08. 19
- A회사에서 실무교육 이수 : 2023. 01. 13
- B회사로 이직(선임) : 2023. 12. 17

① 2024년 7월 16일까지 실무교육을 이수한다.

② 2024년 12월 16일까지 실무교육을 이수한다.

③ 2025년 1월 12일까지 실무교육을 이수한다.

④ 2025년 12월 16일까지 실무교육을 이수한다.

답 ③

해 「소방안전관리 강습교육 또는 실무교육을 받은 후 1년 이내에 소방안전관리자로 선임된 사람은 해당 강습 교육을 수료하거나 실무교육을 이수한 날에 실무교육을 이수한 것으로 본다.」

즉, 항하사씨는 (A사에서) 23년 1월 13일에 실무교육을 이수하고 그로부터 1년 이내에 (B사에 이직하여) 선임되었으므로, 23년 1월 13일에 받았던 실무교육이 유효한 것으로 보고, 다음번 실무교육은 그로부터 2년 후가 되기 하루 전인 25년 1월 12일까지 실시하도록 한다.

08

건축법에서 정하는 방화구획과 관련된 것들에 대한 설명이 옳지 아니한 것을 고르시오.

① 주요구조부가 내화구조 또는 불연재료로 된 건축물로서 연면적이 1,000m²를 넘는 것은 방화구획 설치대상이다.

② 자동방화셔터는 피난이 가능한 60분 방화문 또는 60분+방화문으로부터 3m 이내에 별도로 설치한다.

③ 30분 방화문은 연기 및 불꽃을 차단할 수 있는 시간이 30분 이상 60분 미만인 방화문을 뜻한다.

④ 자동방화셔터는 불꽃이나 연기를 감지한 경우 완전 폐쇄, 열을 감지한 경우 일부 폐쇄되는 구조로 한다.

답 ④

해 자동방화셔터는 (오동작 가능성이 있는) 연기·불꽃 감지 시 '일부' 폐쇄되는 구조여야 하고, 그에 비해 화재 가능성이 높은 열 감지 시 '완전' 폐쇄되는 구조여야 하므로 반대로 서술한 ④의 설명이 옳지 않다.

[참고] 방화문의 구분

60분+방화문	연기·불꽃 차단 60분 이상 + 차열(열 차단) 30분 이상
60분 방화문	연기·불꽃 차단 60분 이상
30분 방화문	연기·불꽃 차단 30분 이상(60분 미만)

09

종합방재실의 설치 장소와 구조 및 면적에 대한 설명으로 옳지 아니한 것은?

① 화재 및 침수로 인한 피해 우려가 적고, 소방대가 쉽게 도달할 수 있는 곳에 설치해야 한다.

② 종합방재실의 면적은 20m² 미만으로 하고, 출입문에는 통제 장치를 갖추어야 한다.

③ 재난정보 수집 및 제공, 방재 활동의 거점 역할을 할 수 있는 곳에 설치한다.

④ 공동주택의 경우 관리사무소 내에 설치할 수 있다.

답 ②

해 종합방재실의 출입문에 통제 장치를 갖추어야 하는 것은 맞지만, 종합방재실의 설치 시 면적은 20m² '이상'이어야 하므로 미만으로 서술한 ②의 설명이 옳지 않다.

참고로 종합방재실은 원칙적으로 1층 또는 피난층에 설치해야 하지만, 공동주택의 경우에는 관리사무소 내에 설치할 수 있다.

또 비상용 승강장 및 특별피난계단으로의 이동이 쉬운 곳, 거점 역할을 할 수 있는 곳, 소방대가 쉽게 도달할 수 있는 곳, 피해 우려가 적은 곳에 설치해야 한다.

10

다음 중 종합점검 대상에 대한 설명으로 옳지 아니한 것을 고르시오.

① 공공기관 중 연면적(터널·지하구의 경우 그 길이와 평균 폭을 곱하여 계산된 값)이 1,500m^2 이상인 것으로서 옥내소화전설비 또는 자동화재탐지설비가 설치된 것은 종합점검 대상이다.

② 물분무등소화설비가 설치된 연면적 5,000m^2 이상인 특정소방대상물은 종합점검 대상이다.

③ 제연설비가 설치된 터널은 종합점검 대상이다.

④ 학교의 경우 해당 건축물의 사용승인일이 1월에서 6월 사이에 있는 경우 6월 30일까지 종합점검을 실시할 수 있다.

답 ①

해 공공기관은 연면적 1,000m^2 이상인 것으로서 옥내소화전·자탐설비가 설치된 것이면 종합점검 대상이다. ①번에서는 1,500m^2로 서술하고 있으므로 옳지 않은 설명이다.

Tip 종합점검 대상 핵심 키워드

- 소방시설등 '신설' → 최초점검
- 스프링 설치
- 물분무 5천
- 다중이 2천
- 제연 터널
- 공공기관 천 + 옥내·자탐

11

다음 중 초고층 건축물 등의 재난 및 안전관리 업무 총괄자인 총괄재난관리자에 대한 설명으로 옳지 아니한 것을 고르시오.

① 초고층 건축물 등을 건축한 경우 관리주체는 건축물의 사용승인 또는 사용검사 등을 받은 날로부터 30일 내에 총괄재난관리자를 지정해야 한다.

② 총괄재난관리자로 지정된 날부터 6개월 내에 소방청장이 실시하거나 소방청장이 지정하는 기관이 실시하는 교육을 받아야 하며, 그 후 2년마다 1회 이상 보수교육을 받아야 한다.

③ 초고층 건축물 등의 관리주체는 총괄재난관리자를 지정한 날부터 14일 이내에 소방청장에게 지정 등록 신청을 제출하여야 한다.

④ 특급소방안전관리자 선임 자격이 있는 사람은 총괄재난관리자 자격을 갖는다.

답 ③

해 초고층 건축물 등의 관리주체는, 기준일로부터 30일 내에 총괄재난관리자를 지정하고, 지정한 날부터 14일 내에 **시·군·구** 재난안전대책본부의 **본부장**에게 지정 등록을 신청해야 한다. ③번에서는 지정 등록 신청을 소방청장에게 한다고 서술하고 있으므로 옳지 않은 설명은 ③.

[참고1] 총괄재난관리자 지정 기준일(30일 내 지정)

(1) 초고층 건축물 건축 : 사용승인·사용검사 등을 받은 날

(2) 용도변경(수용인원 증가)으로 초고층 건축물이 됨 : 건축물대장에 용도변경 기록된 날

(3) 양수·경매·매각으로 인수 : 양수·인수한 날

(4) 전임자가 해임·퇴직 : 해임·퇴직한 날

[참고2] 총괄재난관리자에 대한 교육

- 교육 대상 : 총괄재난관리자
- 교육 시기 : 총괄재난관리자로 지정된 날부터 6개월 내 → 이후 2년마다 1회 이상 보수교육
- 교육 실시자 : 소방청장(소방청장이 지정하는 기관)

12

다음 제시된 평면도 및 설명을 참고하여, 계단의 종류 중에서 그림에 표시된 부분의 계단에 대한 설명으로 옳지 아니한 것을 고르시오.

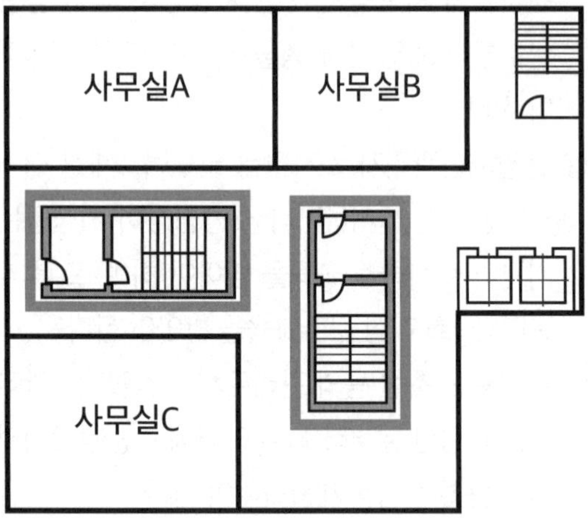

- 해당 평면도는 13층을 나타낸 것이다.
- 표시된 부분의 계단은 해당 층으로부터 피난층 또는 지상으로 통하는 직통계단이다.
- 건축물의 내부 다른 부분과 방화구획 및 계단실과 옥내 사이에 노대 또는 부속실을 설치한 직통계단으로 피난계단보다 높은 피난 안전성을 확보할 수 있다.

① 계단실에는 예비전원에 의한 조명설비를 설치한다.

② 동선은 옥내 → 복도 → 부속실 또는 노대 → 계단실 → 피난층의 구조로 형성되어 있다.

③ 건축물의 내부와 계단실은 노대를 통해 연결하거나 외부를 향해 열 수 있는 면적 $2m^2$ 이상인 창문 또는 배연설비가 있는 면적 $3m^2$ 이상인 부속실을 통해 연결되어야 한다.

④ 계단실·노대·부속실에 설치하는 건축물의 바깥쪽에 접하는 창문 등은 계단실·노대·부속실 외의 당해 건축물의 다른 부분에 설치하는 창문 등으로부터 2m 이상 거리를 두고 설치해야 한다.

답 ③

해 건축물의 11층 이상인 층(또는 지하 3층 이하인 층)으로부터 피난층 또는 지상으로 통하는 직통계단은 [특별피난계단]으로 설치해야 하고, 또한 노대 또는 부속실을 거치는 구조 역시도 [특별피난계단]에 해당하는 설명이므로 문제에서 제시된 계단은 **'특별피난계단'**에 해당한다.

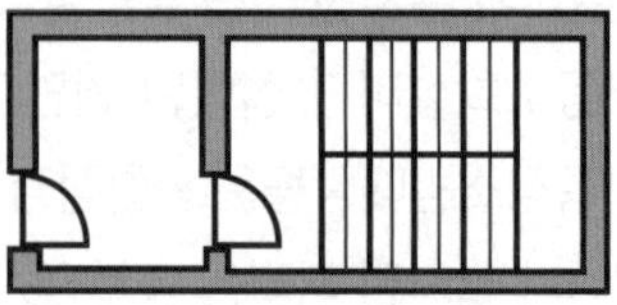

부속실 → 계단실

이러한 특별피난계단의 부속실은 외부를 향해 열 수 있는 면적 $1m^2$ 이상의 창문이나 또는 배연설비가 있는 것으로 면적 $3m^2$ 이상이어야 하므로, 외부로 열 수 있는 창문의 면적을 $2m^2$ 이상으로 서술한 ③번의 설명이 옳지 않다.

[참고] 특별피난계단의 구조

동선	옥내 → 복도 → 부속실(노대) → 계단실 → 피난층
연결	내부와 계단실의 연결 (1) 노대를 통해 연결 **(2) 부속실을 통해 연결** : 부속실은 외부를 향해 열 수 있는 창문($1m^2$ 이상) 또는 배연설비가 있는 면적 $3m^2$ 이상의 부속실
재료/마감	내화구조 / 불연재
조명	**예비전원에 의한 조명설비**
외창	**건물 바깥쪽에 접하는 창문은 해당 건물의 다른 부분에 설치하는 창문 등으로부터 2m 이상 거리 두고 설치**

[13~14] 다음 제시된 특정소방대상물의 조건을 참고하여 각 질문에 답하시오.

- 명칭 : K터널
- 길이 : 1.8Km
- 사용승인일 : 2021. 05. 17
- 소방시설 현황 : 소화기구, 옥내소화전설비, 물분무등소화설비, 제연설비, 무선통신보조설비

13

K터널의 종합점검에 대한 설명으로 옳은 것을 고르시오.

① 2024년 5월에 종합점검을 실시한다.
② 2024년 8월에 종합점검을 실시한다.
③ 2024년 11월에 종합점검을 실시한다.
④ 종합점검은 실시하지 않고 작동점검만 실시하는 대상물로 2024년 5월에 작동점검을 실시한다.

답 ①

해 제연설비가 설치된 터널은 종합점검 실시 대상이므로, 매년 사용승인일이 속하는 달에 종합점검을 실시한다.
따라서 K터널의 종합점검에 대한 설명으로 옳은 것은, 사용승인일이 속하는 달(5월)인 2024년 5월에 종합점검을 실시한다고 설명한 ①의 설명이 옳다.

14

K터널에 선임할 수 있는 소방안전관리자의 자격으로 옳지 아니한 것을 고르시오.

① 소방설비기사 또는 소방설비산업기사 자격이 있는 사람으로서 1급소방안전관리자 자격증을 발급받은 사람
② 소방공무원 근무 경력이 20년 이상인 사람으로 특급소방안전관리자 자격증을 발급받은 사람
③ 소방공무원 근무 경력이 7년 이상인 사람으로 1급소방안전관리자 자격증을 발급받은 사람
④ 3급소방안전관리자 시험에 합격하여 3급소방안전관리자 자격증을 발급받은 사람

답 ④

해 [2급 소방안전관리 대상물]의 범위에는 '옥내소화전설비를 설치해야 하는 특정소방대상물'이라는 조건이 포함되는데, 여기서 말하는 '옥내소화전을 설치해야 하는 특정소방대상물' 중에는 길이가 1천m 이상인 터널이 포함된다.
따라서 길이가 1,800m(1.8Km)인 K터널은 최소 2급소방안전관리대상물 이상이므로 ① ~ ③까지 특급 또는 1급 소방안전관리자 자격을 갖춘 사람을 소방안전관리자로 선임할 수 있지만, 하위 등급인 3급소방안전관리자는 소방안전관리자로 선임할 수 없으므로 K터널의 선임 자격에 해당하지 않은 것은 ④.

15

고체의 연소 형태별 예시로 적절하지 아니한 것을 고르시오.

① 자기연소 - 제5류위험물, 폭발성 물질

② 증발연소 - 양초, 황, 열가소성수지

③ 분해연소 - 글리세린, 중유

④ 표면연소 - 숯, 코크스, 목재의 말기연소

답 ③

해 글리세린이나 중유는 '액체'의 분해연소 예시로, 고체의 연소 형태로 볼 수 없다. 따라서 옳지 않은 설명은 ③.

고체의 분해연소는 목재, 종이, 석탄 등의 연소 형태가 고체의 분해연소에 해당한다.

[참고] 연소의 형태별 예시

고체	분해	목재, 종이, 석탄
	증발	고체파라핀(양초), 황, 열가소성수지
	표면	= **작열연소, 무염연소** : 숯, 코크스, 금속(마그네슘), 목재의 말기연소
	자기	제5류위험물(자기반응성 물질), 폭발성물질
액체	증발	대부분의 액체
	분해	글리세린, 중유
기체	확산	분출된 기체의 확산 및 혼합으로 연소범위 내에서 연소
	예혼합	가연성 기체와 공기를 (미리) 혼합하여 노즐을 통해 공급

16

다음 중 임시소방시설의 종류에 포함되는 것을 모두 고르시오.

㉠ 누전경보기

㉡ 간이소화장치

㉢ 비상콘센트설비

㉣ 간이피난유도선

㉤ 방화포

㉥ 비상경보장치

㉦ 자동화재속보설비

① ㉠, ㉡, ㉣, ㉦

② ㉡, ㉢, ㉣, ㉤

③ ㉠, ㉢, ㉣, ㉥

④ ㉡, ㉣, ㉤, ㉥

답 ④

해 임시소방시설의 종류는 다음과 같다.

① 소화기 ② 간이소화장치 ③ 비상경보장치 ④ 가스누설경보기 ⑤ 간이피난유도선 ⑥ 비상조명등 ⑦ 방화포.

따라서 여기에 포함되지 않는 ㉠ 누전경보기, ㉢ 비상콘센트설비, ㉦ 자동화재속보설비를 제외한 ㉡, ㉣, ㉤, ㉥만이 임시소방시설에 포함되므로 정답은 ④.

17

위험물안전관리법에서 정하는 용어의 정의 및 위험물의 저장·취급 시 기준에 대한 설명으로 옳지 아니한 것을 고르시오.

① 지정수량은 제조소등의 설치허가 등에 있어서 저장 및 취급할 수 있는 최대 수량의 기준이 된다.

② 지정수량 미만인 위험물의 저장 또는 취급에 관한 기준은 시·도 조례로 정한다.

③ 위험물이란 인화성 또는 발화성 등의 성질을 갖는 것으로써 대통령령으로 정하는 물품을 말한다.

④ 지정수량이란 위험물의 종류별로 위험성을 고려하여 대통령령이 정하는 수량을 말한다.

답 ①

해 지정수량은 제조소등의 설치 허가 등에 있어서 '최저의 기준'이 되는 수량을 의미하므로, 저장 및 취급할 수 있는 최대 수량이라고 서술한 ①의 설명이 옳지 않다.

Tip! 위험물과 지정수량 핵심키워드

위험물	• 인화성 또는 발화성 • 대통령령
지정수량	• 종류별 위험성을 고려하여 대통령령으로 정하는 수량 • 제조소등의 설치·허가 시 최저 기준이 되는 수량

• **지정수량 이상** : 제조소등에서 저장·취급

• **지정수량 미만 : 시·도조례 따름**

18

방화구획 설치기준에 대한 설명으로 옳지 아니한 것을 고르시오.

① 층별 구획 시 매층마다 구획한다. 다만, 지하 1층에서 지상으로 직접 연결하는 경사로 부위는 제외한다.

② 스프링클러설비가 설치된 6층은 면적별 구획 시 바닥면적 3,000m² 이내마다 구획한다.

③ 자동식 소화설비를 설치하지 아니하고 실내 마감이 불연재가 아닌 11층은 면적별 구획 시 바닥면적 600m² 이내마다 구획한다.

④ 실내 마감이 불연재이고 스프링클러설비가 설치된 15층은 면적별 구획 시 바닥면적 1,500m² 이내마다 구획한다.

답 ③

해 방화구획 설치기준은 다음과 같다.

구획	기준	스프링클러(자동식 소화) 설치 시 X 3배
층별	• 매 층마다 • 지하1층에서 지상으로 직접 연결하는 경사로 제외	
면적별	• **10층 이하** : 바닥면적 1,000m² 이내	• **10층 이하** : 바닥면적 3,000m² 이내
	• **11층 이상** : 바닥면적 200m² 이내 (실내마감 **불연재** : 바닥면적 500m² 이내)	• **11층 이상** : 바닥면적 600m² 이내 (실내마감 **불연재** : 바닥면적 1,500m² 이내)

③번의 11층은 **'11층 이상'**에 해당하므로, ③번 지문과 같이 실내마감이 불연재가 아닌 경우에는 **바닥면적 200m² 이내** 기준이 적용된다. (11층 이상, 실내마감이 불연재인 경우는 500m² 이내)그리고 이때 자동식 소화설비(스프링클러설비)도 설치하지 않는다고 했으므로 적용되는 기준은 그대로 바닥면적 200m² 이내마다 구획이 적용된다. 따라서 600m²라고 서술한 ③번의 설명이 옳지 않다. (참고로 600m² 이내 기준이 적용되는 것은 11층 이상(불연재X) + 스프링클러(자동식 소화) 설치했을 때 600m² 기준이 적용된다.)

19

연면적이 85,000m²인 특정소방대상물에서 선임해야 하는 소방안전관리보조자의 최소 선임 인원을 고르시오. (단, 해당 대상물은 아파트가 아니다.)

① 4명
② 5명
③ 6명
④ 7명

답 ②

해 (아파트 제외) 연면적이 15,000m² 이상인 특정소방대상물은 소방안전관리보조자를 선임해야 하는데, 이때 소방안전관리보조자의 최소 선임 명수는 [대상물의 연면적 ÷ 15,000]으로 계산한다.
따라서 85,000 ÷ 15,000 = 5.6으로 (소수점 이하는 버린 정수로 함) 최소 5명 이상을 선임하는 것으로 계산할 수 있다. 따라서 정답은 ②.

Tip
보조자 선임 계산 시, **소수점 이하는 버림!**

20

제시된 그림과 조건을 참고하여 해당 건축물의 높이를 산정하시오.

- 건축물의 건축면적 : 1,300m²
- 옥상부분 A의 수평투영면적 : 80m²
- 옥상부분 B의 수평투영면적 : 70m²

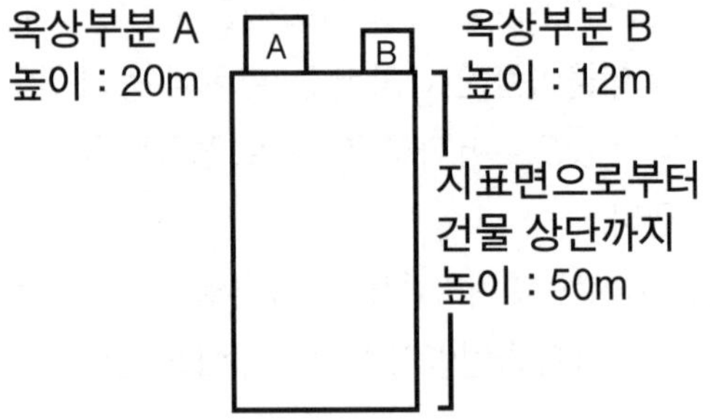

① 52m
② 58m
③ 62m
④ 70m

해 ②

해 (1) 옥상부분 수평투영면적의 합계가 건축물의 건축면적의 8분의 1을 넘으면(초과) 옥상부분의 높이 전부를 산입하지만,
(2) 옥상부분 수평투영면적의 합계가 건축물의 건축면적의 8분의 1 이하인 경우에는 옥상부분의 높이가 12m를 넘는 부분만 건축물의 높이에 산입한다.

문제의 경우, 옥상부분 A와 B의 수평투영면적의 합계는 150m²로, 건축물의 건축면적인 1,300m²의 8분의 1(162.5) '이하'에 해당한다.
따라서 옥상부분 중에서 높이가 12m를 넘는 부분만 산입하므로, 지표면으로부터 건물 상단까지의 높이인 50m에 + (옥상부분 중 12m를 넘는) 8m를 산입하여 건축물의 높이는 총 58m로 산정할 수 있다. 따라서 정답은 ②.

21

자체점검 결과 보고를 마친 관계인은 자체점검과 관련된 사항을 점검기록표에 기록하여 게시하여야 하는데, 이를 위반하여 점검기록표를 기록하지 아니하거나 특정소방대상물의 출입자가 쉽게 볼 수 있는 장소에 게시하지 아니한 관계인에게 부과되는 벌칙으로, 2차 위반 시 부과되는 과태료를 고르시오.

① 100만원

② 150만원

③ 200만원

④ 300만원

답 ③

해 점검기록표를 기록하지 아니하거나 특정소방대상물의 출입자가 쉽게 볼 수 있는 장소에 게시하지 아니한 관계인은 300만원 이하의 과태료 조항이 부과되는데, 이때 1차 위반 시 100만원, 2차 위반 시 200만원, 3차 위반 시 300만원의 과태료가 차등 부과된다.

문제에서는 2차 위반 시 과태료를 묻고 있으므로 정답은 ② 200만원.

Tip 과태료가 차등부과되는 비슷한 조항

- 점검기록표를 기록하지 아니하거나 특정소방대상물의 출입자가 쉽게 볼 수 있는 장소에 게시하지 아니한 관계인
- 피난시설, 방화구획 또는 방화시설을 폐쇄·훼손·변경 등의 행위를 한 자
- 건설현장 소방안전관리대상물의 소방안전관리자의 업무를 하지 아니한 경우
- 소방안전관리업무를 하지 아니한 특정소방대상물의 관계인 또는 소방안전관리대상물의 소방안전관리자
- 피난유도 안내정보를 제공하지 아니한 자
- 소방훈련 및 교육을 하지 아니한 자

공통	1차	2차	3차
	100만원	200만원	300만원

22

다음 중 화기 취급 작업 시 안전수칙 및 화재감시자의 관리감독 절차에 대한 설명이 옳지 아니한 것을 고르시오.

① 작업현장(반경 5m 이내)의 가연물을 이동 및 제거하거나 차단막 등을 설치하여 보호한다.

② 화기 작업 허가서는 작업구역 내에 게시하여 현장 내 작업자와 관리자가 화기작업에 대한 사항을 인지할 수 있도록 한다.

③ 화재감시자는 작업완료 시 해당 작업구역 내에 30분 이상 더 상주하면서 발화 및 착화 여부를 감시한다.

④ 작업 종료 통보 이후 추가적으로 3시간 이후까지 순찰 점검 등 현장 점검이 필요하다.

답 ①

해 화기취급작업 시 '11m 법칙'을 적용하여, 작업 현장 반경 11m 이내의 가연물을 이동·제거하거나 차단막 등을 설치하여 보호해야 한다. (참고로 용접·용단 작업 장소에 화재감시자를 배치할 때도배치할 때에도 11m 법칙이 적용된다)따라서 반경 5m 이내라고 서술한 ①번의 설명이 옳지 않다.

[참고] 화재감시자의 배치

(1) 작업반경 **11m 이내**에 건물구조 자체나 내부에 가연성 물질이 있는 장소

(2) 작업반경 11m 이내의 바닥 하부에 가연성물질이 11m 이상 떨어져 있지만 불꽃에 의해 쉽게 발화될 우려가 있는 장소

(3) 가연성물질이 금속으로 된 벽·칸막이 등에 인접해 있어 열전도나 열복사에 의해 발화될 우려가 있는 장소

23

다음 중 부과되는 벌금이 가장 큰 행위를 한 사람을 고르시오.

① 소방시설 등에 대한 종합점검을 실시하지 아니한 사람
② 피난 명령을 위반한 사람
③ 정당한 사유 없이 소방용수시설을 사용하거나 소방용수시설의 효용을 해치거나 그 정당한 사용을 방해한 사람
④ 소방안전관리자를 겸한 자

답 ③

해 ① - (소방시설등에 대한 점검 미실시) 1년 이하의 징역 또는 1천만원 이하의 벌금, ② - 100만원 이하의 벌금, ③ - 5년 이하의 징역 또는 5천만원 이하의 벌금, ④ - 300만원 이하의 과태료.
따라서 과태료에 해당하는 ④번은 제외하고, 벌금형 중에서 부과되는 벌금이 가장 큰 행위를 한 사람은 ③번.

24

다음 중 AED 사용 시 패드 부착 위치로 옳은 그림을 고르시오.

①

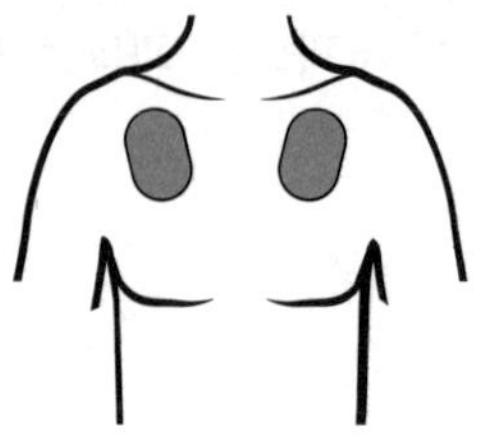

②

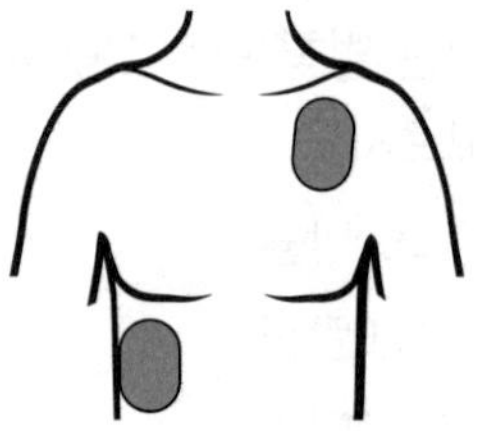

③

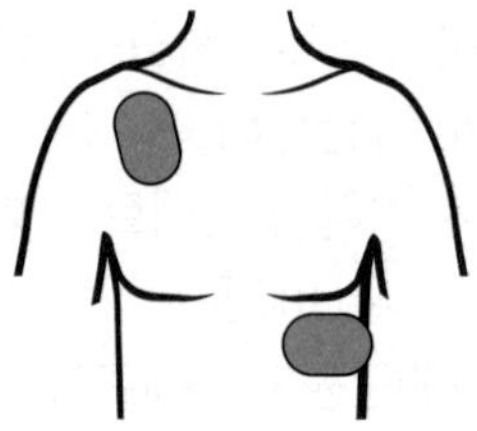

④

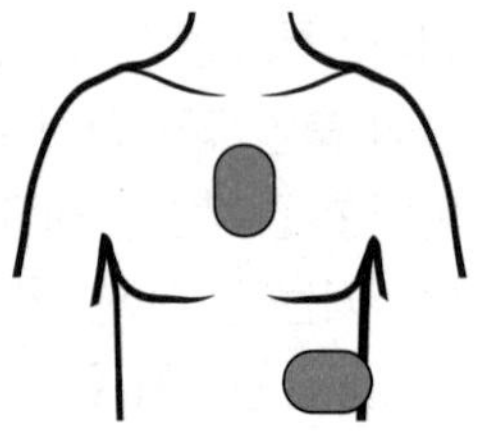

답 ③

해 AED(자동심장충격기) 사용 시 패드의 부착 위치는 다음과 같다.

- **패드1** : 오른쪽 빗장뼈 아래
- **패드2** : 왼쪽 젖꼭지 아래의 중간겨드랑선

따라서 이를 그림으로 나타낸 것은 ③번.

25

다음의 그림을 참고하여 지혈대 사용 방법을 순서대로 나열하시오.

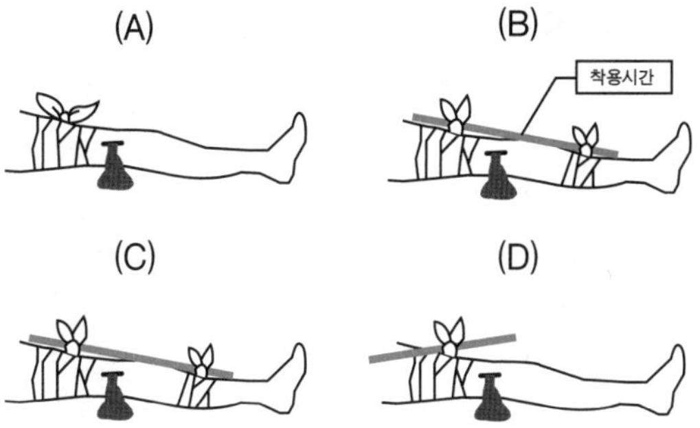

① (A) - (B) - (C) - (D)
② (A) - (D) - (C) - (B)
③ (A) - (B) - (D) - (C)
④ (A) - (D) - (B) - (C)

답 ②

해 지혈대는 절단과 같이 심한 출혈에 사용하는 최후의 수단으로, 관절 부위를 피해 5cm 이상의 넓은 띠를 사용하여 장착한다. 사용법의 순서는 다음과 같다.

(1) 출혈 부위에서 5~7cm 상단을 묶음
(2) 출혈이 멈추는 지점에서 조임을 멈춤
(3) 지혈대가 풀리지 않도록 정리(고정)
(4) 지혈대 착용 시간 기록(괴사의 위험이 있어서 장시간 착용 금지)

따라서 이에 대한 그림을 순서대로 나타낸 것은 ②.

26

가스계 소화설비의 점검을 위한 기동용기 솔레노이드밸브 격발시험 방법으로 옳지 아니한 설명을 고르시오.

구분	시험 방법	동작
①	수동조작함 작동	연동전환 후 수동조작함의 기동스위치 누름
②	교차회로 감지기 동작	연동전환 후, 방호구역 내 교차회로(A,B) 감지기 동작
③	제어반 수동조작 스위치 동작	솔레노이드밸브 선택스위치를 수동 및 기동 위치로 전환하여 동작
④	수동조작버튼 작동	연동전환 후 솔레노이드밸브에 부착되어 있는 수동조작 버튼을 안전클립 제거 후 누르면 지연시간 이후 격발

답 ④

해 수동조작버튼을 눌러서 격발시키는 방법은 즉시 격발되어야 하므로 지연시간 이후에 격발된다는 설명이 옳지 않다.

27

다음의 소방계획 수립절차 중 빈칸(ㄱ)~(ㄷ)에 들어가는 활동에 포함되지 아니하는 것을 고르시오.

1단계 (사전기획)	2단계 (위험환경 분석)	3단계 (설계/개발)	4단계 (시행 및 유지관리)
작성 준비 ↓ 요구 검토 ↓ 작성 계획 수립	(ㄱ) ↓ (ㄴ) ↓ (ㄷ)	목표/전략 수립 ↓ 실행계획 설계 및 개발	수립/시행 ↓ 운영/유지관리

① 위험환경 감시
② 위험환경 식별
③ 위험환경 분석/평가
④ 위험경감대책 수립

답 ①

해 **소방 계획의 수립 절차 중 2단계** : [위험환경 분석] 단계에서는, 대상물 내 위험 요인 등 위험환경을 식별한 후, 그에 대한 분석/평가를 통해 위험 요소를 경감시킬 수 있는 대책을 수립하는 과정을 거친다.
따라서 순서대로 (ㄱ)에는 위험환경 식별, (ㄴ)에는 위험환경 분석/평가, (ㄷ)에는 위험경감대책 수립이 포함되는데, 이에 위험환경 감시는 포함되지 않으므로, 2단계에서 해당 사항이 없는 것은 ①.

28

다음의 압력스위치 그림을 참고하여 펌프의 정지점과 기동점 세팅 값을 고르시오.

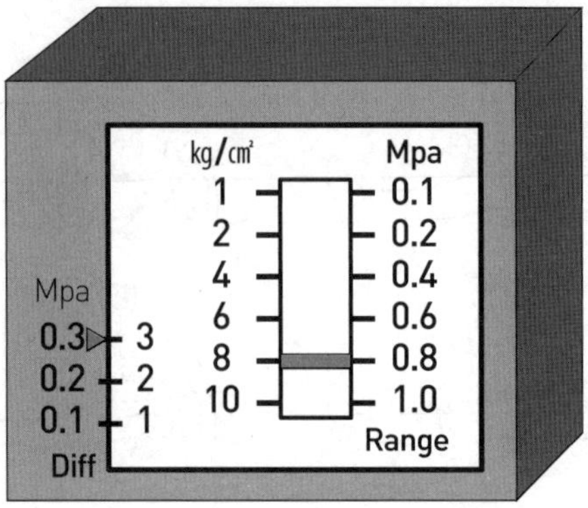

① 정지점 : 0.9MPa, 기동점 : 0.3MPa
② 정지점 : 0.9MPa, 기동점 : 0.6MPa
③ 정지점 : 0.8MPa, 기동점 : 0.3MPa
④ 정지점 : 0.8Mpa, 기동점 : 0.5MPa

답 ④

해 그림 상 오른쪽(Range)은 정지점을 나타내므로 정지점은 0.8MPa, 왼쪽은 Diff로 0.3MPa을 가리키고 있다.
이때 Diff는 (정지점 - 기동점)을 한 값이므로, 0.3(Diff)은 (0.8 - 기동점)을 통해 나온 값임을 알 수 있다.
그럼 기동점이 0.5일 때, 정지점(0.8) - 기동점(0.5) = Diff(0.3) 계산이 성립되므로, 기동점은 0.5Mpa.
따라서 정지점(Range)은 0.8MPa, 기동점은 0.5MPa로 정답은 ④.

29

화재 감지기를 다음과 같이 설치했을 때의 문제점과 올바른 설치 방식에 대한 옳은 설명을 고르시오.

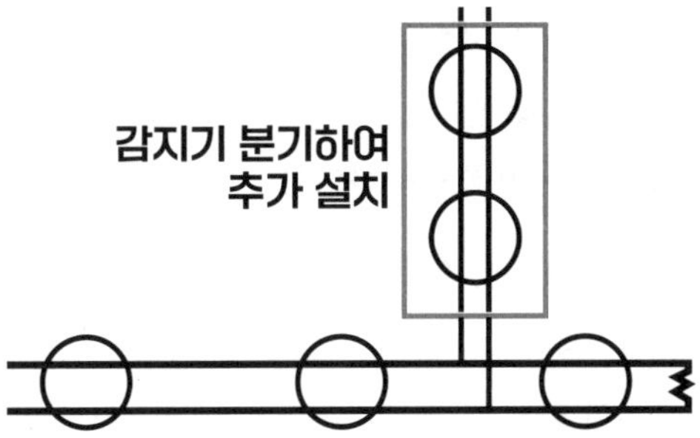

① 감지기 설치 면적이 유효하게 작용하기 어려우므로, 배선은 송배선식으로 한다.

② 감지기의 종류에 따라 화재감지 방식이 다를 수 있으므로 배선은 병렬방식으로 한다.

③ 수신기에서 감지기 사이 선로의 단선 여부를 확인하기 어려우므로, 원활한 도통시험을 위해 배선은 송배선식으로 한다.

④ 정전 시 예비전원에 의한 정상작동 여부를 확인하기 위한 예비전원시험이 원활하지 않을 수 있으므로 배선은 교차회로방식으로 한다.

답 ③

해 감지기의 배선은 '송배선식(송배전식)'으로 해야 한다.

이는, 감지기 사이 회로의 단선 유무 및 기기 접속 상황 등을 확인하기 위한 '도통시험'을 원활히 하기 위해서인데, 송배선식이 아닌, 도중에 분기하는 병렬방식으로 설치하게 되면 수신기에서 그 단선 여부를 확인하기 어렵기 때문에 원활한 도통시험을 위해서는 감지기 설치 시 하나의 회로에 감지기를 모두 연결하는 송배선식으로 해야 한다.

따라서 그림과 같이 설치했을 때의 문제점과 올바른 설치 방식에 대해 옳게 설명한 것은 ③번.

30

옥내소화전의 방수압력 측정 시 노즐의 선단에 피토게이지를 노즐 구경의 D/2만큼 근접시켜 측정한다. 이때 D/2 값으로 옳은 것을 고르시오.

① 19mm

② 13mm

③ 9.5mm

④ 6.5mm

답 ④

해 관경 또는 노즐의 구경은 옥내소화전은 13mm, 옥외소화전은 19mm이다.

방수압력 측정 시 피토게이지(방수압력측정계)의 거리를 D의 절반만큼(D/2) 근접시켜 측정하는데, 문제에서는 옥내소화전의 경우를 묻고 있으므로 옥내소화전의 노즐 구경(D)인 13mm의 절반(D/2) 값은 6.5mm가 된다.

31

소방대상물의 옥내소화전 방수압력 측정 시 측정되어야 하는 피토게이지의 압력 범위로 옳은 것을 고르시오.

①

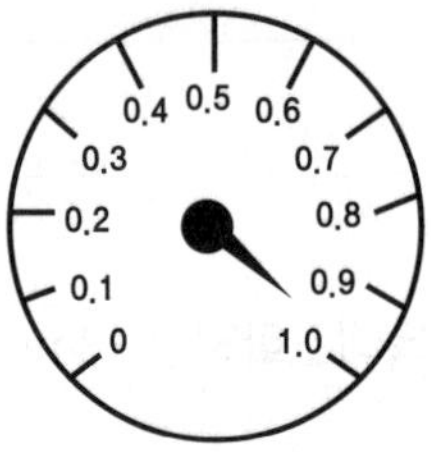

②

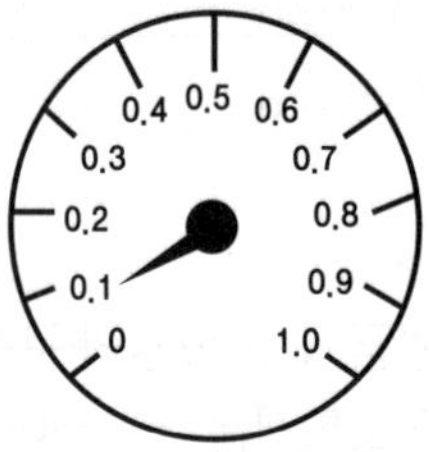

③

④

답 ④

해 옥내소화전의 방수압력 측정 시 피토게이지(방수압력측정계)의 적정 방수압력 범위는 0.17MPa 이상 0.7MPa 이하여야 하므로 이 범위 내에 있는 값을 나타낸 그림은 ④.

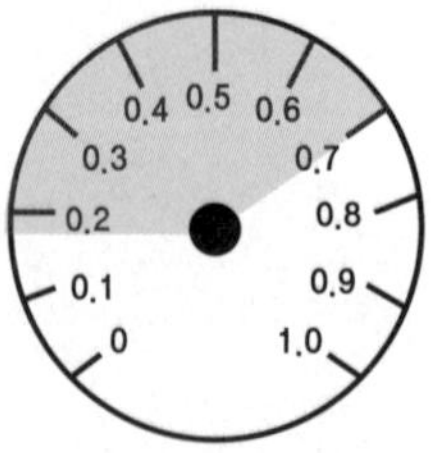

[옳지 않은 이유]

①번 : 0.9~1.0MPa로 초과

②번 : 0.1MPa 미만(미달)

③번 : 0.8~0.9MPa로 초과하므로 옳지 않다.

32

소방 교육 및 훈련의 실시원칙 중 다음의 지침을 따르는 원칙을 고르시오.

- 어떠한 기술을 어느 정도까지 익혀야 하는가를 명확하게 제시한다.
- 습득하여야 할 기술이 활동 전체에서 어느 위치에 있는가를 인식하도록 한다.

① 학습자 중심의 원칙

② 목적의 원칙

③ 실습의 원칙

④ 동기부여의 원칙

답 ②

해 어떤 기술을 어느 정도까지 익혀야 하는지, 그리고 습득하려는 기술이 전체에서 어느 위치에 있는지를 인식하도록 하는 것은 '목적의 원칙'에 해당한다.

소방 교육 및 훈련의 실시원칙 중 '목적'의 원칙에서 핵심 키워드는 '기술!'

[비교] 실습의 원칙은?

실습을 통해 지식을 습득하고, 목적을 생각하고 적절한 방법으로 정확하게 하도록 하는 것이 실습의 원칙에 해당한다. (오히려 '목적'이라는 키워드가 등장하는 것은 '실습'의 원칙)

→ **'실습'은 목적, '목적'은 기술!**

33

습식스프링클러설비의 점검을 위해 그림에 표시된 밸브를 개방하였을 때 확인해야 하는 사항으로 옳지 아니한 것을 고르시오.

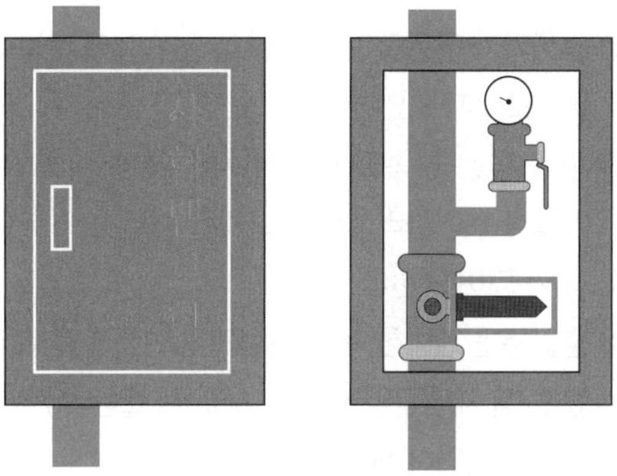

① 감시제어반의 화재표시등이 점등된다.

② 릴리프밸브가 개방된다.

③ 해당 방호구역의 경보(사이렌)가 작동한다.

④ 소화펌프가 자동 기동된다.

답 ②

해 습식스프링클러설비의 점검을 위하여 시험밸브(표시된 부분)를 개방하면, 가압수가 배출되어 압력이 저하되면서 마치 실제 화재에서 스프링클러설비가 작동한 것과 같이 압력스위치의 동작으로 수신기(감시제어반)에서는 화재표시등이 점등되고, 밸브개방표시등에도 점등, 해당 방호 구역 내에 사이렌(경보)이 작동한다. 또한 감압에 의해 펌프가 자동기동 되는 것을 확인할 수 있다.

[옳지 않은 이유]

릴리프밸브는 (토출량이 없는 상태에서) 펌프의 체절운전 시, 체절압력 미만에서 개방되어 과압을 방출하는 역할을 한다. 그런데 제시된 문제는 습식스프링클러설비의 일반적인 점검 상황으로, 체절운전 상황 또는 과압이 발생하는 상황이 아니므로 릴리프밸브의 개방 및 작동과는 무관하다. 따라서 습식스프링클러설비의 점검을 위한 시험밸브 개방 시 확인하는 사항에 릴리프밸브의 개방은 해당 사항이 없다.

[참고] 습식스프링클러설비 점검 확인사항

- 화재표시등, 밸브개방표시등 점등
- 경보(사이렌) 작동
- 펌프 자동기동

34

면적이 400m^{2}이고 주요구조부가 내화구조로 된 특정소방대상물에 차동식스포트형감지기 2종을 설치할 때 최소한의 설치 개수를 구하시오.(단, 감지기 부착높이는 5m이다.)

① 10개

② 11개

③ 12개

④ 15개

답 ③

해 감지기의 종류 및 부착높이에 따른 설치 유효면적은 다음과 같다. (표는 주요구조부가 내화구조인 경우만 명시함.)

구분	차동		보상		정온		
	1	2	1	2	특	1	2
4m 미만	90	70	90	70	70	60	20
4m 이상 8m 미만	45	35	45	35	35	30	-

문제에서는 부착높이가 5m일 때 차동식 2종을 기준으로 하고 있으므로, 400 ÷ 35 = 11.4로 계산할 수 있고 이때 11개만으로는 채워지지 않는 소수점 값이 남으므로 절상하여, 감지기의 최소 설치 개수는 12개로 계산한다.

35

다음 중 장애유형별 피난보조 예시로 옳은 것을 모두 고르시오.

(ㄱ) 청각장애인의 피난 보조 시 시각적인 전달을 위해 표정이나 제스처를 사용하고 조명이나 메모를 적극 활용한다.
(ㄴ) 지적장애인의 경우 상황을 정확히 인지할 수 있도록 명확한 어투를 사용하여 신속하게 전달한다.
(ㄷ) 지체장애인은 불가피한 경우를 제외하고 2인 이상이 1조가 되어 피난을 보조한다.
(ㄹ) 노인은 지병이 있는 경우가 많으므로 구조대가 알기 쉽도록 지병을 표시하는 것이 좋다.
(ㅁ) 시각장애인은 평상시와 같이 지팡이를 이용하여 피난토록 하고, 애매한 표현보다는 명확한 표현을 사용하여 보조한다.

① ㄷ, ㄹ, ㅁ
② ㄱ, ㄷ, ㄹ, ㅁ
③ ㄴ, ㄷ, ㄹ, ㅁ
④ ㄱ, ㄴ, ㄷ, ㄹ, ㅁ

답 ②

해 **[옳지 않은 이유]**
지적장애인의 경우 공황상태에 빠질 수 있기 때문에 차분하고 느린 어조로, 인격을 고려한 차분한 말투를 사용하여 도움을 주러 왔음을 밝히는 것이 바람직하다.
따라서 지적장애인의 피난보조 시 명확한 어투로 신속하게 전달한다는 (ㄴ)의 설명은 옳지 않다.
(ㄴ)을 제외한 (ㄱ),(ㄷ),(ㄹ),(ㅁ)는 모두 각 장애유형별 피난보조 예시로 옳은 설명에 해당한다.

36

부속실 제연설비의 점검방법으로 옳지 아니한 설명을 고르시오.

① 옥내의 감지기 작동 시 화재경보 발생 및 댐퍼가 개방되는지 확인한다.
② 송풍기가 작동하여 계단실 및 부속실에 바람이 들어오는지 확인한다.
③ 문을 닫은 부속실 내에서 차압 측정 시 40Pa 이하(스프링클러설비가 설치된 경우 12.5Pa 이하)가 되어야 한다.
④ 출입문을 개방한 후 부속실의 방연풍속을 측정했을 때 제연구역에 따라 0.5m/s 또는 0.7m/s 이상이 되어야 한다.

답 ③

해 부속실 제연설비의 점검 시, 계단실·부속실 등 차압 장소의 문을 닫고 그 내부에서 차압을 측정하는데, 이때 적정 차압은 40Pa(파스칼) '이상'[스프링클러설비 설치 시 12.5Pa '이상'] 측정되어야 한다. (적어도 이 정도 '이상'의 차압이 형성되어야 부속실로 연기가 유입되는 것을 막고 밀어낼 수 있기 때문!)
따라서 차압 측정 시 40Pa(스프링클러 설치 시 12.5Pa) '이하'로 서술한 ③번의 설명이 옳지 않다.

Tip 제연설비 핵심 키워드

(최소)차압	**40Pa 이상(스프링 설치** : 12.5Pa 이상)
방연풍속	0.5m/s 또는 0.7m/s 이상
출입문 개방력	110N 이하 (이보다 높으면 대피를 위해 문을 열 때 너무 많은 힘이 필요하기 때문)

37

다음 제시된 수신기의 점검결과 표를 참고하여 각 경계구역별 점검 결과에 대한 설명이 옳지 아니한 것을 고르시오.(단, 수신기는 전압계가 있는 경우에 해당한다.)

점검 결과	경계구역			
	지하1층	1층	2층	3층
도통시험 전압계 지시 값	6V	4V	8V	0V
지구경종 음량계 측정 결과	95dB	85dB	100dB	90dB

① 지하1층은 도통시험 및 음향장치 점검 결과가 모두 정상이다.

② 1층의 음향장치 점검결과는 정상이나, 도통시험 결과 전압미달이므로 불량이다.

③ 2층의 음향장치 점검결과는 정상이다.

④ 3층은 도통시험 결과 단선이 의심되므로 보수 및 조치가 필요하다.

답 ②

해 (1) (전압계가 있는 경우) 수신기의 도통시험 시, 전압계의 지시 값이 4~8V 내에 있으면 정상으로 판단한다. (전압계가 없는 경우는 녹색불에 점등되면 정상 판정)

(2) 음향장치(주경종 및 지구경종)의 점검 시, 1m 떨어진 곳에서 음량계 측정 결과 90dB 이상이면 정상이다.

따라서 지하 1층부터 2층까지는 도통시험 결과 전압계 지시 값이 4~8V 내에 있으므로 정상이나, 3층의 경우 0V이므로 단선된 것으로 보아 보수 및 조치가 필요하다.

또한 1층의 경우 지구경종(음향장치) 측정 결과가 90dB 미만인 85dB이므로 1층의 음향장치 점검결과는 불량에 해당한다.

그래서 이에 대한 설명이 옳지 않은 것은 ②번.

38

다음 그림과 같이 침대가 없는 숙박시설의 수용인원을 산정하시오.

- 객실 바닥면적은 각 150m²로 모두 동일하다.
- 종사자 수는 10명이다.
- 복도의 면적은 50m²이다.

① 500명

② 505명

③ 510명

④ 520명

답 ③

해 (1) 침대가 없는 숙박시설의 경우 수용인원은 다음과 같이 계산한다. (단, 이때 복도·계단·화장실의 바닥면적은 포함하지 않으며, 나누어 떨어지지 않는 1 미만의 소수는 반올림 처리한다.)

종사자 수 + (숙박시설 바닥면적 합계 ÷ $3m^2$)

(2) 그림 복도 면적은 합산에서 제외하고, 객실 하나당 면적이 $150m^2$로 모두 동일하므로 10개의 객실 바닥면적을 모두 합산한 바닥면적의 합계는 $1,500m^2$를 기준으로 한다.

(3) 종사자 수 + ($1,500m^2$ ÷ $3m^2$) = 10+500 = 510명.

39

계통도가 다음과 같은 스프링클러설비의 작동순서로 옳지 아니한 내용을 고르시오.

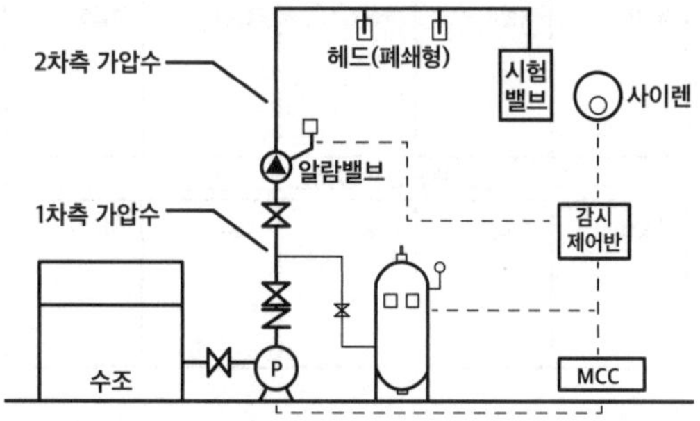

① 화재가 발생하면 헤드가 개방, 압축공기 또는 축압된 질소가스 등이 방출된다.

② 2차측 배관 압력이 저하되면 1차측 압력에 의해 유수검지장치의 클래퍼가 개방된다.

③ 압력스위치가 작동하면 사이렌 경보 작동, 화재표시등 및 밸브개방표시등이 점등된다.

④ 배관 내 압력이 저하되어 펌프가 기동된다.

답 ①

해 계통도에서 1차측과 2차측 배관 내부가 모두 가압수로 채워져 있는 상태로 보아, 해당 스프링클러설비는 '습식'인 것을 알 수 있다. (유수검지장치도 습식의 알람밸브)

습식의 경우, 2차측 배관 내부도 가압수로 채워져 있기 때문에 화재가 발생하면 열에 의해 헤드가 개방되어 방수가 이루어진다.

보기 ①번의 설명처럼 헤드 개방으로 압축공기 또는 질소가스가 방출되는 것은 2차측 배관 내부가 압축공기 또는 축압된 질소가스로 채워져 있는 '건식'의 작동 순서에 해당하므로 습식스프링클러설비에 대한 작동 순서로 옳지 않은 설명은 ①번.

(그 외 습식의 작동 순서는 ②번부터 ④번까지의 설명과 동일하다.)

40

소방시설의 점검 중 감시제어반에서 확인되는 표시등의 점등 상태 및 스위치의 위치가 다음과 같았을 때 발생되는 상황으로 가장 타당한 설명을 고르시오. (단, 문제에서 제시된 상황 외의 조건은 고려하지 않는다.)

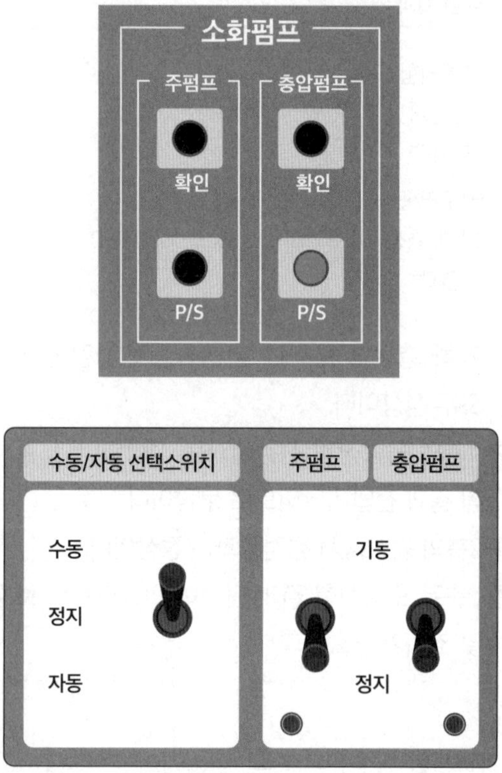

① 화재 발생 시 주펌프는 자동으로 기동된다.

② 현재 충압펌프만 수동으로 기동된 상태이다.

③ 펌프운전 선택스위치를 '자동' 위치에 두면 충압펌프 확인등에 점등되어야 한다.

④ 압력스위치의 동작으로 충압펌프가 자동 기동되었다.

답 ③

해 충압펌프 P/S(Pressure Switch압력스위치)에 점등된 것은, 배관 내 압력이 저하되어 압력스위치가 동작했음을 나타낸다. 원칙적으로는 이렇게 압력스위치가 동작하면 그에 따라 충압펌프가 자동으로 기동 되어 충압펌프의 (기동) 확인 표시등에도 점등되어야 하지만, 확인등에는 점등되지 않은 것으로 보아, 압력스위치의 동작에도 충압펌프가 기동하지 않았음을 알 수 있다.

아래쪽 그림에서 그 원인을 찾을 수 있는데, 펌프 자동/수동 운전선택스위치가 '수동' 위치에 있으면서 주펌프와 충압펌프가 '정지' 위치에 놓여 있기 때문에 현재 펌프는 '수동'으로 '정지'해 놓은 것과 같고 이로 인해 압력스위치가 동작했음에도 펌프가 자동으로 기동 되지 않았음을 알 수 있다.
따라서 펌프운전 선택스위치를 '자동(연동)' 위치에 두면 압력스위치의 동작에 따라 충압펌프는 자동으로 기동될 것이므로 옳은 설명은 ③.

[옳지 않은 이유]

① 펌프운전 선택스위치가 '수동' - '정지'인 상태이므로, 화재가 발생하더라도 주펌프 및 충압펌프는 자동으로 기동 되지 않을 것이다.
② 아래쪽 그림에서 충압펌프는 '수동' - '정지' 상태임을 알 수 있다.
④ 압력스위치는 동작했지만, 펌프가 '수동' - '정지' 상태이므로 충압펌프는 자동으로 기동될 수 없는 상태이다.

41

다음은 P형 수신기의 동작시험 방법을 나타낸 표이다. 표를 참고하여 제시된 내용 이후의 복구 방법 및 순서를 ⓐ~ⓒ에서 찾아 순서대로 나열하시오. (단, 회로선택 스위치는 로터리방식이다.)

(1) 오동작 방지기능이 내장된 축적형 수신기의 경우, 축적·비축적 선택 스위치를 비축적 위치에 두고 시험을 진행한다.
(2) 동작시험 및 자동복구 시험스위치를 누른다.
(3) 회로선택 스위치를 차례로 회전시키며 시험을 진행한다.
(4) 표시등의 점등 여부와 음향 장치의 작동 여부 등 동작을 확인하고, 고장이 있을 시 즉시 수리한다.

ⓐ 각 경계구역의 표시등 및 화재표시등이 소등된 것을 확인한다.
ⓑ 회로선택 스위치를 초기 위치로 복구한다.
ⓒ 동작시험 및 자동복구 시험스위치를 복구한다.

① ⓐ - ⓑ - ⓒ
② ⓑ - ⓐ - ⓒ
③ ⓑ - ⓒ - ⓐ
④ ⓒ - ⓐ - ⓑ

답 ③

해

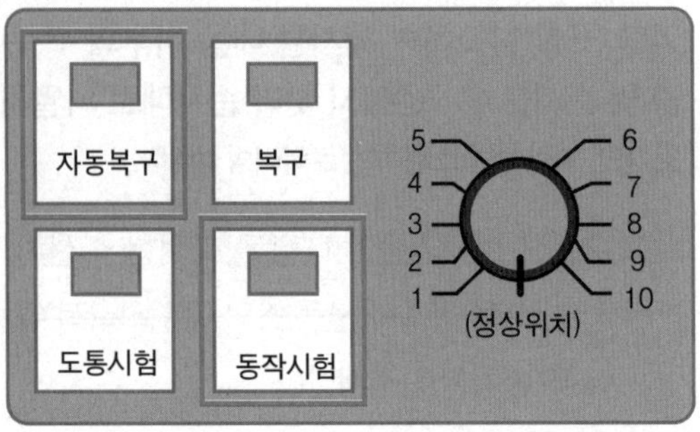

로터리방식의 P형 수신기 동작시험 순서는 다음과 같다.

(1) 동작시험 및 자동복구 시험스위치를 누르고
(2) 회로선택 스위치를 1회로씩 돌리며 시험 진행
(3) 표시등 점등 및 음향장치 작동 여부 등을 확인하여 이상이 있을 시 즉시 수리
(4) 시험 후 복구 방법 : 회로선택 스위치를 다시 정상(초기 위치) 위치로 복구하고
(5) 동작시험 및 자동복구 시험스위치를 복구한다.
(6) 각 경계 구역의 표시등 및 화재표시등이 소등되어 꺼진 것을 확인한다.

따라서 ⓐ~ⓒ까지의 복구순서를 순서대로 나타낸 것은 ③.

CHECK POINT!

동작시험의 시험 순서와 복구 방법까지 세트로 묶어서 알아두기~!

① 시험 : 동작시험 + 자동복구 누르고, 회로 돌리며 시험
② 시험 끝나면 : 회로 원위치 → 동작시험 + 자동복구 스위치 복구. 모두 소등된 것 확인.

42

다음 중 비화재보의 원인별 대책이 적절하지 아니한 경우를 고르시오.

① 주방에 비적응성 감지기를 설치하여 발생한 비화재보 : 정온식 감지기로 교체한다.
② 장마철 공기 중 습도가 증가함으로 인한 감지기의 오동작으로 발생한 비화재보 : 감지기를 이격설치한다.
③ 먼지나 분진 등 청소 불량에 의한 감지기 오동작으로 발생한 비화재보 : 내부 먼지를 제거하고 복구스위치를 누른다.
④ 담배연기로 인한 연기감지기의 오동작 및 비화재보 : 흡연구역에 환풍기 등을 설치한다.

답 ②

해 장마철 습도 증가로 인한 감지기의 오동작 시, 복구 스위치를 누르거나 작동된 감지기를 복구시키는 것으로 대처할 수 있다. 감지기를 다른 위치로 거리를 벌려 이격 설치하는 것은, 천장형 온풍기에 근접하게 설치되어 잦은 오동작을 일으키는 경우 취할 수 있는 대책이다.
따라서 비화재보 원인별 대책이 적절하지 않은 것은 ②.

[참고] 주방에서 감지기의 적응성

주방이나 보일러실과 같이 온도 변화가 잦은 장소에서는 일정 온도 이상이 되었을 때 작동하는 정온식 열감지기가 적응성이 있다.

43

자위소방대의 인력편성에 대한 설명으로 옳지 아니한 것을 고르시오.

① 초기대응체계 편성 시 1명 이상은 수신반 또는 종합방재실에 근무하며 화재상황에 대한 모니터링 또는 지휘통제가 가능해야 한다.

② 휴일 및 야간에 무인경비시스템을 통해 감시하는 경우에는 무인경비회사와 비상연락체계를 구축하여 운영할 수 있도록 한다.

③ 소방안전관리대상물의 소방안전관리자를 자위소방대장으로 지정하고, 소방안전관리보조자를 부대장으로 지정한다.

④ 각 팀별 최소편성 인원은 2명 이상으로 한다.

답 ③

해 자위소방대장 및 부대장의 지정 시, 소방안전관리대상물의 소유주, 법인의 대표 또는 관리기관의 책임자를 대장으로, 그리고 소방안전관리자를 부대장으로 지정해야 하므로 ③번의 설명이 옳지 않다.

CHECK POINT!

자위소방대 인력편성

- 각 팀별 최소편성 인원은 2명 이상(각 팀별 책임자 지정)
- **자위소방대장** : 소유주(법인 대표 또는 관리기관 책임자), 부대장 : 소방안전관리자
- 휴일·야간에는 무인경비회사와 비상연락체계 구축
- 초기대응체계 편성 시 1명 이상은 모니터링·지휘통제(수신반 또는 종합방재실 근무)

44

옥내소화전설비를 구성하고 있는 각 설비에 대한 설명으로 옳은 것을 고르시오.

① 순환배관은 펌프의 토출측 체크밸브 이전에서 분기시켜 20mm 이상의 배관으로 설치한다.

② 체크밸브는 수원의 위치가 펌프보다 낮은 경우, 펌프 흡입측 배관 및 펌프에 물이 없어 펌프가 공회전하는 것을 방지하기 위해 보충수를 공급하는 역할을 한다.

③ 릴리프밸브는 체절압력 이상에서 개방하여 과압을 방출하고 펌프 내 수온이 상승하는 것을 방지한다.

④ OS&Y밸브는 수원이 펌프보다 아래에 설치된 경우 흡입측 배관의 말단에 설치하여 여과기능과 체크기능을 수행한다.

답 ①

해 펌프의 체절운전 시 수온 상승으로 인해 펌프에 무리가 가해지는 것을 방지하기 위해 과압을 방출할 수 있도록 순환배관(과 릴리프밸브)을 설치한다. 이러한 순환배관은 펌프의 토출측 체크밸브 이전에서 분기시키고, 20mm 이상의 배관으로 설치하므로 옳은 설명은 ①.

[옳지 않은 이유]

② 수원의 위치가 펌프보다 낮을 때 공회전 방지를 위해 보충수를 공급하는 역할을 하는 것은 물올림장치(물올림탱크)이다.

③ 순환배관 상의 릴리프밸브는 수온상승으로 인한 펌프 손상을 방지하기 위해 체절압력 '미만'에서 개방되어 과압을 방출하는 역할을 한다.

④ (수원이 펌프보다 아래에 설치된 경우) 흡입측 배관의 말단에서 여과기능(이물질 제거)과 체크기능(물이 수조로 다시 빠져나가는 역류를 방지) 역할을 하는 것은 풋밸브(Foot Valve)이다. OS&Y밸브는 개폐표시형 개폐밸브로, 외부에서도 밸브의 개방 상태를 쉽게 알 수 있도록 하는 역할을 하는 밸브이다.

45

준비작동식 스프링클러설비의 점검을 위해 준비작동식 유수검지장치를 작동시키는 방법에 해당하지 아니하는 것을 고르시오.

① 수동조작함(SVP)의 수동조작스위치를 작동시킨다.

② 밸브에 부착된 수동기동밸브를 개방한다.

③ 해당 방호구역의 감지기 2개 회로를 작동시킨다.

④ 제어반에서 도통시험 스위치 및 회로선택 스위치를 조작하여 작동시킨다.

답 ④

해 준비작동식 유수검지장치를 작동시키기 위해, 감시제어반(수신기)의 '동작시험' 스위치 및 회로선택 스위치를 조작하여 작동시킬 수 있다.
도통시험 스위치는 유수검지장치의 작동과는 무관하므로 옳지 않은 설명은 ④.(도통시험은 회로단선 유무 및 기기의 접속 상황을 확인하기 위한 시험)

[참고] 준비작동식 유수검지장치 작동 방법

(1) 방호구역 내 감지기 2개 회로를 작동시킴

(2) SVP(수동조작함)의 수동조작스위치를 작동

(3) 밸브 자체에 부착된 수동기동밸브를 개방

(4) 제어반에서 준비작동식 유수검지장치 수동기동스위치를 눌러 작동

(5) 제어반에서 '동작시험' 스위치 + 회로선택 스위치로 작동

46

다음 제시된 소방시설의 점검 내용을 참고하여, 점검표의 점검 결과(㉠~㉣)가 옳지 아니한 것을 모두 고르시오.

점검항목	측정 결과
분말 소화기	• 제조 연월 : 2012. 03. 02 • 지시압력계 상태 
비상방송설비	조작부 위치 : 1.3m
수신기 예비전원시험	전압계 측정 결과 24V

구분	점검항목	점검결과
㉠	분말소화기 지시압력계 적정 여부	O
㉡	분말소화기 내용연수 적정 여부	X
㉢	비상방송설비 조작부 조작스위치 높이 적정 여부	O
㉣	예비전원시험 적합 여부	X

① ㉠, ㉢

② ㉠, ㉣

③ ㉡, ㉢

④ ㉡, ㉣

답 ②

해 **[옳지 않은 이유]**

㉠ (축압식)분말소화기의 지시압력계 정상범위는 0.7MPa ~ 0.98MPa인데 제시된 그림에서는 지시압력계가 압력미달의 범위에 있으므로 점검결과는 X(불량)로 표기되어야 한다.

㉣ 예비전원시험 결과 녹색불이 점등되거나, 또는 전압계 측정 결과가 19~29V 내에 있으면 정상으로 판정한다. 제시된 측정결과가 24V였으므로 점검결과는 O(정상)로 표기해야 한다.

따라서 점검결과가 옳지 않게 표기된 것은 ㉠과 ㉣로 ②.

[비교] 옳은 이유

분말소화기의 내용연수는 10년인데, 제시된 분말소화기의 제조 연월이 2012년이었으므로 내용연수 10년이 초과되어 점검결과는 X 표기하는 것이 옳다. (만약 내용연수가 지났어도 성능확인검사에 합격했다면 연장 사용이 가능하겠지만, 제시된 문제에서 성능검사에 합격했다는 조건도 명시되지 않았고, 또한 압력에도 문제가 있으므로 교체하는 것이 바람직하다.)

비상방송설비의 조작부는 0.8m 이상 1.5m 이하여야 하므로 조작부의 높이 적정 여부는 정상(O)인 것이 맞다.

47

비상콘센트설비의 설치 기준에 대한 설명이 옳지 아니한 것을 고르시오.

① 각 층에서부터 하나의 비상콘센트까지의 수평거리 50m 이하마다 설치한다.

② 바닥으로부터 높이 0.8m 이상 1.5m 이하의 위치에 설치한다.

③ 아파트 또는 바닥면적 1,000m^2 미만인 층은 계단의 출입구로부터 10m 이내에 설치한다.

④ 바닥면적 1,000m^2 이상인 층(아파트 제외)은 각 계단의 출입구 또는 계단부속실의 출입구로부터 5m 이내에 설치한다.

답 ③

해 아파트 또는 바닥면적 1,000m^2 미만인 층에서 비상콘센트설비는 계단의 출입구로부터 5m 이내에 설치하므로 10m 이내라고 서술한 ③번의 설명이 옳지 않다.

48

감시제어반의 스위치 위치가 다음과 같을 때 동력제어반에서 점등이 확인되어야 하는 것을 (가)~(사)에서 모두 고르시오.

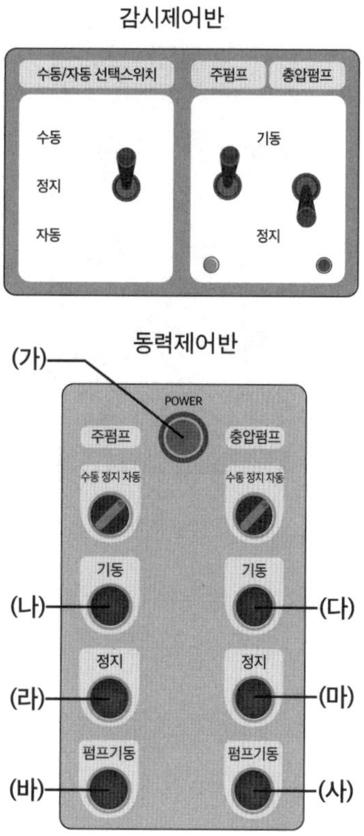

① (나), (바)

② (가), (나), (마)

③ (가), (다), (라), (사)

④ (가), (나), (마), (바)

답 ④

해 그림의 감시제어반 상태는 주펌프만 수동으로 기동한 상태이다. (충압펌프는 수동 - 정지).

동력제어반이 자동(연동) 운전 상태이므로 감시제어반의 신호를 받은 동력제어반에서도 주펌프만 기동된 상태여야 한다.

그럼 이때 (가) '전원'은 평상시 동력제어반은 항상 운전상태여야 하므로 점등되어 있어야 하고, [주펌프] 라인에서는 주펌프가 기동되었으니 (나) '기동' 버튼이 점등, 이에 따라 (바) '펌프기동' 표시등에도 점등되어야 한다.

그리고 충압펌프는 현재 정지한 상태이므로 [충압펌프] 라인에서는 (마) '정지' 버튼에만 점등되어야 한다.

따라서 동력제어반에서 점등되는 것은 (가) 전원, (나) 주펌프 기동, (마) 충압펌프 정지, (바) 주펌프 펌프기동 표시등으로 ④.

문제풀이에 따른 동력제어반의 점등 상태를 그림으로 나타내면 다음과 같다.

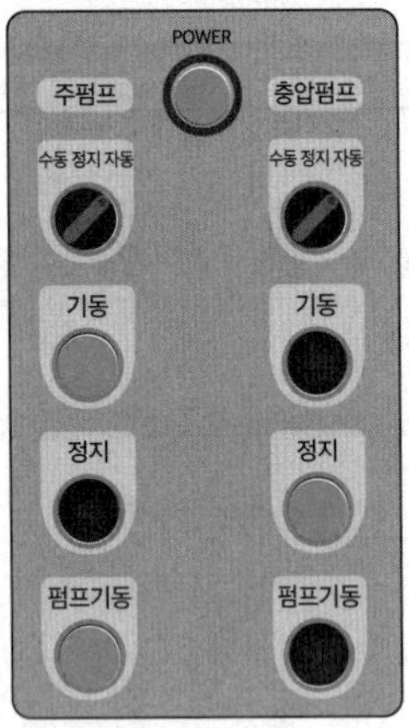

49

다음의 그림을 참고하여 해당 설비에 대한 설명으로 옳지 아니한 것을 고르시오.

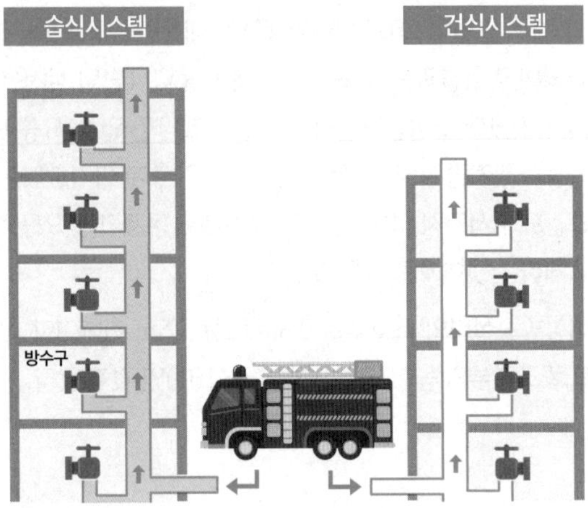

① 연소방지설비로 송수구, 방수구, 방수기구함, 배관으로 구성되어 있다.

② 건식은 연결송수관 배관 내부가 비어 있는 상태로 관리하며, 지면으로부터 높이가 31m 미만인 특정소방대상물 또는 지상 11층 미만인 특정소방대상물에만 설치한다.

③ 지면으로부터 높이가 31m 이상인 특정소방대상물에서는 습식 시스템을 설치한다.

④ 넓은 면적의 고층 또는 지하 건축물에 설치하며 화재 시 소방차로부터 가압수를 송수하고 소방관이 건축물 내에 설치된 방수구에 방수기구함에 비치된 호스를 연결하여 화재를 진압하는 데 사용하는 설비이다.

답 ①

해 해당 그림은 소화활동설비에 포함되는 '연결송수관설비'로, 넓은 면적의 고층 또는 지하 건축물에 설치하며, 화재 시 소화수 공급을 위해 소방차와 송수구를 연결하여 가압수를 송수, 화재 진압에 사용하는 설비이다.

이와 비교하여, 연소방지설비는 전력이나 통신용 전선 등이 설치된 지하구에서 화재발생 시 지상의 송수구를 통해 소방펌프차로 물을 송수, 배관을 통해 개방형헤드로 방수되는 설비이다. (그래서 연소방지설비의 구성요소에는 방수헤드가 포함된다.) 따라서 연결송수관설비를 연소방지설비라고 서술한 ①의 설명은 옳지 않다.
(다만 연결송수관설비의 구성 요소는 송수구, 방수구, 방수기구함, 배관으로 이루어져 있는 것은 옳다.)

CHECK! 연결송수관설비 건식과 습식

건식	• 지면으로부터 높이 31m 미만(또는 지상 11층 미만)에 설치 • 배관 비어 있는 상태
습식	• 지면으로부터 높이 31m 이상(또는 지상 11층 이상)에 설치 • 내부에 상시 물이 충전된 상태

50

다음의 그림을 참고하여 해당 밸브에 대한 설명으로 옳은 것을 고르시오.

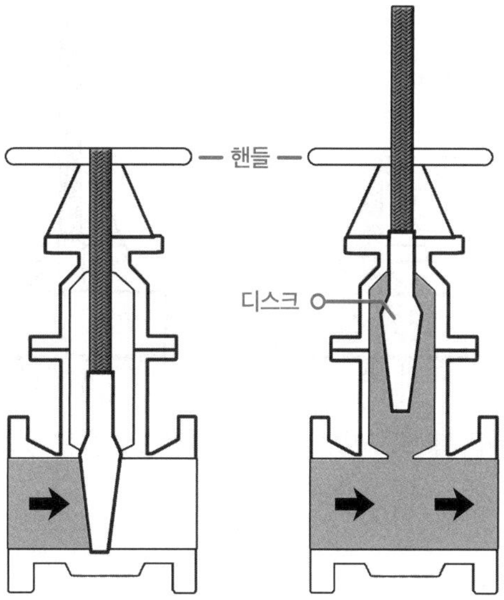

① 버터플라이밸브에 해당한다.
② 그림의 왼쪽은 밸브 개방상태, 그림의 오른쪽은 밸브 폐쇄상태이다.
③ 옥내소화전의 급수배관에 개폐밸브를 설치할 때 그림과 같은 밸브를 설치한다.
④ 마찰손실이 커서 펌프 흡입측에는 설치하지 않는다.

답 ③

해 그림은 개폐표시형 개폐밸브 중 'OS&Y밸브'를 나타낸 것이다. 개폐표시형 개폐밸브는 외부에서도 밸브의 개방 및 폐쇄 상태를 쉽게 알 수 있는 형태로, 옥내소화전의 급수배관에 개폐밸브를 설치할 때에는 이러한 개폐표시형을 설치한다.
개폐표시형 개폐밸브에는 주로 OS&Y밸브나 버터플라이밸브를 설치하는데, 버터플라이밸브는 마찰손실이 커서 펌프 흡입측에는 설치하지 않는다. 따라서 문제에 제시된 그림을 버터플라이밸브라고 서술한 ①번과, 버터플라이밸브의 특징을 서술한 ④번의 설명은 옳지 않다.

그림에서 스템이 하강한 상태(왼쪽)가 밸브 폐쇄상태이고, 스템이 상승한 상태(오른쪽)가 개방상태에 해당하므로 이를 반대로 서술한 ②의 설명도 옳지 않다.

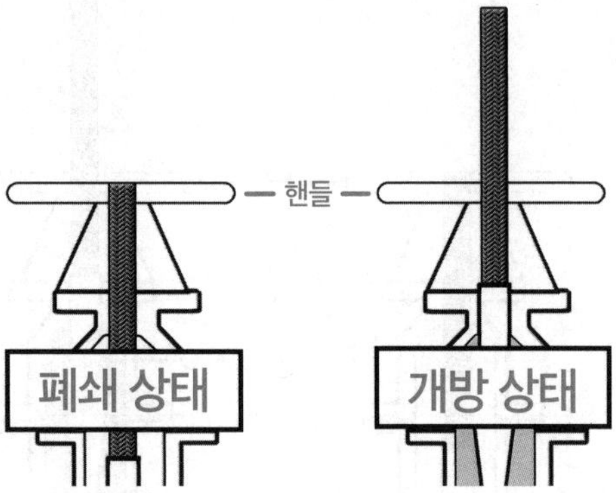

따라서 OS&Y밸브에 대한 설명으로 옳은 것은 ③.

MEMO

PART

05

소방안전관리자 1급

Yes or No 퀴즈

Yes or No 퀴즈로 한번 더!

01

아파트가 아닌 특정소방대상물로 지하 5층, 지상 25층인 것은 특급 소방안전관리대상물이다.

O | X

02

소방안전관리자를 선임하지 아니하는 특정소방대상물에서의 관계인은 소방계획서의 작성 및 시행을 수행해야 한다.

O | X

03

소방안전관리대상물의 사용승인일은 소방안전관리자 현황표에 명시하는 사항에 포함되지 않는다.

O | X

04

건축허가등의 동의 절차 중 서류 등의 미보완 시 4일 내로 1회 연장이 가능하다.

O | X

05

의료시설, 노유자시설, 숙박시설, 장례시설, 종교시설의 침구류 및 소파, 의자는 방염물품 사용을 권장한다.

O | X

06

소방교육 및 훈련의 실시원칙 중 '목적을 생각하고 정확한 방법으로 실시한다.'는 사항은 목적의 원칙에 해당하는 내용이다.

O | X

07

자위소방대의 인력 편성 및 임무 부여 시 소방안전관리대상물의 소유주 또는 법인의 대표를 자위소방대장으로 지정하고, 소방안전관리자를 부대장으로 지정한다.

O | X

08

열전도율이 크면 열의 축적이 용이해 연소되기 쉬우므로 가연성 물질의 구비조건이 된다.

O | X

09

D급화재에 수계소화약제를 사용하지 않는다.

O | X

10

화재에서 화염의 직접적인 접촉 없이 연소가 확산되는 것은 복사열에 의한 현상으로 볼 수 있다.

O | X

11

LNG의 주성분인 메탄의 화학식은 CH_4로 표기한다.

O | X

12

화재에 견디는 성능을 가진 철근콘크리트조, 연와조 등의 구조로써 화재 시 일정 시간 동안 형태 및 강도가 크게 변하지 않는 구조를 방화구조라고 한다.

O | X

13

기존 건축물의 전부 또는 일부(지붕틀, 내력벽, 기둥, 보 중 3개 이상 포함되는 경우)를 철거하고, 그 대지 안에서 이전과 동일한 규모의 범위 내에서 건축물을 다시 축조하는 것을 대수선이라고 한다.

O | X

14

방화구획의 방화셔터는 열감지기에 의해서 완전폐쇄되고, 연기감지기에 의해서 일부폐쇄가 이루어지는 구조여야 한다.

O | X

15

주펌프의 기동점은 자연낙차압 +K로, 이때 K는 옥내소화전은 0.2MPa, 스프링클러설비는 0.15MPa로 한다.

O | X

16

옥내소화전 밸브 개방 시 시계방향으로 돌려 개방한다.

O | X

17

폐쇄형 스프링클러헤드 설치 장소의 최고 주위온도가 50℃일 때 헤드의 표시온도는 79℃ 이상 121℃ 미만인 것을 사용한다.

O | X

18

스프링클러설비의 배관 중 교차배관은 가지배관과 수평하거나 밑으로 설치해야 한다.

O | X

19

펌프성능시험 중 체절운전은 토출량이 0일 때 체절압력이 정격토출압력의 140% 이상인지 확인하는 시험이다.

20

송배선식은 감지기 선로 사이의 연결상태 정상 여부를 확인하는 도통시험을 원활히 진행하기 위한 배선 방식으로 감지기의 배선은 송배선식으로 해야 한다.

O | X

21

오동작방지기가 있는 수신기의 동작시험 시 축적스위치를 비축적위치에 두고 시험을 진행한다.

O | X

22

예비전원시험은 예비전원시험 버튼과 자동복구 버튼을 누르고 전압계 측정 결과가 19 ~ 29V로 측정되면 정상이다.

O | X

23

2선식유도등은 반드시 상시 점등상태를 유지해야 한다.

O | X

24

소요수량이 80m³일 때 흡수관투입구는 1개를 설치한다.

O | X

25

급기가압제연설비의 최소차압은 40Pa 이상이어야 하고, 출입문의 개방력은 110N 이상이어야 한다.

O | X

Yes or No 퀴즈 해설

정답

01	O	02	X	03	O	04	X	05	X
06	X	07	O	08	X	09	O	10	O
11	O	12	X	13	X	14	O	15	O
16	X	17	O	18	O	19	X	20	O
21	O	22	X	23	O	24	X	25	X

01

아파트가 아닌 특정소방대상물로 지하 5층, 지상 25층인 것은 특급 소방안전관리대상물이다.

답 O

해 아파트가 아닌 것으로, '지하를 포함해서' 30층 '이상'인 특정소방대상물은 특급 소방안전관리대상물에 해당한다. 소방안전관리자 시험 내용 중, 지하를 '포함'하는 유일한 조건이자, 30층 '이상'이라는 점 체크하기!

02

소방안전관리자를 선임하지 아니하는 특정소방대상물에서의 관계인은 소방계획서의 작성 및 시행을 수행해야 한다.

답 X

해 소방안전관리자를 선임하지 않는 특정소방대상물 = 소방안전관리대상물이 아닌 특정소방대상물의 관계인은 피난·방화시설(방화구획)의 유지관리, 소방시설 및 소방관련시설의 유지관리, 화기취급감독 및 기타 소방관련 업무 등을 수행해야 하지만 소방계획서를 작성하고 시행하는 업무는 하지 않는다. 소방계획서의 작성 및 시행은 '소방안전관리자'가 하는 업무이다.

03

소방안전관리대상물의 사용승인일은 소방안전관리자 현황표에 명시하는 사항에 포함되지 않는다.

답 O

해 소방안전관리자 현황표에 명시하는 사항은 소방안전관리자의 성명(이름), 선임일자, 연락처와 소방안전관리대상물의 명칭 및 등급, 그리고 소방안전관리자의 근무 위치(수신기 위치)이다.

소방안전관리자의 강습수료일자나 소방안전관리대상물의 사용승인일(또는 완공일)은 소방안전관리자 현황표에 명시하는 사항에 포함되지 않는다는 점 체크!

04

건축허가등의 동의 절차 중 서류 등의 미보완 시 4일 내로 1회 연장이 가능하다.

답 X

해 건축허가등의 동의 절차 중 4일 내로 1회 연장 가능한 경우는 서류 등의 보완이 필요한 경우에 연장이 가능한 것이고, 이러한 보완이 이루어지지 않고 미보완 되었을 시에는 서류를 처리하지 않고 돌려보내는 '반려' 처리를 하므로 미보완 시에는 연장 불가, 오히려 서류가 반려될 수 있다는 차이점을 체크!

05

의료시설, 노유자시설, 숙박시설, 장례시설, 종교시설의 침구류 및 소파, 의자는 방염물품 사용을 권장한다.

답 X

해 '종교시설'을 제외한 나머지 장소에서는 침구류 및 소파, 의자를 방염물품을 사용하도록 권장하는 것이 맞다. 하지만 '종교시설'에서는 침구류를 비치하는 것이 필수적인 사항이라고 보기 어려우므로 [종교시설]에서의 침구류 및 소파, 의자는 방염대상물품 사용을 '권장'하는 장소에 포함되지 '않는다'는 점을 체크!

06

소방교육 및 훈련의 실시원칙 중 '목적을 생각하고 정확한 방법으로 실시한다.'는 사항은 목적의 원칙에 해당하는 내용이다.

답 X

해 '목적을 생각하고 정확한 방법으로 한다.'는 내용은 '실습의 원칙'에 해당하는 사항이다.
반면, 목적의 원칙에서의 핵심키워드는 '기술'을 어느 정도 익힐 것인지, 그 '기술'이 어느 위치에 있는지 제시하여 인식할 수 있게 해야 한다는 내용이 해당한다.

07

자위소방대의 인력 편성 및 임무 부여 시 소방안전관리대상물의 소유주 또는 법인의 대표를 자위소방대장으로 지정하고, 소방안전관리자를 부대장으로 지정한다.

답 ○

해 자위소방대의 인력 편성 및 임무 부여 시 자위소방대장은 소방안전관리대상물의 소유주 또는 법인의 대표로 지정하고, 소방안전관리자를 부대장으로 지정한다.

08

열전도율이 크면 열의 축적이 용이해 연소되기 쉬우므로 가연성 물질의 구비조건이 된다.

답 X

해 열전도율이 '작아야' 열의 축적이 용이해 연소하기 쉬워진다. 따라서 가연성 물질의 구비조건은 열전도율이 '작아야' 한다.

09

D급화재에 수계소화약제를 사용하지 않는다.

답 ○

해 D급 금속화재는 대부분 물과 반응해 폭발성이 강한 수소를 발생시키므로 물이나 포, 강화액 등을 사용하는 수계소화약제를 사용하지 않고 금속화재용 분말소화약제나 건조사(마른 모래)를 이용한 질식소화를 하는 것이 효과적이다.
참고로, C급화재인 전기화재 또한 물을 이용한 소화는 감전의 위험(+전기기구 등의 파손 등)이 있어 이산화탄소와 같은 가스소화약제를 이용한 질식소화가 효과적이다.

10

화재에서 화염의 직접적인 접촉 없이 연소가 확산되는 것은 복사열에 의한 현상으로 볼 수 있다.

답 ○

해 '복사'는 열이 파장 형태로 전달되는 것으로, 화재 현장에서 인접한 건물이 화염의 접촉 없이도 영향을 받아 연소되는 것은 이러한 복사열이 주요 원인으로 작용하는 것이다.

11

LNG의 주성분인 메탄의 화학식은 CH_4로 표기한다.

답 ○

해 최근 LNG의 주성분인 메탄을 화학식으로 묻는 출제 경향이 늘고 있다. 메탄의 화학식은 탄소(C) 원소 하나에 수소(H) 원소 4개가 붙은 CH_4로 표기한다.

반면, LPG의 주성분인 부탄의 화학식은 C_4H_{10}, 프로판의 화학식은 C_3H_8로 표기한다.

12

화재에 견디는 성능을 가진 철근콘크리트조, 연와조 등의 구조로써 화재 시 일정 시간 동안 형태 및 강도가 크게 변하지 않는 구조를 방화구조라고 한다.

답 X

해 철근콘크리트조, 연와조와 같이 화재가 발생해도 일정 시간 동안 형태 및 강도가 크게 변하지 않는 구조는 '내화구조'라고 한다.

반면, 방화구조는 내화구조보다는 비교적 강도가 약해 방화성능이 다소 떨어지지만 인접 건물에서 발생한 화재에 의한 연소를 방지하고 건물 내에서 화재가 확산되는 것을 방지하기 위한 구조로 철망모르타르 바르기, 회반죽 바르기 등을 말한다.

13

기존 건축물의 전부 또는 일부(지붕틀, 내력벽, 기둥, 보 중 3개 이상 포함되는 경우)를 철거하고, 그 대지 안에서 이전과 동일한 규모의 범위 내에서 건축물을 다시 축조하는 것을 대수선이라고 한다.

답 X

해 기존 건축물의 전부 또는 일부(지붕틀, 내력벽, 기둥, 보 중 3개 이상 포함되는 경우)를 철거하고, 그 대지 안에서 이전과 동일한 규모의 범위 내에서 건축물을 다시 축조하는 것은 '개축'에 해당한다.

이와 비교하여 대수선은 건축물의 기둥, 보, 내력벽, 주계단 등의 구조나 외부 형태를 수선·변경하거나 증설하는 것을 의미한다.

14

방화구획의 방화셔터는 열감지기에 의해서 완전폐쇄되고, 연기감지기에 의해서 일부폐쇄가 이루어지는 구조여야 한다.

답 ○

해 방화구획의 방화셔터는 감지기와 연동되어 자동으로 폐쇄되는데 '연기'감지기의 경우 연기는 반드시 화재가 아니어도 담배 연기나 먼지 등에 의해 오작동했을 가능성이 있으므로 '일부'폐쇄가 이루어지고, '열'감지기의 경우는 화재에 의해 열이 발생했을 가능성이 농후하므로 열감지기가 작동하면 '완전'폐쇄가 이루어지는 구조여야 한다는 점을 체크!

15

주펌프의 기동점은 자연낙차압 +K로, 이때 K는 옥내소화전은 0.2MPa, 스프링클러설비는 0.15MPa로 한다.

답 O

해 주펌프의 기동점은 자연낙차압보다 커야 하므로 자연낙차압+K로 설정하는데, 이때 K는 옥내소화전의 경우 0.2MPa, 스프링클러설비의 경우 0.15MPa로 한다.

16

옥내소화전 밸브 개방 시 시계방향으로 돌려 개방한다.

답 X

해 옥내소화전의 밸브 개방 시 "밸브개방"을 외치며 밸브를 시계 '반대' 방향(반시계 방향)으로 돌려 개방해야 한다.
사용 후 밸브를 폐쇄할 때는 "밸브폐쇄"를 외치며 밸브를 시계방향으로 돌려 폐쇄한다. 옥내소화전 밸브 개방은 반시계 방향임을 기억하면 좋다.

17

폐쇄형 스프링클러헤드 설치 장소의 최고 주위온도가 50℃일 때 헤드의 표시온도는 79℃ 이상 121℃ 미만인 것을 사용한다.

답 O

해 폐쇄형 스프링클러헤드 설치 장소의 최고 주위온도가 39℃ 이상 64℃ 미만일 때의 표시 온도는 79℃ 이상 121℃ 미만인 것을 사용한다.
설치 장소의 최고 주위온도가 39℃ 미만일 때의 표시온도는 79℃ 미만인 것을 사용한다.

▶ 주위온도에 따른 표시온도(폐쇄형 스프링클러헤드):
설치장소의 평상시 최고 주위온도에 따라 규격의 표시온도의 것으로 설치해야 함. 예를 들어, 설치장소의 최고 주위온도가 45℃라면 (폐쇄형) 헤드에 표시된 온도가 79℃ 이상 121℃ 미만인 것을 사용.

설치장소 최고 주위온도	표시온도 (헤드 개방 온도)
39℃ 미만	79℃ 미만
39℃ 이상 64℃ 미만	79℃ 이상 121℃ 미만

18

스프링클러설비의 배관 중 교차배관은 가지배관과 수평하거나 밑으로 설치해야 한다.

답 ○

해 스프링클러설비의 교차배관은 직접 또는 수직배관을 통해 가지배관에 급수하는 배관으로 가지배관보다 교차배관이 더 높으면 아래쪽으로 흐르는 물때 같은 이물질이 껴서 배관이 막힐 수도 있기 때문에 교차배관은 가지배관과 수평하거나 밑으로 설치해야 한다.

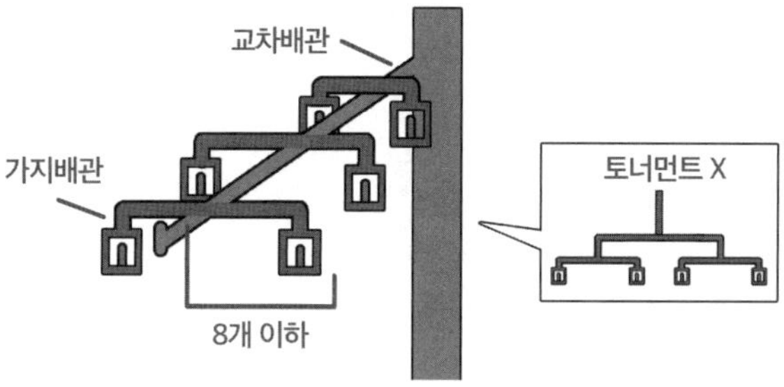

19

펌프성능시험 중 체절운전은 토출량이 0일 때 체절압력이 정격토출압력의 140% 이상인지 확인하는 시험이다.

답 X

해 체절운전은 토출량(뿜는 물의 양)이 0인 상태에서 펌프를 기동했을 때, 체절압력이 정격토출압력의 140% '이하'이고 체절압력 미만에서 릴리프밸브가 작동하는지를 확인하는 시험이다.
쉽게 말해서, 나가는 물이 없이 펌프가 회전하는 상황에서 과부하가 걸리지 않도록 압력이 140% '이하'로 제한되고, 과압을 방출하는 릴리프밸브가 제대로 작동되는지를 확인하는 것이다. 따라서 체절운전 : 토출량 0일 때, 정격토출압력의 140% '이하'를 확인하는 시험인 점을 체크.

20

송배선식은 감지기 선로 사이의 연결상태 정상 여부를 확인하는 도통시험을 원활히 진행하기 위한 배선 방식으로 감지기의 배선은 송배선식으로 해야 한다.

답 ○

해 감지기 배선은 '송배선식'으로 한다는 점도 기억해야 하고, 이러한 송배선식의 목적을 묻는 문제가 출제되기도 하기 때문에 송배선식은 회로 '도통시험'을 원활하게 하기 위한 배선 방식임을 같이 기억하면 좋다.

21

오동작방지기가 있는 수신기의 동작시험 시 축적스위치를 비축적위치에 두고 시험을 진행한다.

답 ○

해 오동작방지기능이 있는 수신기의 경우 [축적]스위치는 먼지 및 이물질로 인한 오동작을 가려내기 위해 일정 시간 동안 화재수신 데이터를 축적해두는 기능을 말한다. 이렇게 축적스위치를 축적 위치에 두는 경우에는 점검 시 데이터 축적으로 인해 점검 시간이 지연될 수 있으므로, 동작시험(점검) 중에는 신호가 바로 전달될 수 있도록 축적스위치를 [비축적]위치에 두고 시험을 진행한다.

22

예비전원시험은 예비전원시험 버튼과 자동복구 버튼을 누르고 전압계 측정 결과가 19~29V로 측정되면 정상이다.

답 X

해 예비전원시험은 [예비전원시험] 버튼(스위치)을 '누르고 있는 상태'로 측정한다. 이때 전압계 측정값이 19~29V로 측정되거나 램프에 녹색불이 들어오면 정상이다.

23

2선식유도등은 반드시 상시 점등상태를 유지해야 한다.

답 ○

해 2선식유도등은 켜져 있는 상태에서 배터리를 충전하는 방식이기 때문에 불을 꺼두면 예비전원으로 쓸 배터리가 충전되지 않아 정전이나 화재 등의 상황에서 작동하지 않을 수 있다. 따라서 2선식유도등은 자동으로 배터리가 충전될 수 있도록 상시 점등상태를 유지해야 한다.
반면, 3선식유도등의 경우 평소에 꺼두었다가 필요 시 자동으로 점등되는 구조이다.

24

소요수량이 80m³일 때 흡수관투입구는 1개를 설치한다.

답 X

해 소요수량이 80m³ '미만'이면 흡수관투입구는 1개를 설치한다. 즉, 80m³이 안 될 때에는 1개를 설치하지만, 80m³ '이상'일 때부터는 흡수관투입구를 2개 이상 설치해야 하므로 소요수량이 80m³일 때는 '이상'에 해당하기 때문에 흡수관투입구를 2개 이상 설치해야 한다.

25

> **급기가압제연설비의 최소차압은 40Pa 이상이어야 하고, 출입문의 개방력은 110N 이상이어야 한다.**

답 X

해 급기가압제연설비의 최소차압은 40Pa 이상(스프링클러설비가 설치된 경우는 12.5Pa 이상)이어야 한다. 이는 압력을 가해 가압하고자 하는 공간의 공기를 다른 공간보다 높게 차압을 형성하는 것으로 연기가 침투하지 못하게 하는 목적이므로 40Pa '이상'의 압력이 가해져야 하는 것이다.

그리고 출입문의 개방력 즉, 문을 열 때 들이는 힘은 110N '이하'여야 하는데 이는 가압되고 있는 상황에서 출입문이 너무 쉽게 열리면 그만큼 외부의 연기가 침투하기 쉬워지기 때문에 이를 막고자 최소한의 기준치를 정해두는데, 이러한 가압에 의해서 문에 실리는 무게가 너무 과하게 무거워지면 오히려 탈출이 어려워질 수도 있기 때문에 110N(뉴턴) '이하'가 되도록 정하고 있는 것이다. 따라서 최소차압은 40Pa 이상, 출입문의 개방력은 110N '이하'여야 옳다.

PART
06

소방안전관리자 1급

헷갈리는 계산 문제 공략법

헷갈리는 계산 문제 공략법

01 [건축관계법령]의 내용 중, '용적률'과 '건폐율' 계산하기

• **용적률**

① 용적률(담을 용 容, 쌓을 적 積)은 그 대지면적에 얼마큼 담아서 쌓아 올렸는지를 나타낸 비율이다.

② 그래서, 어떤 건축물의 각 층마다의 바닥면적을 모두 더한 값인 '연면적'을 대지면적으로 나눈 것 x100으로 계산한다.

③ 예를 들어 대지면적이 1,000m²이고 그 위에 세워진 어떤 건축물의 연면적(모든 층의 바닥면적을 다 합친 값=쌓아 올린 면적)이 5,000m²라면, (연면적 5,000÷대지면적 1000)x100=5x100으로 용적률 500%라는 계산이 나온다. 즉, 용적률이란 대지면적에 비해 그 위로 높이 쌓아 올린다면 대지면적보다도 연면적이 커질 수 있기 때문에 100%를 초과하는 값이 나올 수 있다.

• **건폐율**

① 건폐율(엎지를 건 建, 덮을 폐 蔽)은 쉽게 말해서 대지면적이 테이블이라면, 그 위에 건물이 엎질러진 물처럼 얼마만큼의 면적을 덮어서 차지하고 있는지를 나타낸 비율이다.

② 그래서, 어떤 건축물의 외곽을 따라 차지하고 있는 면적인 '건축면적'을 대지면적으로 나눈 것 x100으로 계산한다.

③ 만약 대지면적이 1,000m²라면, 건축면적은 그 건물의 외벽을 따라 선을 쭉 이어 그렸을 때 둘러싸이는 면적을 의미하므로 건축면적은 대지면적인 1,000m²보다 커질 수 없다.
(연면적은 위로 쌓아 올리는 것이므로 대지면적보다 커질 수도 있지만, 건축면적은 건축물을 지을 수 있다고 허가해준 땅의 면적을 초과해서 그것보다 넓게 지을 수는 없으므로 건축면적은 최대한으로 커도 대지면적과 같거나 그보다 작을 수밖에 없다.)

④ 따라서 대지면적이 1,000m²이고 건축면적이 800m²라면 (건축면적 800÷대지면적 1,000)x100=0.8x100=80% 라는 계산이 나온다. 그래서 용적률과 다르게 '건폐율'은 100%를 초과할 수 없다.

02 [건축관계법령]의 내용 중, 방화구획(면적별 구획) 계산하기

① 1층부터 10층까지(10층 이하): 바닥면적 1,000m² 이내마다 구획
② 11층부터(11층 이상): 바닥면적 200m² 이내마다 구획
③ 11층부터 + 내장재가 불연재인 경우: 500m² 이내마다 구획
④ 그런데 스프링클러설비가 설치되어 있다면 ①~③ 기준면적 x3배

11층 바닥면적 6,000m²
10층 바닥면적 6,000m²

⑤ 따라서 위와 같은 건물의 일반적인 경우 10층은 6개로 방화구획하고, 11층은 두 가지 경우로 나눌 수 있다. 첫째, 11층의 내장재가 불연재가 아닌 경우는 200m² 이내마다 구획하여 총 6,000÷200으로 방화구획은 30개가 될 것이고, 둘째로 11층의 내장재가 불연재인 경우라면 500m² 이내마다 구획하여 총 6,000÷500으로 방화구획은 12개가 될 것이다.
⑥ 그런데 만약 위 건물에 스프링클러설비가 설치되어 있다면 10층은 기준면적 1,000m²x3인 3,000m² 이내가 기준이 되어 10층은 총 2개로 방화구획할 수 있다. 11층의 경우는 두 가지 경우로 나눌 수 있는데 만약 11층의 내장재가 불연재가 아니라면 기준면적 200m²x3배인 600m² 이내 기준이 적용되어 6,000m²÷600m²=10개로 방화구획하거나, 또는 만약 11층의 내장재가 불연재일 경우라면 기준면적 500m²x3배인 1,500m² 이내 기준이 적용되어 6,000m²÷1,500m²=4개로 방화구획을 설정할 수 있다.

03 [소방시설의 종류 및 구조·점검]의 내용 중, 경계구역 계산하기

① 하나의 경계구역에 2개 이상의 건축물이나 2개 이상의 층을 포함하지 않아야 하지만, 예외적으로 2개 층의 면적을 합쳐도 500m² '이하'라면 한 개의 경계구역으로 설정할 수 있다.

② 위와 같은 예외사항이 아니라면 기본적으로 하나의 경계구역의 면적은 600m² 이하+한 변의 길이 50m '이하'여야 한다.

③ 만약 출입구에서 그 내부 전체가 보이는 시설이라면 하나의 경계구역의 면적은 1,000m² 이하+한 변의 길이 50 m '이하'여야 한다.

▶ [예시] 아래 그림의 건축물의 경계구역 최소 개수 계산하기

(단, 한 변의 길이는 모두 50m로 이하고 1층은 출입구에서 내부 전체가 보이는 구조이다.)

㉮ 1층은 출입구에서 내부 전체가 보이는 구조이므로 경계구역 설정 기준면적은 1,000m²가 적용된다. 이때 한 변의 길이는 모두 50m 이하라고 했으니 생각하지 않고, 면적에 따라 나눈다면 1층은 1개의 경계구역으로 설정할 수 있다. (만약, 한 변의 길이가 100m였다면 2개의 경계구역으로 설정)

㉯ 2층은 예외사항이 없으므로 기본적인 경계구역 기준면적인 600m²가 적용된다. 이때도 한 변의 길이는 모두 50m 이하라고 했으니 생각하지 않고, 면적에 따라 나눈다면 800m²는 기준면적인 600m²를 초과하기 때문에 2개의 경계구역으로 설정한다. (하나의 경계구역은 600m² 이하여야 하므로 800m²를 충족하려면 최소 2개 이상으로 나눠야 함.)

㉰ 3층과 4층의 면적을 더했을 때 500m² 이하이므로 ①번의 예외사항에 따라 3, 4층을 한 개의 경계구역으로 설정할 수 있다.

㉱ 따라서 1층은 1개, 2층은 2개, 3층과 4층을 묶어 1개의 경계구역으로 설정할 수 있으므로 최소 4개의 경계구역으로 나눌 수 있다.

04 [소방시설의 종류 및 구조·점검]의 내용 중, 펌프의 압력 세팅 계산하기

① '주펌프의 정지점(Range): 펌프가 정지하는 지점. (체절압력 직근의 값 또는 조금 높게 설정하도록 정하고 있으나 현재 시험 출제 면에서는 크게 의미가 없으므로, 'Range'가 '정지점'임을 알고 있는 것이 중요!)

② 주펌프의 기동점은 자연낙차압+K: 옥내소화전의 경우 K값은 자연낙차압에 +0.2MPa을 더하고, 스프링클러설비의 경우 K값은 자연낙차압에 +0.15MPa을 더한다.

③ Diff는 정지점-기동점: 정지점(Range)에서 기동점을 뺀 값이 Diff이고 압력스위치를 세팅할 때는 정지점(Rnage)과 Diff 값을 드라이버로 조정해 설정한다.
충압펌프의 경우 너무 잦은 작동을 방지하기 위해 DIff는 최소 0.1MPa 이상이어야 한다.

④ 충압펌프는 주펌프의 범위 내에 있도록 설정하고, 주펌프와 충압펌프의 기동점 간격은 최소 0.05MPa 이상으로 한다. (충압펌프가 먼저 기동)

▶ [예시]

㉮ 주펌프의 압력스위치 세팅 모습이 다음과 같을 때의 정지점과 기동점

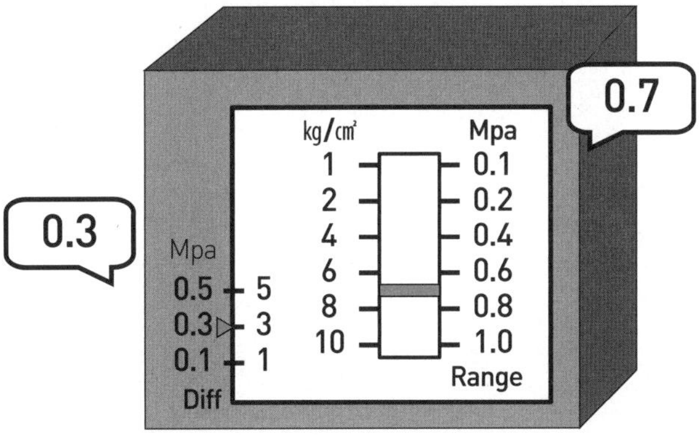

(1) 압력스위치상 오른편 Range가 정지점을 나타내므로 정지점은 0.7MPa

(2) 압력스위치상 왼편 Diff는 0.3MPa

(3) Diff = [정지점 - 기동점]이므로, 0.3(Diff) = [0.7(정지점) - 기동점]. 따라서 기동점은 0.4Mpa임을 알 수 있다.

㉯ 자연낙차압 유추하기

(1) 주펌프의 기동점은 '자연낙차압+K'로, 이때 K는 옥내소화전의 경우에는 0.2MPa, 스프링클러설비의 경우 0.15MPa로 계산한다.

(2) 그렇다면 위 그림과 같이 기동점이 0.4MPa일 때, 옥내소화전인 경우라면 : 기동점(0.4) = 자연낙차압 + K(0.2)로 자연낙차압은 0.2MPa.

(3) 만약 기동점이 0.4MPa일 때, 스프링클러설비인 경우라면 : 기동점(0.4) = 자연낙차압 + K(0.15)로 자연낙차압은 0.25MPa로 계산할 수 있다.

㉰ 주펌프 및 충압펌프 압력 세팅 그래프 예시

주펌프와 충압펌프의 정지점, 기동점	주펌프와 충압펌프 압력세팅 값 비교
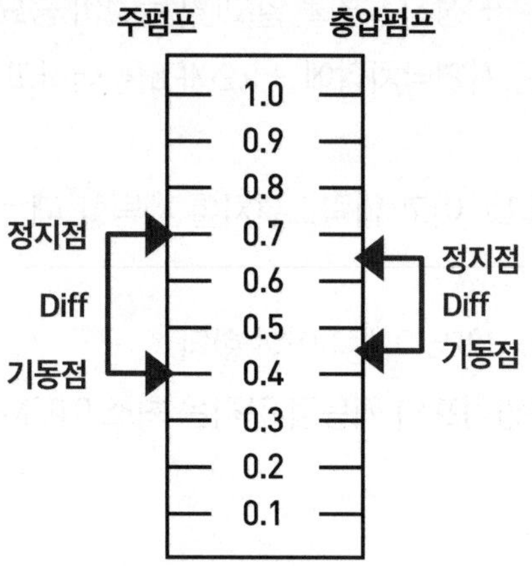 → 충압펌프가 주펌프보다 Diff(정지점과 기동점의 차이)값이 더 작아서 주펌프보다 더 예민하게 기동된다.	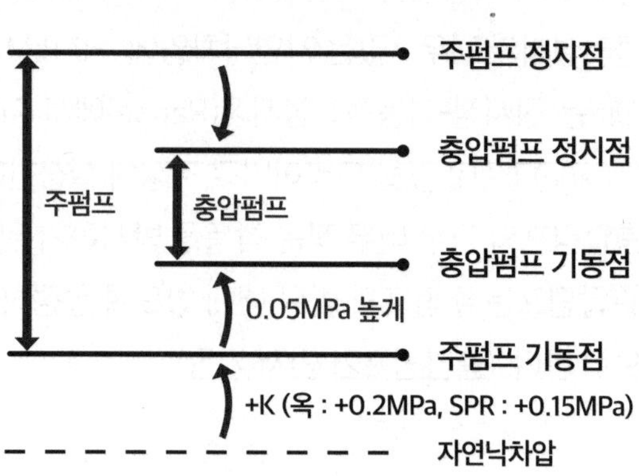

05 저수량 계산하기

① 옥내소화전 수원의 저수량

- **29층 이하**: 방수량 130L/minx20분(소방차 활동 개시까지 버텨야 하는 시간)으로 계산하여 29층 이하의 건물은 설치개수 N에 2.6m^3(130l/minx20)로 계산한다. 그리고 이때 설치된 옥내소화전의 개수가 2개를 초과하여 4개, 5개가 되더라도 설치개수 N의 최대 개수는 2개까지로 제한한다. 즉 정리하면, 29층 이하의 건물에서는 옥내소화전이 3개 이상 설치되었더라도 설치 개수 N의 최대 개수는 2개까지이므로, 2x2.6m^3 = 5.2m^3이 된다. (1개만 설치된 경우에는 1x2.6m^3이므로 2.6m^3)
- **30층~49층**: 소방차 활동개시까지 버텨야 하는 시간이 40분으로 늘어나서 130L/minx40분으로 계산한 5.2m^3를 설치개수 N에 곱한다. 또한 30층부터는 설치개수 N의 최대개수를 5개까지 설정할 수 있으므로, 옥내소화전이 5개 이상 설치되었다면 5x5.2 = 26m^3(톤)이 된다. (만약 30~49층에서 옥내소화전이 1개만 설치되었다면 1x5.2로 계산, 3개만 설치되었다면 3x5.2로 계산하고, 5개를 초과해서 설치되었다면 5x5.2로 계산한다.)
- **50층 이상**: 소방차 활동개시까지 버텨야 하는 시간이 60분으로 늘어나서 130L/minx60분으로 계산한 7.8m^3를 설치개수 N에 곱한다. 50층 이상도 설치개수 N의 최대개수는 5개까지이며 그 외 계산법은 30~49층에 적용하는 것과 동일하다. 옥내소화전이 5개 이상 설치되었더라도 5x7.8 = 39m^3(톤). (4개만 설치되었다면 4x7.8로 계산)

② 옥외소화전 수원의 용량

- 소화전 설치개수에 7m^3를 곱한 값인데 2개 이상 설치된 경우에는 최대개수 2개까지로 제한
  : 1개일 때는 7m^3, 2개 이상일 때는 14m^3

③ 스프링클러설비 수원의 저수량(폐쇄형 헤드)

- 스프링클러설비의 설치 기준(헤드 개수)

10층 이하 소방대상물 (지하 제외)	공장, 창고	특수가연물 저장·취급	30
		그 밖의 것	20
	근린생활시설, 판매시설, 복합건축물	판매시설, 복합건축물	30
		그 밖의 것	20
	헤드 부착 높이	8m 이상	20
		8m 미만	10
아파트			10
11층 이상, 지하			30

- 29층 이하: 헤드 기준개수x1.6m^3으로 계산 (80L/minx20분이 1.6m^3이므로.)
- 30층~49층 이하: 기준개수x3.2m^3 이상 (80L/minx40분)
- 50층 이상: 기준개수x4.8m^3 이상 (80L/minx60분)

[예시] 아파트의 경우 기준개수 10개x1.6m^3 = 스프링클러설비(폐쇄형 헤드) 저수량은 16m^3.

④ 소화용수설비 - 저수량 계산하기

1) 소방대상물의 1층 및 2층 바닥면적의 합계가 15,000m² 이상인 건축물	(연면적 ÷ 7,500m²)x20m³	연면적 나누기 기준면적 계산 시, 소수점 이하는 1로 계산한다.
2) 위에 해당하지 않는 그 밖의 건축물	(연면적 ÷ 12,500m²)x20m³	

▶ [예시]

① 소방대상물의 1층 및 2층 바닥면적의 합계가 18,000m²인 건축물

: (18,000m² ÷ 7,500m²)을 먼저 계산하면, 2.4가 나오는데 이때 소수점 이하(0.1부터 0.9)는 1로 절상하는 것으로 보기 때문에 3x20m³ = 60m³

② 소방대상물의 바닥면적의 합계가 13,500m²인 건축물

: 바닥면적의 합이 15,000m²가 안 되는 경우이므로 두 번째 공식을 적용하여 (13,500m² ÷ 12,500m²)을 먼저 계산하면, 1.08이 나오는데 이때 소수점 이하는 1로 절상하는 것으로 보기 때문에 2x20m³ = 40m³

06 피난기구 설치 개수

Q1. 4층에 위치한 바닥면적 1,000m²의 숙박시설로 객실은 5개이다. 이때 설치해야 하는 완강기의 개수를 구하시오.

① 숙박시설은 바닥면적 500m²마다 1개 이상 피난기구를 설치하므로 설치수량 기준 면적에 따라 계산하면, 해당 숙박시설의 바닥면적 1,000m² ÷ 500m²(기준 면적) = 2.

② 그런데 숙박시설의 3층 이상의 객실에는 완강기 또는 둘 이상의 간이완강기를 '객실마다' 추가로 설치해야 하므로, 4층에 위치한 해당 숙박시설은 5개의 객실에 완강기를 추가로 설치해야 한다.

③ 따라서 2 + 5(객실마다 추가 설치) = 7개의 완강기를 설치하는 것으로 계산할 수 있다.
(CHECK! 참고로 이때 만약, 객실마다 추가로 설치하는 것이 '간이완강기'였다면, 숙박시설에서 추가로 설치하는 '간이' 완강기는 객실마다 둘 이상이므로, 객실 하나당 2개 → 5개의 객실에는 총 10개를 설치하는 것으로 계산할 수 있다.)

| 피난기구의 설치수량(층마다 설치)

소방대상물의 용도	면적에 따른 설치 수량 기준
계단실형 아파트	각 세대마다 1개 이상
노유자시설·숙박시설·의료시설	바닥면적 500m²마다 1개 이상
위락·문화집회 및 운동·판매시설로 사용되는 층 또는 복합용도의 층	바닥면적 800m²마다 1개 이상
그 밖의 용도의 층	바닥면적 1,000m²마다 1개 이상

| 추가 설치해야 하는 피난기구

소방대상물의 용도	추가 설치해야 하는 피난기구 종류	수량
숙박시설(휴양콘도미니엄 제외)	완강기 또는 2 이상의 간이완강기	객실마다 설치
「공동주택관리법」에서 정하는 공동주택	공기안전매트	하나의 관리주체가 관리하는 공동주택 구역마다 1개 이상 설치
4층 이상의 층에 설치된 노유자시설 중 장애인 관련 시설(주된 사용자 중 스스로 피난이 불가한 자가 있는 경우)	구조대	층마다 1개 이상 설치

Q2. 지하 1층, 지상 5층 규모의 사무실로 각 층의 바닥면적은 2,000m²이다. 주요구조부는 내화구조이고, 직통계단인 특별피난계단이 2개소 설치되어 있을 때 해당 사무실의 피난기구 설치 개수를 구하시오.

① 사무실은 '그 밖의 용도의 층'으로 피난기구 설치 수량 기준 면적 1,000m²가 적용된다.

② 그럼 한 층을 기준으로 바닥면적 2,000m² ÷ 1,000m² = 2.

③ 이때 '내화구조 + (특별)피난계단을 둘 이상 설치'함에 따라 1/2 설치 감소 조건이 적용되어, 2개 X $\frac{1}{2}$ = 1개.

④ 그리고 설치 장소별 피난기구 적응성 표에 따라, 문제의 사무실에서 피난기구의 적응성이 있는 층은 3층부터 5층이므로, 1개 X 3개 층(3층, 4층, 5층) = 3개.

MEMO

MEMO

서 채 빈

| 약력 및 경력

- 유튜브 챕스랜드 운영
- 소방안전관리자 1급 자격증 취득(2022년 4월)
- 소방안전관리자 2급 자격증 취득(2021년 2월)
- H 레포트 공유 사이트 자료 판매 누적 등급 A+

2024 무료강의 챕스랜드 소방안전관리자1급 찐정리 스포일러 비밀 문제집

발행일

1쇄 2022년 8월 30일
2쇄 2023년 2월 10일
3쇄 2023년 7월 30일
4쇄 2023년 8월 10일
5쇄 2024년 3월 8일

발행인 조순자 **발행처** 인성재단(종이향기)
편저자 서채빈 **디자인** 서시영

정 가 30,000원 **ISBN** 979-11-93686-27-0

응시 분야	

감독 확인	

수 험 번 호

⓪①②③④⑤⑥⑦⑧⑨	⓪①②③④⑤⑥⑦⑧⑨	⓪①②③④⑤⑥⑦⑧⑨	⓪①②③④⑤⑥⑦⑧⑨	⓪①②③④⑤⑥⑦⑧⑨	⓪①②③④⑤⑥⑦⑧⑨	⓪①②③④⑤⑥⑦⑧⑨	⓪①②③④⑤⑥⑦⑧⑨

고유번호

⓪①②③④⑤⑥⑦⑧⑨	⓪①②③④⑤⑥⑦⑧⑨	⓪①②③④⑤⑥⑦⑧⑨	⓪①②③④⑤⑥⑦⑧⑨

생 년 월 일

년				월		일	
⓪①②③④⑤⑥⑦⑧⑨	⓪①②③④⑤⑥⑦⑧⑨	⓪①②③④⑤⑥⑦⑧⑨	⓪①②③④⑤⑥⑦⑧⑨	⓪①②③④⑤⑥⑦⑧⑨	⓪①②③④⑤⑥⑦⑧⑨	⓪①②③④⑤⑥⑦⑧⑨	⓪①②③④⑤⑥⑦⑧⑨

성 별	
남	⓪
여	⓪

※ OMR카드 작성요령

1. 감독관 지시에 따라 응답지를 작성할 것.
2. 반드시 컴퓨터용싸인펜을 사용할 것.
3. 인적사항은 좌측부터, 성명은 복모음에 유의하여 작성할 것.

성 명

㉠㉡㉢㉣㉤㉥㉦㉧㉨㉩㉪㉫㉬㉭	ㅏㅐㅑㅒㅓㅔㅕㅖㅗㅘㅙㅚㅛㅜㅝㅞㅟㅠㅡㅢㅣ	㉠㉡㉢㉣㉤㉥㉦㉧㉨㉩㉪㉫㉬㉭	㉠㉡㉢㉣㉤㉥㉦㉧㉨㉩㉪㉫㉬㉭	ㅏㅐㅑㅒㅓㅔㅕㅖㅗㅘㅙㅚㅛㅜㅝㅞㅟㅠㅡㅢㅣ	㉠㉡㉢㉣㉤㉥㉦㉧㉨㉩㉪㉫㉬㉭	㉠㉡㉢㉣㉤㉥㉦㉧㉨㉩㉪㉫㉬㉭	ㅏㅐㅑㅒㅓㅔㅕㅖㅗㅘㅙㅚㅛㅜㅝㅞㅟㅠㅡㅢㅣ	㉠㉡㉢㉣㉤㉥㉦㉧㉨㉩㉪㉫㉬㉭	㉠㉡㉢㉣㉤㉥㉦㉧㉨㉩㉪㉫㉬㉭	ㅏㅐㅑㅒㅓㅔㅕㅖㅗㅘㅙㅚㅛㅜㅝㅞㅟㅠㅡㅢㅣ	㉠㉡㉢㉣㉤㉥㉦㉧㉨㉩㉪㉫㉬㉭

답 안 표 기 란

1	① ② ③ ④ ⑤	21	① ② ③ ④ ⑤	41	① ② ③ ④ ⑤
2	① ② ③ ④ ⑤	22	① ② ③ ④ ⑤	42	① ② ③ ④ ⑤
3	① ② ③ ④ ⑤	23	① ② ③ ④ ⑤	43	① ② ③ ④ ⑤
4	① ② ③ ④ ⑤	24	① ② ③ ④ ⑤	44	① ② ③ ④ ⑤
5	① ② ③ ④ ⑤	25	① ② ③ ④ ⑤	45	① ② ③ ④ ⑤
6	① ② ③ ④ ⑤	26	① ② ③ ④ ⑤	46	① ② ③ ④ ⑤
7	① ② ③ ④ ⑤	27	① ② ③ ④ ⑤	47	① ② ③ ④ ⑤
8	① ② ③ ④ ⑤	28	① ② ③ ④ ⑤	48	① ② ③ ④ ⑤
9	① ② ③ ④ ⑤	29	① ② ③ ④ ⑤	49	① ② ③ ④ ⑤
10	① ② ③ ④ ⑤	30	① ② ③ ④ ⑤	50	① ② ③ ④ ⑤
11	① ② ③ ④ ⑤	31	① ② ③ ④ ⑤		
12	① ② ③ ④ ⑤	32	① ② ③ ④ ⑤		
13	① ② ③ ④ ⑤	33	① ② ③ ④ ⑤		
14	① ② ③ ④ ⑤	34	① ② ③ ④ ⑤		
15	① ② ③ ④ ⑤	35	① ② ③ ④ ⑤		
16	① ② ③ ④ ⑤	36	① ② ③ ④ ⑤		
17	① ② ③ ④ ⑤	37	① ② ③ ④ ⑤		
18	① ② ③ ④ ⑤	38	① ② ③ ④ ⑤		
19	① ② ③ ④ ⑤	39	① ② ③ ④ ⑤		
20	① ② ③ ④ ⑤	40	① ② ③ ④ ⑤		

*연습용 답안지

소방안전관리자 1급 답안지

응시 분야	

감독 확인	

※ OMR카드 작성요령

1. 감독관 지시에 따라 응답지를 작성할 것.
2. 반드시 컴퓨터용싸인펜을 사용할 것.
3. 인적사항은 좌측부터, 성명은 복모음에 유의하여 작성할 것.

수 험 번 호 (8자리: ⓪ ① ② ③ ④ ⑤ ⑥ ⑦ ⑧ ⑨)

고유번호 (4자리: ⓪ ① ② ③ ④ ⑤ ⑥ ⑦ ⑧ ⑨)

생 년 월 일 (년 / 월 / 일: ⓪ ① ② ③ ④ ⑤ ⑥ ⑦ ⑧ ⑨)

성 별: 남 ⓪ / 여 ⓪

성 명

㉠ ㉹ ㉡ ㉢ ㉸ ㉣ ㉤ ㉥ ㉺ ㉦ ㉻ ㉧ ㉨ ㉼ ㉩ ㉪ ㉫ ㉬ ㉭

ⓐ ⓑ ⓒ ⓓ ⓔ ⓕ ⓖ ⓗ ⓘ ⓙ ⓚ ⓛ ⓜ ⓝ ⓞ ⓟ ⓠ ⓡ ⓢ ⓣ ⓤ

답 안 표 기 란

1	① ② ③ ④ ⑤	21	① ② ③ ④ ⑤	41	① ② ③ ④ ⑤
2	① ② ③ ④ ⑤	22	① ② ③ ④ ⑤	42	① ② ③ ④ ⑤
3	① ② ③ ④ ⑤	23	① ② ③ ④ ⑤	43	① ② ③ ④ ⑤
4	① ② ③ ④ ⑤	24	① ② ③ ④ ⑤	44	① ② ③ ④ ⑤
5	① ② ③ ④ ⑤	25	① ② ③ ④ ⑤	45	① ② ③ ④ ⑤
6	① ② ③ ④ ⑤	26	① ② ③ ④ ⑤	46	① ② ③ ④ ⑤
7	① ② ③ ④ ⑤	27	① ② ③ ④ ⑤	47	① ② ③ ④ ⑤
8	① ② ③ ④ ⑤	28	① ② ③ ④ ⑤	48	① ② ③ ④ ⑤
9	① ② ③ ④ ⑤	29	① ② ③ ④ ⑤	49	① ② ③ ④ ⑤
10	① ② ③ ④ ⑤	30	① ② ③ ④ ⑤	50	① ② ③ ④ ⑤
11	① ② ③ ④ ⑤	31	① ② ③ ④ ⑤		
12	① ② ③ ④ ⑤	32	① ② ③ ④ ⑤		
13	① ② ③ ④ ⑤	33	① ② ③ ④ ⑤		
14	① ② ③ ④ ⑤	34	① ② ③ ④ ⑤		
15	① ② ③ ④ ⑤	35	① ② ③ ④ ⑤		
16	① ② ③ ④ ⑤	36	① ② ③ ④ ⑤		
17	① ② ③ ④ ⑤	37	① ② ③ ④ ⑤		
18	① ② ③ ④ ⑤	38	① ② ③ ④ ⑤		
19	① ② ③ ④ ⑤	39	① ② ③ ④ ⑤		
20	① ② ③ ④ ⑤	40	① ② ③ ④ ⑤		

*연습용 답안지

소방안전관리자 1급 답안지

응시 분야	
감독 확인	

※ OMR카드 작성요령

1. 감독관 지시에 따라 응답지를 작성할 것.
2. 반드시 컴퓨터용싸인펜을 사용할 것.
3. 인적사항은 좌측부터, 성명은 복모음에 유의하여 작성할 것.

수 험 번 호								고유번호			
⓪①②③④⑤⑥⑦⑧⑨	⓪①②③④⑤⑥⑦⑧⑨	⓪①②③④⑤⑥⑦⑧⑨	⓪①②③④⑤⑥⑦⑧⑨	⓪①②③④⑤⑥⑦⑧⑨	⓪①②③④⑤⑥⑦⑧⑨	⓪①②③④⑤⑥⑦⑧⑨	⓪①②③④⑤⑥⑦⑧⑨	⓪①②③④⑤⑥⑦⑧⑨	⓪①②③④⑤⑥⑦⑧⑨	⓪①②③④⑤⑥⑦⑧⑨	⓪①②③④⑤⑥⑦⑧⑨

생 년 월 일							
년				월		일	
⓪①②③④⑤⑥⑦⑧⑨	⓪①②③④⑤⑥⑦⑧⑨	⓪①②③④⑤⑥⑦⑧⑨	⓪①②③④⑤⑥⑦⑧⑨	⓪①②③④⑤⑥⑦⑧⑨	⓪①②③④⑤⑥⑦⑧⑨	⓪①②③④⑤⑥⑦⑧⑨	⓪①②③④⑤⑥⑦⑧⑨

성 별	
남	⓪
여	⓪

성 명

답 안 표 기 란					
1	① ② ③ ④ ⑤	21	① ② ③ ④ ⑤	41	① ② ③ ④ ⑤
2	① ② ③ ④ ⑤	22	① ② ③ ④ ⑤	42	① ② ③ ④ ⑤
3	① ② ③ ④ ⑤	23	① ② ③ ④ ⑤	43	① ② ③ ④ ⑤
4	① ② ③ ④ ⑤	24	① ② ③ ④ ⑤	44	① ② ③ ④ ⑤
5	① ② ③ ④ ⑤	25	① ② ③ ④ ⑤	45	① ② ③ ④ ⑤
6	① ② ③ ④ ⑤	26	① ② ③ ④ ⑤	46	① ② ③ ④ ⑤
7	① ② ③ ④ ⑤	27	① ② ③ ④ ⑤	47	① ② ③ ④ ⑤
8	① ② ③ ④ ⑤	28	① ② ③ ④ ⑤	48	① ② ③ ④ ⑤
9	① ② ③ ④ ⑤	29	① ② ③ ④ ⑤	49	① ② ③ ④ ⑤
10	① ② ③ ④ ⑤	30	① ② ③ ④ ⑤	50	① ② ③ ④ ⑤
11	① ② ③ ④ ⑤	31	① ② ③ ④ ⑤		
12	① ② ③ ④ ⑤	32	① ② ③ ④ ⑤		
13	① ② ③ ④ ⑤	33	① ② ③ ④ ⑤		
14	① ② ③ ④ ⑤	34	① ② ③ ④ ⑤		
15	① ② ③ ④ ⑤	35	① ② ③ ④ ⑤		
16	① ② ③ ④ ⑤	36	① ② ③ ④ ⑤		
17	① ② ③ ④ ⑤	37	① ② ③ ④ ⑤		
18	① ② ③ ④ ⑤	38	① ② ③ ④ ⑤		
19	① ② ③ ④ ⑤	39	① ② ③ ④ ⑤		
20	① ② ③ ④ ⑤	40	① ② ③ ④ ⑤		

*연습용 답안지

소방안전관리자 1급 답안지

응시 분야	

감독 확인	

수험번호							
⓪	⓪	⓪	⓪	⓪	⓪	⓪	⓪
①	①	①	①	①	①	①	①
②	②	②	②	②	②	②	②
③	③	③	③	③	③	③	③
④	④	④	④	④	④	④	④
⑤	⑤	⑤	⑤	⑤	⑤	⑤	⑤
⑥	⑥	⑥	⑥	⑥	⑥	⑥	⑥
⑦	⑦	⑦	⑦	⑦	⑦	⑦	⑦
⑧	⑧	⑧	⑧	⑧	⑧	⑧	⑧
⑨	⑨	⑨	⑨	⑨	⑨	⑨	⑨

고유번호			
⓪	⓪	⓪	⓪
①	①	①	①
②	②	②	②
③	③	③	③
④	④	④	④
⑤	⑤	⑤	⑤
⑥	⑥	⑥	⑥
⑦	⑦	⑦	⑦
⑧	⑧	⑧	⑧
⑨	⑨	⑨	⑨

생년월일							
년				월		일	
⓪	⓪	⓪	⓪	⓪	⓪	⓪	⓪
①	①	①	①	①	①	①	①
②	②	②	②	②	②	②	②
③	③	③	③	③	③	③	③
④	④	④	④	④	④	④	④
⑤	⑤	⑤	⑤	⑤	⑤	⑤	⑤
⑥	⑥	⑥	⑥	⑥	⑥	⑥	⑥
⑦	⑦	⑦	⑦	⑦	⑦	⑦	⑦
⑧	⑧	⑧	⑧	⑧	⑧	⑧	⑧
⑨	⑨	⑨	⑨	⑨	⑨	⑨	⑨

성별	
남	ⓞ
여	ⓞ

※ OMR카드 작성요령

1. 감독관 지시에 따라 응답지를 작성할 것.
2. 반드시 컴퓨터용싸인펜을 사용할 것.
3. 인적사항은 좌측부터, 성명은 복모음에 유의하여 작성할 것.

성명											
㉠	ㅏ	㉠	㉠	ㅏ	㉠	㉠	ㅏ	㉠	㉠	ㅏ	㉠
ㄲ	ㅐ	ㄲ	ㄲ	ㅐ	ㄲ	ㄲ	ㅐ	ㄲ	ㄲ	ㅐ	ㄲ
㉡	ㅑ	㉡	㉡	ㅑ	㉡	㉡	ㅑ	㉡	㉡	ㅑ	㉡
㉢	ㅒ	㉢	㉢	ㅒ	㉢	㉢	ㅒ	㉢	㉢	ㅒ	㉢
ㄸ	ㅓ	ㄸ	ㄸ	ㅓ	ㄸ	ㄸ	ㅓ	ㄸ	ㄸ	ㅓ	ㄸ
㉣	ㅔ	㉣	㉣	ㅔ	㉣	㉣	ㅔ	㉣	㉣	ㅔ	㉣
㉤	ㅕ	㉤	㉤	ㅕ	㉤	㉤	ㅕ	㉤	㉤	ㅕ	㉤
㉥	ㅖ	㉥	㉥	ㅖ	㉥	㉥	ㅖ	㉥	㉥	ㅖ	㉥
ㅃ	ㅗ	ㅃ	ㅃ	ㅗ	ㅃ	ㅃ	ㅗ	ㅃ	ㅃ	ㅗ	ㅃ
㉦	ㅘ	㉦	㉦	ㅘ	㉦	㉦	ㅘ	㉦	㉦	ㅘ	㉦
ㅆ	ㅙ	ㅆ	ㅆ	ㅙ	ㅆ	ㅆ	ㅙ	ㅆ	ㅆ	ㅙ	ㅆ
㉧	ㅚ	㉧	㉧	ㅚ	㉧	㉧	ㅚ	㉧	㉧	ㅚ	㉧
㉨	ㅛ	㉨	㉨	ㅛ	㉨	㉨	ㅛ	㉨	㉨	ㅛ	㉨
ㅉ	ㅜ	ㅉ	ㅉ	ㅜ	ㅉ	ㅉ	ㅜ	ㅉ	ㅉ	ㅜ	ㅉ
㉩	ㅝ	㉩	㉩	ㅝ	㉩	㉩	ㅝ	㉩	㉩	ㅝ	㉩
㉪	ㅞ	㉪	㉪	ㅞ	㉪	㉪	ㅞ	㉪	㉪	ㅞ	㉪
㉫	ㅟ	㉫	㉫	ㅟ	㉫	㉫	ㅟ	㉫	㉫	ㅟ	㉫
㉬	ㅠ	㉬	㉬	ㅠ	㉬	㉬	ㅠ	㉬	㉬	ㅠ	㉬
㉭	ㅡ	㉭	㉭	ㅡ	㉭	㉭	ㅡ	㉭	㉭	ㅡ	㉭
	ㅢ			ㅢ			ㅢ			ㅢ	
	ㅣ			ㅣ			ㅣ			ㅣ	

답 안 표 기 란

1	①	②	③	④	⑤	21	①	②	③	④	⑤	41	①	②	③	④	⑤
2	①	②	③	④	⑤	22	①	②	③	④	⑤	42	①	②	③	④	⑤
3	①	②	③	④	⑤	23	①	②	③	④	⑤	43	①	②	③	④	⑤
4	①	②	③	④	⑤	24	①	②	③	④	⑤	44	①	②	③	④	⑤
5	①	②	③	④	⑤	**25**	①	②	③	④	⑤	**45**	①	②	③	④	⑤
6	①	②	③	④	⑤	26	①	②	③	④	⑤	46	①	②	③	④	⑤
7	①	②	③	④	⑤	27	①	②	③	④	⑤	47	①	②	③	④	⑤
8	①	②	③	④	⑤	28	①	②	③	④	⑤	48	①	②	③	④	⑤
9	①	②	③	④	⑤	29	①	②	③	④	⑤	49	①	②	③	④	⑤
10	①	②	③	④	⑤	**30**	①	②	③	④	⑤	**50**	①	②	③	④	⑤
11	①	②	③	④	⑤	31	①	②	③	④	⑤						
12	①	②	③	④	⑤	32	①	②	③	④	⑤						
13	①	②	③	④	⑤	33	①	②	③	④	⑤						
14	①	②	③	④	⑤	34	①	②	③	④	⑤						
15	①	②	③	④	⑤	**35**	①	②	③	④	⑤						
16	①	②	③	④	⑤	36	①	②	③	④	⑤						
17	①	②	③	④	⑤	37	①	②	③	④	⑤						
18	①	②	③	④	⑤	38	①	②	③	④	⑤						
19	①	②	③	④	⑤	39	①	②	③	④	⑤						
20	①	②	③	④	⑤	**40**	①	②	③	④	⑤						

*연습용 답안지

소방안전관리자 1급 답안지

응시 분야	

감독 확인	

수험번호

고유번호

생년월일 (년 / 월 / 일)

성별	
남	ⓞ
여	ⓞ

※ OMR카드 작성요령

1. 감독관 지시에 따라 응답지를 작성할 것.
2. 반드시 컴퓨터용싸인펜을 사용할 것.
3. 인적사항은 좌측부터, 성명은 복모음에 유의하여 작성할 것.

성명

답 안 표 기 란

1	①	②	③	④	⑤	21	①	②	③	④	⑤	41	①	②	③	④	⑤
2	①	②	③	④	⑤	22	①	②	③	④	⑤	42	①	②	③	④	⑤
3	①	②	③	④	⑤	23	①	②	③	④	⑤	43	①	②	③	④	⑤
4	①	②	③	④	⑤	24	①	②	③	④	⑤	44	①	②	③	④	⑤
5	①	②	③	④	⑤	25	①	②	③	④	⑤	45	①	②	③	④	⑤
6	①	②	③	④	⑤	26	①	②	③	④	⑤	46	①	②	③	④	⑤
7	①	②	③	④	⑤	27	①	②	③	④	⑤	47	①	②	③	④	⑤
8	①	②	③	④	⑤	28	①	②	③	④	⑤	48	①	②	③	④	⑤
9	①	②	③	④	⑤	29	①	②	③	④	⑤	49	①	②	③	④	⑤
10	①	②	③	④	⑤	30	①	②	③	④	⑤	50	①	②	③	④	⑤
11	①	②	③	④	⑤	31	①	②	③	④	⑤						
12	①	②	③	④	⑤	32	①	②	③	④	⑤						
13	①	②	③	④	⑤	33	①	②	③	④	⑤						
14	①	②	③	④	⑤	34	①	②	③	④	⑤						
15	①	②	③	④	⑤	35	①	②	③	④	⑤						
16	①	②	③	④	⑤	36	①	②	③	④	⑤						
17	①	②	③	④	⑤	37	①	②	③	④	⑤						
18	①	②	③	④	⑤	38	①	②	③	④	⑤						
19	①	②	③	④	⑤	39	①	②	③	④	⑤						
20	①	②	③	④	⑤	40	①	②	③	④	⑤						

*연습용 답안지

소방안전관리사 1급 답안지

응시 분야	

감독 확인	

수험번호								고유번호			
⓪	⓪	⓪	⓪	⓪	⓪	⓪	⓪	⓪	⓪	⓪	⓪
①	①	①	①	①	①	①	①	①	①	①	①
②	②	②	②	②	②	②	②	②	②	②	②
③	③	③	③	③	③	③	③	③	③	③	③
④	④	④	④	④	④	④	④	④	④	④	④
⑤	⑤	⑤	⑤	⑤	⑤	⑤	⑤	⑤	⑤	⑤	⑤
⑥	⑥	⑥	⑥	⑥	⑥	⑥	⑥	⑥	⑥	⑥	⑥
⑦	⑦	⑦	⑦	⑦	⑦	⑦	⑦	⑦	⑦	⑦	⑦
⑧	⑧	⑧	⑧	⑧	⑧	⑧	⑧	⑧	⑧	⑧	⑧
⑨	⑨	⑨	⑨	⑨	⑨	⑨	⑨	⑨	⑨	⑨	⑨

생년월일							
년				월		일	
⓪	⓪	⓪	⓪	⓪	⓪	⓪	⓪
①	①	①	①	①	①	①	①
②	②	②	②	②	②	②	②
③	③	③	③	③	③	③	③
④	④	④	④	④	④	④	④
⑤	⑤	⑤	⑤	⑤	⑤	⑤	⑤
⑥	⑥	⑥	⑥	⑥	⑥	⑥	⑥
⑦	⑦	⑦	⑦	⑦	⑦	⑦	⑦
⑧	⑧	⑧	⑧	⑧	⑧	⑧	⑧
⑨	⑨	⑨	⑨	⑨	⑨	⑨	⑨

성별	
남	ⓞ
여	ⓞ

※ OMR카드 작성요령

1. 감독관 지시에 따라 응답지를 작성할 것.
2. 반드시 컴퓨터용싸인펜을 사용할 것.
3. 인적사항은 좌측부터, 성명은 복모음에 유의하여 작성할 것.

성명			

㉠	㉡	㉠	㉠	㉡	㉠	㉠	㉡	㉠	㉠	㉡	㉠
ㄲ	ㅐ	ㄲ	ㄲ	ㅐ	ㄲ	ㄲ	ㅐ	ㄲ	ㄲ	ㅐ	ㄲ
ㄴ	ㅑ	ㄴ	ㄴ	ㅑ	ㄴ	ㄴ	ㅑ	ㄴ	ㄴ	ㅑ	ㄴ
ㄷ	ㅒ	ㄷ	ㄷ	ㅒ	ㄷ	ㄷ	ㅒ	ㄷ	ㄷ	ㅒ	ㄷ
ㄸ	ㅓ	ㄸ	ㄸ	ㅓ	ㄸ	ㄸ	ㅓ	ㄸ	ㄸ	ㅓ	ㄸ
ㄹ	ㅔ	ㄹ	ㄹ	ㅔ	ㄹ	ㄹ	ㅔ	ㄹ	ㄹ	ㅔ	ㄹ
ㅁ	ㅕ	ㅁ	ㅁ	ㅕ	ㅁ	ㅁ	ㅕ	ㅁ	ㅁ	ㅕ	ㅁ
ㅂ	ㅖ	ㅂ	ㅂ	ㅖ	ㅂ	ㅂ	ㅖ	ㅂ	ㅂ	ㅖ	ㅂ
ㅃ	ㅗ	ㅃ	ㅃ	ㅗ	ㅃ	ㅃ	ㅗ	ㅃ	ㅃ	ㅗ	ㅃ
ㅅ	ㅘ	ㅅ	ㅅ	ㅘ	ㅅ	ㅅ	ㅘ	ㅅ	ㅅ	ㅘ	ㅅ
ㅆ	ㅙ	ㅆ	ㅆ	ㅙ	ㅆ	ㅆ	ㅙ	ㅆ	ㅆ	ㅙ	ㅆ
ㅇ	ㅚ	ㅇ	ㅇ	ㅚ	ㅇ	ㅇ	ㅚ	ㅇ	ㅇ	ㅚ	ㅇ
ㅈ	ㅛ	ㅈ	ㅈ	ㅛ	ㅈ	ㅈ	ㅛ	ㅈ	ㅈ	ㅛ	ㅈ
ㅉ	ㅜ	ㅉ	ㅉ	ㅜ	ㅉ	ㅉ	ㅜ	ㅉ	ㅉ	ㅜ	ㅉ
ㅊ	ㅝ	ㅊ	ㅊ	ㅝ	ㅊ	ㅊ	ㅝ	ㅊ	ㅊ	ㅝ	ㅊ
ㅋ	ㅞ	ㅋ	ㅋ	ㅞ	ㅋ	ㅋ	ㅞ	ㅋ	ㅋ	ㅞ	ㅋ
ㅌ	ㅟ	ㅌ	ㅌ	ㅟ	ㅌ	ㅌ	ㅟ	ㅌ	ㅌ	ㅟ	ㅌ
ㅍ	ㅠ	ㅍ	ㅍ	ㅠ	ㅍ	ㅍ	ㅠ	ㅍ	ㅍ	ㅠ	ㅍ
ㅎ	ㅡ	ㅎ	ㅎ	ㅡ	ㅎ	ㅎ	ㅡ	ㅎ	ㅎ	ㅡ	ㅎ
	ㅢ			ㅢ			ㅢ			ㅢ	
	ㅣ			ㅣ			ㅣ			ㅣ	

답안표기란																	
1	①	②	③	④	⑤	21	①	②	③	④	⑤	41	①	②	③	④	⑤
2	①	②	③	④	⑤	22	①	②	③	④	⑤	42	①	②	③	④	⑤
3	①	②	③	④	⑤	23	①	②	③	④	⑤	43	①	②	③	④	⑤
4	①	②	③	④	⑤	24	①	②	③	④	⑤	44	①	②	③	④	⑤
5	①	②	③	④	⑤	25	①	②	③	④	⑤	45	①	②	③	④	⑤
6	①	②	③	④	⑤	26	①	②	③	④	⑤	46	①	②	③	④	⑤
7	①	②	③	④	⑤	27	①	②	③	④	⑤	47	①	②	③	④	⑤
8	①	②	③	④	⑤	28	①	②	③	④	⑤	48	①	②	③	④	⑤
9	①	②	③	④	⑤	29	①	②	③	④	⑤	49	①	②	③	④	⑤
10	①	②	③	④	⑤	30	①	②	③	④	⑤	50	①	②	③	④	⑤
11	①	②	③	④	⑤	31	①	②	③	④	⑤						
12	①	②	③	④	⑤	32	①	②	③	④	⑤						
13	①	②	③	④	⑤	33	①	②	③	④	⑤						
14	①	②	③	④	⑤	34	①	②	③	④	⑤						
15	①	②	③	④	⑤	35	①	②	③	④	⑤						
16	①	②	③	④	⑤	36	①	②	③	④	⑤						
17	①	②	③	④	⑤	37	①	②	③	④	⑤						
18	①	②	③	④	⑤	38	①	②	③	④	⑤						
19	①	②	③	④	⑤	39	①	②	③	④	⑤						
20	①	②	③	④	⑤	40	①	②	③	④	⑤						

*연습용 답안지

소방안전관리자 1급 답안지

응시 분야	

감독 확인	

수험번호							
⓪	⓪	⓪	⓪	⓪	⓪	⓪	⓪
①	①	①	①	①	①	①	①
②	②	②	②	②	②	②	②
③	③	③	③	③	③	③	③
④	④	④	④	④	④	④	④
⑤	⑤	⑤	⑤	⑤	⑤	⑤	⑤
⑥	⑥	⑥	⑥	⑥	⑥	⑥	⑥
⑦	⑦	⑦	⑦	⑦	⑦	⑦	⑦
⑧	⑧	⑧	⑧	⑧	⑧	⑧	⑧
⑨	⑨	⑨	⑨	⑨	⑨	⑨	⑨

고유번호			
⓪	⓪	⓪	⓪
①	①	①	①
②	②	②	②
③	③	③	③
④	④	④	④
⑤	⑤	⑤	⑤
⑥	⑥	⑥	⑥
⑦	⑦	⑦	⑦
⑧	⑧	⑧	⑧
⑨	⑨	⑨	⑨

생년월일							
년				월		일	
⓪	⓪	⓪	⓪	⓪	⓪	⓪	⓪
①	①	①	①	①	①	①	①
②	②	②	②	②	②	②	②
③	③	③	③	③	③	③	③
④	④	④	④	④	④	④	④
⑤	⑤	⑤	⑤	⑤	⑤	⑤	⑤
⑥	⑥	⑥	⑥	⑥	⑥	⑥	⑥
⑦	⑦	⑦	⑦	⑦	⑦	⑦	⑦
⑧	⑧	⑧	⑧	⑧	⑧	⑧	⑧
⑨	⑨	⑨	⑨	⑨	⑨	⑨	⑨

성별	
남	⓪
여	⓪

※ OMR카드 작성요령

1. 감독관 지시에 따라 응답지를 작성할 것.
2. 반드시 컴퓨터용싸인펜을 사용할 것.
3. 인적사항은 좌측부터, 성명은 복모음에 유의하여 작성할 것.

성명			

㉠	ㅏ	㉠	㉠	ㅏ	㉠	㉠	ㅏ	㉠	㉠	ㅏ	㉠
ㄲ	ㅐ	ㄲ	ㄲ	ㅐ	ㄲ	ㄲ	ㅐ	ㄲ	ㄲ	ㅐ	ㄲ
㉡	ㅑ	㉡	㉡	ㅑ	㉡	㉡	ㅑ	㉡	㉡	ㅑ	㉡
㉢	ㅒ	㉢	㉢	ㅒ	㉢	㉢	ㅒ	㉢	㉢	ㅒ	㉢
ㄸ	ㅓ	ㄸ	ㄸ	ㅓ	ㄸ	ㄸ	ㅓ	ㄸ	ㄸ	ㅓ	ㄸ
㉣	ㅔ	㉣	㉣	ㅔ	㉣	㉣	ㅔ	㉣	㉣	ㅔ	㉣
㉤	ㅕ	㉤	㉤	ㅕ	㉤	㉤	ㅕ	㉤	㉤	ㅕ	㉤
㉥	ㅖ	㉥	㉥	ㅖ	㉥	㉥	ㅖ	㉥	㉥	ㅖ	㉥
ㅃ	ㅗ	ㅃ	ㅃ	ㅗ	ㅃ	ㅃ	ㅗ	ㅃ	ㅃ	ㅗ	ㅃ
㉦	ㅘ	㉦	㉦	ㅘ	㉦	㉦	ㅘ	㉦	㉦	ㅘ	㉦
ㅆ	ㅙ	ㅆ	ㅆ	ㅙ	ㅆ	ㅆ	ㅙ	ㅆ	ㅆ	ㅙ	ㅆ
㉧	ㅚ	㉧	㉧	ㅚ	㉧	㉧	ㅚ	㉧	㉧	ㅚ	㉧
㉨	ㅛ	㉨	㉨	ㅛ	㉨	㉨	ㅛ	㉨	㉨	ㅛ	㉨
ㅉ	ㅜ	ㅉ	ㅉ	ㅜ	ㅉ	ㅉ	ㅜ	ㅉ	ㅉ	ㅜ	ㅉ
㉩	ㅝ	㉩	㉩	ㅝ	㉩	㉩	ㅝ	㉩	㉩	ㅝ	㉩
㉪	ㅞ	㉪	㉪	ㅞ	㉪	㉪	ㅞ	㉪	㉪	ㅞ	㉪
㉫	ㅟ	㉫	㉫	ㅟ	㉫	㉫	ㅟ	㉫	㉫	ㅟ	㉫
㉬	ㅠ	㉬	㉬	ㅠ	㉬	㉬	ㅠ	㉬	㉬	ㅠ	㉬
㉭	ㅡ	㉭	㉭	ㅡ	㉭	㉭	ㅡ	㉭	㉭	ㅡ	㉭
	ㅢ			ㅢ			ㅢ			ㅢ	
	ㅣ			ㅣ			ㅣ			ㅣ	

답 안 표 기 란

1	①	②	③	④	⑤	21	①	②	③	④	⑤	41	①	②	③	④	⑤
2	①	②	③	④	⑤	22	①	②	③	④	⑤	42	①	②	③	④	⑤
3	①	②	③	④	⑤	23	①	②	③	④	⑤	43	①	②	③	④	⑤
4	①	②	③	④	⑤	24	①	②	③	④	⑤	44	①	②	③	④	⑤
5	①	②	③	④	⑤	25	①	②	③	④	⑤	45	①	②	③	④	⑤
6	①	②	③	④	⑤	26	①	②	③	④	⑤	46	①	②	③	④	⑤
7	①	②	③	④	⑤	27	①	②	③	④	⑤	47	①	②	③	④	⑤
8	①	②	③	④	⑤	28	①	②	③	④	⑤	48	①	②	③	④	⑤
9	①	②	③	④	⑤	29	①	②	③	④	⑤	49	①	②	③	④	⑤
10	①	②	③	④	⑤	30	①	②	③	④	⑤	50	①	②	③	④	⑤
11	①	②	③	④	⑤	31	①	②	③	④	⑤						
12	①	②	③	④	⑤	32	①	②	③	④	⑤						
13	①	②	③	④	⑤	33	①	②	③	④	⑤						
14	①	②	③	④	⑤	34	①	②	③	④	⑤						
15	①	②	③	④	⑤	35	①	②	③	④	⑤						
16	①	②	③	④	⑤	36	①	②	③	④	⑤						
17	①	②	③	④	⑤	37	①	②	③	④	⑤						
18	①	②	③	④	⑤	38	①	②	③	④	⑤						
19	①	②	③	④	⑤	39	①	②	③	④	⑤						
20	①	②	③	④	⑤	40	①	②	③	④	⑤						

*연습용 답안지

응시 분야	
감독 확인	

※ OMR카드 작성요령

1. 감독관 지시에 따라 응답지를 작성할 것.
2. 반드시 컴퓨터용싸인펜을 사용할 것.
3. 인적사항은 좌측부터, 성명은 복모음에 유의하여 작성할 것.

수 험 번 호								고유번호			
⓪	⓪	⓪	⓪	⓪	⓪	⓪	⓪	⓪	⓪	⓪	⓪
①	①	①	①	①	①	①	①	①	①	①	①
②	②	②	②	②	②	②	②	②	②	②	②
③	③	③	③	③	③	③	③	③	③	③	③
④	④	④	④	④	④	④	④	④	④	④	④
⑤	⑤	⑤	⑤	⑤	⑤	⑤	⑤	⑤	⑤	⑤	⑤
⑥	⑥	⑥	⑥	⑥	⑥	⑥	⑥	⑥	⑥	⑥	⑥
⑦	⑦	⑦	⑦	⑦	⑦	⑦	⑦	⑦	⑦	⑦	⑦
⑧	⑧	⑧	⑧	⑧	⑧	⑧	⑧	⑧	⑧	⑧	⑧
⑨	⑨	⑨	⑨	⑨	⑨	⑨	⑨	⑨	⑨	⑨	⑨

생년월일							
년				월		일	
⓪	⓪	⓪	⓪	⓪	⓪	⓪	⓪
①	①	①	①	①	①	①	①
②	②	②	②	②	②	②	②
③	③	③	③	③	③	③	③
④	④	④	④	④	④	④	④
⑤	⑤	⑤	⑤	⑤	⑤	⑤	⑤
⑥	⑥	⑥	⑥	⑥	⑥	⑥	⑥
⑦	⑦	⑦	⑦	⑦	⑦	⑦	⑦
⑧	⑧	⑧	⑧	⑧	⑧	⑧	⑧
⑨	⑨	⑨	⑨	⑨	⑨	⑨	⑨

성별	
남	ⓞ
여	ⓞ

성 명			

답 안 표 기 란																	
1	①	②	③	④	⑤	21	①	②	③	④	⑤	41	①	②	③	④	⑤
2	①	②	③	④	⑤	22	①	②	③	④	⑤	42	①	②	③	④	⑤
3	①	②	③	④	⑤	23	①	②	③	④	⑤	43	①	②	③	④	⑤
4	①	②	③	④	⑤	24	①	②	③	④	⑤	44	①	②	③	④	⑤
5	①	②	③	④	⑤	25	①	②	③	④	⑤	45	①	②	③	④	⑤
6	①	②	③	④	⑤	26	①	②	③	④	⑤	46	①	②	③	④	⑤
7	①	②	③	④	⑤	27	①	②	③	④	⑤	47	①	②	③	④	⑤
8	①	②	③	④	⑤	28	①	②	③	④	⑤	48	①	②	③	④	⑤
9	①	②	③	④	⑤	29	①	②	③	④	⑤	49	①	②	③	④	⑤
10	①	②	③	④	⑤	30	①	②	③	④	⑤	50	①	②	③	④	⑤
11	①	②	③	④	⑤	31	①	②	③	④	⑤						
12	①	②	③	④	⑤	32	①	②	③	④	⑤						
13	①	②	③	④	⑤	33	①	②	③	④	⑤						
14	①	②	③	④	⑤	34	①	②	③	④	⑤						
15	①	②	③	④	⑤	35	①	②	③	④	⑤						
16	①	②	③	④	⑤	36	①	②	③	④	⑤						
17	①	②	③	④	⑤	37	①	②	③	④	⑤						
18	①	②	③	④	⑤	38	①	②	③	④	⑤						
19	①	②	③	④	⑤	39	①	②	③	④	⑤						
20	①	②	③	④	⑤	40	①	②	③	④	⑤						

*연습용 답안지